U0611449

盐铁论

（西汉）桓宽　编著

姜半夏　注译

应急管理出版社

·北　京·

图书在版编目（CIP）数据

盐铁论 /（西汉）桓宽编著 ; 姜半夏注译. -- 北京 : 应急管理出版社, 2024. -- ISBN 978-7-5237-0661-9

Ⅰ. F092.2

中国国家版本馆 CIP 数据核字第 2024ZH6692 号

盐铁论

编　　著　（西汉）桓宽
注　　译　姜半夏
责任编辑　高红勤
封面设计　赵　静

出版发行　应急管理出版社（北京市朝阳区芍药居 35 号　100029）
电　　话　010－84657898（总编室）　010－84657880（读者服务部）
网　　址　www. cciph. com. cn
印　　刷　德富泰（唐山）印务有限公司
经　　销　全国新华书店

开　　本　710mm×1000mm 1/16　**印张**　18　**字数**　235 千字
版　　次　2024 年 12 月第 1 版　2024 年 12 月第 1 次印刷
社内编号　20240612　**定价**　48. 00 元

前 言

西汉时期，中国经历了秦朝的短暂统一和汉朝的建立，社会逐渐稳定，经济开始复苏并迅速发展。然而，随着经济的繁荣，社会矛盾也逐渐显现。特别是汉武帝在位期间，他对外扩张疆土，对内更是推行一系列经济政策，以支持其宏伟的政治军事计划。

元狩四年(前119)，汉武帝采纳东郭咸阳、孔仅的建议，实施盐铁官营，以增强国家财政实力。随后，他又推行了均输、平准等政策，试图通过国家的力量来调控市场，稳定物价。然而，这些政策虽然在一定程度上充实了国库，却也对当时的工商业者造成了重创，引发了社会的不满和动荡。

汉昭帝始元六年(前81)，汉朝的政局经历了一次重要的转折。这一年，大司马大将军霍光采纳了谏大夫杜延年的建议，召开了一次具有历史意义的盐铁会议。

这次会议聚集了朝廷内外的文学、贤良以及御史大夫桑弘羊等重量级官员，就是否废除盐铁官营政策这一关键问题展开了激烈的辩论。这场辩论不仅关乎经济政策的调整，更触及了国家治理、社会伦理、经济利益分配等深层次问题。

在这场辩论中，文学、贤良一方坚决主张废除盐铁官营，他们认为这些政策与民争利，损害了民众的利益，影响了农业生产，加剧了社会贫富分化。他们主张回归农业根本，推崇礼义教化，反对过度的商业活动和对外征战。

与此相对，以桑弘羊为代表的一方则坚持盐铁官营的必要性。他们认为，盐铁官营是维护国家安全、支持对外征战的重要经济基础。桑弘羊等人认为，盐铁官营有利于国家统一调配资源，保证边境军费的充足，同时也有助于抑制地方豪强的势力，维护国家的稳定。

这场辩论最终未能达成一致的结论，但它的影响却是深远的。汉宣帝时期，桓宽根据盐铁会议的记录，整理形成了《盐铁论》这部名著。班固在《汉书》中对盐铁会议及《盐铁论》的成书过程有简要的记载，为我们今天研究这次会议提供了宝贵的历史资料。

据《四库全书总目提要》记载，桓宽之所以将这本书取名为《盐铁论》，是因为朝廷仅仅接受了文学、贤良的部分建议，废除了酒类专卖，但仍然保留了盐铁官营和均输平准政策。桓宽对此表示遗憾，他认为盐铁官营等政策并未完全废除，其义未能尽行。

桓宽的思想立场，明显倾向于文学、贤良一方，主张回归农业，推崇礼义，反对过度的商业活动和对外征战。他对桑弘羊等人的观点持批评态度，认为他们过于重视权势和财利，忽视了礼义教化和农业的根本。

《盐铁论》采用对话的形式，将辩论双方的观点并列展示，使得是非曲直在对话中自然显现，显示出对当时社会经济矛盾、国家治理理念的深刻反思和探讨。在阅读《盐铁论》的过程中，我们不仅能够感受到历史的厚重，体会到思想的火花，更能够从中找到解决问题的智慧。

《盐铁论》的成书，是中国古代经济思想史上的一次重要事件。这部著作在后来的岁月里，经过众多学者的校勘整理，成为研究中国古代经济思想和国家治理理念的重要文献。它的思想影响贯穿了中国历史的长河，对后世的经济政策制定和国家治理有着不可忽视的启示作用。

今天，我们重读《盐铁论》，不仅是为了了解历史，更是为了从中汲取智慧。在全球化和市场经济的背景下，如何平衡国家与市场的关系，如何实现社会公平与经济效率的统一，这些问题依然具有现实意义。《盐铁论》提供了一个独特的视角，让我们能够从历史中学习，为解决现代问题提供思路。

目 录

卷　三

卷　四

卷　五

卷　六

卷　七

卷　八

卷　九

卷　十

卷一

本议第一

【题解】

“盐铁论”记载的是发生在公元前81年的一次重要的国家会议，参与者包括丞相田千秋、御史大夫桑弘羊和地方贤良、文学等人，议题紧紧围绕着盐铁官营、酒类专卖、均输、平准政策的利与弊展开。“本议”为首篇，辩论双方观点差异巨大，文学认为朝廷施行的这些经济措施，加剧了官府的腐败，扰乱了市场，且以利示民，败坏了社会风气，因此主张废除，他希望朝廷推行仁政、德政，实现大治，坚决反对以利益为导向诱导官员和平民。大夫认为，盐铁官营可以帮助政府增加财政收入，支援边防，均输和平准政策可起到平抑物价、便利百姓的作用，绝不能废除。二人无法达成一致意见，最后在唇枪舌剑中结束讨论，谁也说服不了谁。从本篇我们可以看出，对与错、利与弊都是相对的。国家推行任何一种政策都不可能只有好处，没有坏处。以民为本的政策才是好政策。

惟始元六年，有诏书使丞相、御史与所举贤良、文学语。问民间所疾苦。

【译文】

始元六年，朝廷发布诏书，令丞相、御史大夫和各地举荐的贤良、文学讨论国策，询问民间疾苦。

文学对曰："窃闻治人之道，防淫佚之原，广道德之端，抑末(工商业)利而开仁义，毋示以利，然后教化可兴，而风俗可移也。今郡国有盐铁、酒榷、均输，与民争利。散敦厚之朴，成贪鄙之化。是以百姓就本者寡，趋末者众。夫文繁则质衰，末盛则本亏。末修则民淫，本修则民悫(诚实，朴实，淳朴)。民悫则财用足，民侈则饥寒生。愿罢盐铁、酒榷、均输，所以进本退末，广利农业，便也。"

【译文】

文学回答说："我私下听说治理民众的方法，在于从源头上防止骄奢淫逸的产生，发扬固有道德的本源，抑制工商之利，宣扬仁义之道，不以利益示人，这样教化才能兴盛，风俗才可以改变。现在全国各地都在推行盐铁官营、酒类专营、均输法的政策，与平民百姓争夺利益，破坏了民间敦厚质朴的本性，使社会形成贪婪卑鄙的习气，所以从事农业劳动的人很少，而热衷于工商业的人众多。形式繁杂则本质衰败，工商业兴盛，农业从根本上就会受到损害。工商业得到发展，导致百姓奢侈；农业得到发展，老百姓就诚实纯朴。百姓诚实纯朴，则财用富足；百姓奢侈，将产生饥寒。希望废除盐铁官营、酒类专营和均输法，以便促进农业发展，抑制工商业，这对于推广农业，是适当的。"

大夫曰："匈奴背叛不臣，数为寇暴于边鄙，备之则劳中国之士，不备则侵盗不止。先帝哀边人之久患，苦为虏所系获也，故修障塞，饬烽燧(烽火台)，屯戍以备之。边用度不足，故兴盐铁，设酒榷，置均输，蕃货长财，以佐助边费。今议者欲罢之，内空府库之藏，外乏执备之用，使备塞乘城(登城，守城)之士饥寒于边，将何以赡之？罢之，不便也。"

【译文】

大夫说："匈奴背叛汉朝，不肯臣服，多次进犯边境，防备他们就要使中原的将士付出辛苦；不加防备，他们将无休止地侵犯抢掠。先帝怜悯边区百姓长期遭受匈奴祸害，承受被强敌俘虏之苦，因此修筑边境城堡要塞，修整烽火台，屯田驻兵以防备敌寇。边防费用不充足，所以才兴办盐铁官营，设置酒类专卖，实行均输法，以此增加财政收入，补充边防所需。现在你们想要废除这些法令，这样于内将造成国库空虚，于外将导致边防守备用度匮乏，使守卫边疆和城池的将士挨饿受冻，到时国家用什么来供养他们呢？废除盐铁官营和均输法，是不妥当的。”

文学曰：“孔子曰：‘有国有家者(诸侯和大夫)，不患贫而患不均，不患寡而患不安。’故天子不言多少，诸侯不言利害，大夫不言得丧。畜(积聚)仁义以风之，广德行以怀之。是以近者亲附而远者悦服。故善克者不战，善战者不师，善师者不阵。修之于庙堂，而折冲还师。王者行仁政，无敌于天下，恶用费哉？”

【译文】

文学说：“孔子说：‘诸侯和大夫，不必为财富不足担忧，而应当为财富分配不均而忧虑，不怕人口少就怕社会不安定。’所以天子不谈论国家财富多少，诸侯不谈论利与害，大夫不谈论得与失。他们积聚仁义教化百姓，推广仁德对民众加以安抚。所以近处的百姓愿意亲近归顺，远方的百姓也都心悦诚服。所以善于克敌制胜的人不用作战，善于作战的人不用出动军队，善于领兵打仗的人不用布阵。只要在朝廷上修明政治，就能使敌人撤退。圣王实行仁政，无敌于天下，哪里还需要军费呢？”

大夫曰：“匈奴桀黠，擅恣入塞，犯厉中国，杀伐郡县、朔方都尉，甚悖逆(犯上作乱)不轨，宜诛讨之日久矣。陛下垂大惠，哀元元之未赡(丰富，充足)，不忍暴士大夫于原野。纵难被坚执锐，有北面复匈奴之志，又欲罢盐铁、均输，扰边用，损武略，无忧边之心，于其义未便也。”

【译文】

大夫说：“匈奴凶悍狡猾，肆意入侵边塞，进犯中原，杀害朔方等郡县的都尉，犯上作乱，意图不轨，早就应该讨伐他们了。陛下大施恩惠，可怜老百姓不富足，不忍心让士大夫暴尸荒野。你们这些书生，既没有身披战甲手持锐器到北方战场抗击匈奴的志气，又想废除盐铁官营和均输法，扰乱边防用度的供应，破坏军事战略，丝毫不为国家边防忧虑，这在道义上是不妥当的。”

文学曰：“古者，贵以德而贱用兵。孔子曰：‘远人不服，则修文德以来之。既来之，则安之。’今废道德而任兵革，兴师而伐之，屯戍(屯田戍守)而备之，暴兵露师，以支久长，转输粮食无已，使边境之士饥寒于外，百姓劳苦于内。立盐铁，始张利官(主管财利之官，指盐官、铁官、均输官、平准官等)以给之，非长策也。故以罢之为便也。”

【译文】

文学说：“古时候崇尚以德服人而鄙视动武。孔子说：‘远方百姓不归服，那么就修治文教德行把他们招来。他们前来归服，就安抚他们。’现在废除道德教化而诉诸武力，发动军队讨伐他们，屯田驻兵防备他们，陈兵于野外，以支撑长期作战，无休止地转运军粮，使边境的将士在外面挨饿受冻，使关塞内的老百姓辛勤劳苦。设立盐铁官营，设置掌管财利的官吏供给军费，并非长久之计。所以，把这些政策废除了，比较妥当。”

大夫曰：“古之立国家者，开本末之途，通有无之用，市朝以一其求，致士民，聚万货，农商工师(军人)各得所欲，交易而退。《易》曰：‘通其变，使民不倦。'故工不出，则农用乏；商不出，则宝货绝。农用乏，则谷不殖；宝货绝，则财用匮。故盐铁、均输，所以通委财(积压的财物)而调缓急。罢之，不便也。"

【译文】

大夫说："古代建立国家的君王，开创发展农业和工商业的途径，使物产互通有无，设立集市统一协调各方面的需求，招来士人和平民，聚集各种货物，使农民、商人、工匠、军人各自得到想要的东西，交换之后各自回家。《易经》上说：'变通改造，使百姓不厌倦。'因此工匠不生产，农具就缺乏；商人不开店，货物将断绝供应。农具匮乏，则粮食不增产；货物不流通，则财用匮乏。因此，盐铁官营、均输法，是用来流通积压的货物，调剂缓急的。废除它们，是不妥当的。"

文学曰："夫导民以德，则民归厚；示民以利，则民俗薄。俗薄则背义而趋利，趋利则百姓交于道而接于市。老子曰：'贫国若有余。'非多财也，嗜欲众而民躁也。是以王者崇本退末，以礼义防民欲，实菽粟(豆类和谷类。泛指粮食)货财。市商不通无用之物，工不作无用之器。故商所以通郁滞(积压停滞)，工所以备器械，非治国之本务也。"

【译文】

文学说："用仁义道德引导民众，民众就归于淳厚；用利益诱导民众，民间风气就鄙薄。民风鄙薄，百姓则见利忘义。追逐利益，百姓就奔走于道路和集市上。老子说：'贫穷的国家似乎财富有余。'其实不是国家财富多，而是百姓欲求多，民心浮躁。所以圣王推崇农业，抑制工商业，用礼义防止百姓产生贪欲，充实粮食和货物。在集市上，商人不卖无用的货物，工匠不生产无用的器具。因此，商业可以用来流通积压的货物，手工业可以用来储备各种生产用具，但它们都不是治国的根本。"

大夫曰："管子云：'国有沃野之饶而民不足于食者，器械不备也。有山海之货而民不足于财者，商工不备也。'陇、蜀之丹漆旄羽，荆、扬之皮革骨象，江南之柟梓竹箭，燕、齐之鱼盐旃(同"毡"，用兽毛制成的毡子)裘(皮袄)，兖、豫之漆丝絺(细葛布)纻(纻麻布)，养生送终之具也，待商而通，待工而成。故圣人作为舟楫之用，以通川谷，服牛驾马，以达陵陆；致远穷深，所以交庶物而便百姓。是以先帝建铁官以赡农用，开均输以足民财；盐铁、均输，万民所载仰而取给者，罢之，不便也。"

【译文】

大夫说："管子说：'国家有肥沃丰饶的土地，百姓却吃不饱饭，是因为农业生产用具不够完备。国家有山林河海出产的物品，百姓却不富足，是因为工商业不完备。'陇西、蜀两郡出产的朱砂、油漆、旄牛尾、鸟羽，荆州、扬州出产的皮革、兽骨、象牙，江南地区出产的楠木、梓木、毛竹、箭竹，燕、齐两地出产的鱼、盐、毛毡皮袄，兖州、豫州出产的油漆、丝绸、细葛布、纻麻布，都是养育生者葬送死者所必需的用品。所有物品要靠商业流通，靠工匠制作而成。因此圣人造船只船桨，用以在山川峡谷中通行，驾驭牛马，行走于丘陵平原；他们抵达远方深入穷乡僻壤，为的是交换货物，从而为百姓提供便利。所以，武帝设立盐铁官员，以满足农业生产所需，实行均输法以满足百姓对财富的需求。盐铁官营和均输是天下百姓拥护和依赖的，老百姓靠它们取得生活必需品。废除它们，是不妥当的。"

文学曰："国有沃野之饶而民不足于食者，工商盛而本业荒也；有山海之货而民不足于财者，不务民用而淫巧众也。故川源不能实漏卮(酒器)，山海不能赡溪壑。是以盘庚萃居(居住在茅草屋)，舜藏黄金，高帝禁商贾不得仕宦，所以遏贪鄙之俗，而醇至诚之风也。排困市井，防塞利门，而民犹为非也，况上之为利乎？《传》曰：'诸侯好利则大夫鄙，大夫鄙则士贪，士贪则庶人盗。'

是开利孔为民罪梯也。”

【译文】

文学说：“国家有肥沃丰饶的土地，百姓却吃不饱，原因在于工商业兴盛而农业荒废；国家有山林河海出产的货物而百姓不富足，原因在于不制造实用的民用物资而追求众多精巧的奢侈品。因此，大江大河的水也装不满漏的酒器，山林河海所产的财物也填不满溪谷沟壑。所以盘庚住在茅屋，帝舜储藏黄金不用，高帝禁止商人做官，都是为了遏制贪婪卑鄙的习气，培养淳厚诚实的风气。排斥市井商业，堵塞求利的门路，百姓尚且为非作歹，更何况官府带头牟利呢？《公羊传》说：‘诸侯贪求利益，则大夫卑鄙；大夫卑鄙，则士人贪婪；士人贪婪，平民就会盗窃。’这就是打开了求利的洞口，为百姓提供犯罪的阶梯。”

大夫曰：“往者，郡国诸侯各以其方物贡输，往来烦杂，物多苦恶(质地粗劣)，或不偿其费。故郡国置输官以相(帮助)给运，而便远方之贡，故曰均输。开委府于京师，以笼货物。贱即买，贵则卖。是以县官不失实，商贾无所贸利，故曰平准。平准则民不失职，均输则民齐劳逸。故平准、均输，所以平万物而便百姓，非开利孔而为民罪梯者也。”

【译文】

大夫说：“以前，各地诸侯把地方特产作为贡品运送到中央，往来麻烦杂乱，物品大多质地粗劣，有的价值抵不上运费。因此各郡国设置均输官来帮助运输，以便于远方进贡，所以叫‘均输’。在京城开设府库，用以储存天下货物。物价便宜就买进，贵时就卖出。官府掌握实物，商人就没有办法从中牟利，所以叫‘平准’。实行平准政策，百姓各安其业不失职，实行均输，百姓则劳逸均衡。因此平准、均输的政策，是用来平抑物价、便利百姓的，绝不是打开求利的缺口，为人们提供犯罪的阶梯。”

文学曰：“古者之赋税于民也，因其所工，不求所拙。农人纳其获，女工效其功。今释(放弃，舍弃)其所有，责其所无。百姓贱卖货物，以便上求。间者，郡国或令民作布絮，吏恣留难，与之为市。吏之所入，非独齐、阿之缣，蜀、汉之布也，亦民间之所为耳。行奸卖平，农民重苦，女工再税，未见输之均也。县官猥发，阖门擅市，则万物并收。万物并收，则物腾跃(物价飞涨)。腾跃，则商贾侔利。自市，则吏容奸。豪吏富商积货储物以待其急，轻贾奸吏收贱以取贵，未见准之平也。盖古之均输，所以齐劳逸而便贡输，非以为利而贾万物也。”

【译文】

文学说：“古时候向老百姓征收赋税，是根据他们生产的产品征收，不强求他们上缴不出产的东西。农民缴纳农产品，妇女缴纳纺织品。现在放弃他们所出产的东西，责令其上缴没有的。老百姓只好低价卖掉货物，以满足官府的要求。近来有的地方命令百姓生产布匹丝绵，官吏肆意刁难，强行交易。官吏征收的物品，不仅有齐、阿的细绢，蜀、汉的麻布，也有民间的其他产品。他们采用欺诈的手段以低廉的价格购入老百姓的产品，农民遭受双重痛苦，女工匠再次缴税，我们没看到均输带来平均的好处。官府胡乱发号施令，关闭城门，垄断市场，各种货物都要收购。各种货物都收购，导致物价飞涨。物价飞涨，商人便从中牟利。官吏自己经商，就会包庇奸商。豪吏富商囤积货物，等市场上货品匮乏时再高价出售。这些不法商人和奸诈的官吏低价买进高价卖出，没看到货价平抑的好处。古代的均输是用来调节劳逸、方便货物运输的，不是为了求利而买卖一切货物的。”

力耕第二

【题解】

本篇讨论的是农业对国家稳定和发展的重要性。大夫认为工商业才是促使国家走向繁荣富强的产业，推行盐铁官营、均输等政策，于内可实现富国安民的目标，于外有助于获得外财，削弱敌国。农业完全起不到这些作用。文学认为农业是衣食之源，也是立国之本，重视农业生产，推广井田制，百姓方能丰衣足食，工商业诱使人追逐利益和无用的珍奇异物，导致奢靡成风，威胁到了民众的生存和国家的根本利益。双方的观点截然不同：一个主张鼓励发展工商业，以富国足民为根本目标；一个主张重农抑商，希望以农业为本。从今天的眼光看，农业仍是一个国家的立国之本，但只发展农业显然是不行的，一个国家想要跻身发达国家之列，立足于世界民族之林，必须匹配高度发达的工商业。

大夫曰："王者塞天财(自然资源)，禁关市，执准守时，以轻重御民。丰年岁登，则储积以备乏绝；凶年恶岁，则行币物；流有余而调不足也。昔禹水汤旱，百姓匮乏，或相假(借)以接衣食。禹以历山之金，汤以庄山之铜，铸币以赎其民，而天下称仁。往者财用不足，战士或不得禄，而山东被灾，齐、赵大饥，赖均输之畜，仓廪之积，战士以奉，饥民以赈。故均输之物，府库之财，非所以贾万民而专奉兵师之用，亦所以赈困乏而备水旱之灾也。"

【译文】

大夫说："君王掌握自然资源，管控关卡集市，制定物价标准，把握物价涨落的时机，用调控物资供求和物价水平的方式治理百姓。五谷丰登的年岁，就储备粮食以备饥荒；灾荒年月，就发行货币和财物；这样就可以调配积蓄的物品来弥补不足。从前，大禹时期闹水患，商汤时期遭受旱灾，老百姓物资匮乏，有的靠借贷满足衣食需求。大禹用历山的金子，商汤用庄山的铜，铸成钱币救济万民，天下都称赞他们仁德。以前国家财政费用不充足，将士们有的得不到军饷，崤山以东又赶上天灾，齐、赵两地发生大饥荒，全仰仗均输积聚的物资和官仓储备的粮食，才使将士得到军饷，饥民得到赈济。所以，均输收购物资，府库储备财物，并非只是为了跟百姓做交易赚钱供养军队，它也有赈济贫困、防备水旱灾害的用途。"

文学曰："古者，十一而税，泽梁(用石头筑成的拦水捕鱼的堰)以时入而无禁，黎民咸被南亩而不失其务。故三年耕而余一年之蓄，九年耕有三年之蓄。此禹、汤所以备水旱而安百姓也。草莱(荒芜之地)不辟，田畴不治，虽擅山海之财，通百末之利，犹不能赡也。是以古者尚力务本而种树繁，躬耕趣时而衣食足，虽累凶年而人不病(困苦不堪)也。故衣食者民之本，稼穑者民之务也。二者修，则国富而民安也。《诗》云'百室盈止，妇子宁止'也。"

【译文】

文学说："古时候，朝廷收缴十分之一的赋税，人们按照时节到湖泊筑坝捕鱼，官府不禁止，百姓都到田里劳作，不荒废农事。所以耕耘三年有一年的余粮，耕作九年有三年的余粮。大禹和商汤就是依靠这种办法防备水灾旱灾安定百姓的。如果荒地不垦殖，田地不治理，即使独揽山林河海出产的财物，流通各种工商业取利，仍不能使国家富足。所以古时鼓励人们以务农为本，广植树木，抓紧农时亲身耕作，以求丰衣足食。即使连续遭遇荒年，百姓也不至于陷入困境。因此，穿衣吃饭是民众的根本需要，播种和收割是老百姓主要从事的劳务活动。把这两方面做好了，则国富民安。《诗经》上说：'家家户户粮食满仓，妻子儿女都安康。'"

大夫曰："贤圣治家非一宝，富国非一道。昔管仲以权谲(权谋)霸，而纪氏以强本亡。使治家养生必于农，则舜不甄陶而伊尹不为庖。故善为国者，天下之下我高，天下之轻我重。以末易其本，以虚易其实。今山泽之财，均输之藏，所以御轻重而役诸侯也。汝、汉之金，纤微之贡，所以诱外国而钓胡、羌之宝也。夫中国一端(两丈)之缦，得匈奴累金之物，而损敌国之用。是以骡驴馲驼，衔尾入塞，驒騱騵马，尽为我畜，鼲鼦狐貉，采旃文罽，充于内府，而璧玉珊瑚琉璃，咸为国之宝。是则外国之物内流，而利不外泄也。异物内流则国用饶，利不外泄则民用给矣。《诗》曰：'百室盈止，妇子宁止。'"

【译文】

大夫说："圣贤治理国家并非只有一种方法，富国之道也并非只有一种。从前管仲凭借权谋辅佐齐桓公成就霸业，而纪国因为只重视农业而亡国。如果治理国家养育百姓必须务农，那么舜就不应当制作陶器，伊尹也不应该做厨师。因此，善于治国的人，所有人认为卑下的，他认为高贵；所有人认为轻贱的东西，他却认为贵重。用工商业代替农业，用虚无的东西代替实业。现在山林湖泽出产的物资，均输储藏的财物，是为了调控物资、控制物价贵贱来役使诸侯的。汝、汉两地盛产的黄金，做工精细的丝织贡品，是用来引诱外国和换取胡人、羌人的宝物的。中原没有花纹的两丈丝绸，可换取匈奴价值很多黄金的财物，从而减损敌国的财用。所以外国的骡、驴、骆驼，先后相接地进入我们的边塞，青色的野马和赤毛白腹的好马，也都成了我国的牲畜。鼠皮、貂皮、狐貉，彩色毛毡、图案精美的毛毯充满皇宫的府库，璧玉、珊瑚、琉璃，都成为我国的珍宝。这样，外国的宝物流入我国，而我国的财利却不外流。外国的宝物流入我国，国家财用就充足。我国的财利不外流，则百姓家用丰足。《诗经》上说：'家家户户粮食满仓，妻子儿女都安宁。'"

文学曰："古者，商通物而不豫，工致牢而不伪。故君子耕稼田鱼，其实一也。商则长诈，工则饰骂(饰巧，造假)，内怀窥窬而心不怍，是以薄夫欺而敦夫薄。昔桀女乐充宫室，文绣衣裳，故伊尹高逝(远走)游薄，而女乐终废其国。今骡驴之用，不中牛马之功，鼲貂旃罽，不益锦绨之实。美玉珊瑚出于昆山，珠玑犀象出于桂林，此距汉万有余里。计耕桑之功，资财之费，是一物而售百倍其价也，一揖而中万钟之粟也。夫上好珍怪，则淫服下流，贵远方之物，则货财外充。是以王者不珍无用以节其民，不爱奇货以富其国。故理民之道，在于节用尚本，分土井田而已。"

【译文】

文学说："古时候，商人流通货物不欺骗顾客，工匠制作结实的器物不造假。因此君子无论种地务农还是打猎捕鱼，都一样诚实。现在商人擅长欺诈，工匠擅长造假弄巧，怀有觊觎之心却不惭愧，所以刻薄的人更爱欺诈，而原来的老实人也变得刻薄了。从前夏桀宫室中充满歌女，她们穿着华美的绣花衣裳，因此伊尹远走高飞，去了商朝国都，国家最终毁在歌女手中。现在，外国骡驴的用处，比不上我们的牛马，鼠皮、貂皮、毡子、毛毯，比不上光滑绚丽的丝绸实用。美玉、珊瑚出于昆仑山，珍珠、犀牛角、象牙出于桂林，这两个地方距离中原有万里之遥。计算耕田采桑的劳动，再计算一下购买这些财物的费用，相当于一件物品花费百倍的价钱，一捧珍稀之物相当于万钟粮食。朝廷喜欢珍奇异物，奢侈的风气就会流行于民间，如果朝廷重视远方的珍稀之物，财富将流向外国，充实他们的府库。所以，圣王不把无用之物视为珍宝，以引导百姓节俭；不爱珍稀古怪的东西，以使国家富裕。治理百姓的办法，在于节约财用，重视农业，分封土地，推行井田制。"

大夫曰："自京师东西南北，历山川，经郡国，诸殷富大都，无非街衢五通，商贾之所凑，万物之所殖(货殖，交易)者。故圣人因天时，智者因地财，上士取诸人，中士劳其形。长沮、桀溺，无百金之积；跖跻之徒，无猗顿之富，宛、周、齐、鲁，商遍天下。故乃商贾之富，或累万金，追利乘羡(追逐财利，谋取盈余)之所致也。富国何必用本农，足民何必井田也？”

【译文】

大夫说：“从京城到四方，经过高山、大河，各郡和诸侯国，凡是繁华富庶的大都市，无一不是交通四通八达、商贾云集、百货交易的地方。因此，圣人顺应天时，智者利用特产取财，聪明人靠别人致富，中等智力的人依靠自己的劳动生活。长沮、桀溺两位隐士不可能有百金的积蓄，盗跖和庄跻之类的大盗，也不可能拥有大商人猗顿那么多的财富。宛、周、齐、鲁的商人遍布天下。所以，商人很富有，有的积累了万金的财富，这是追逐财利的结果。想要使国家富裕何必发展农业呢？想要使百姓富足何必非要推广井田呢？”

文学曰：“洪水滔天，而有禹之绩；河水泛滥，而有宣房(指宣房宫)之功。商纣暴虐，而有孟津之谋；天下烦扰，而有乘羡之富。夫上古至治，民朴而贵本，安愉而寡求。当此之时，道路罕行，市朝(集市的雅称)生草。故耕不强者无以充虚，织不强者无以掩形。虽有凑会之要，陶、宛之术，无所施其巧。自古及今，不施而得报，不劳而有功者，未之有也。”

【译文】

文学说：“洪水滔天，水患严重，才有夏禹治水的功绩；黄河水泛滥成灾，才有武帝堵住决口建造宣房宫的功勋。商纣凶狠残暴，才有武王与诸侯会盟孟津，共谋天下大计；天下混乱，才有商贾乘机牟利。上古时代，国家治理得最好，那时民风古朴，重视农业，老百姓平静快乐，清心寡欲。那时道路上行人稀少，集市上杂草丛生。所以，不努力耕作的人填不饱肚子，不努力织布的人没有办法遮蔽身体。即便有人群聚集的商业要地，有陶朱公、宛孔氏的经商手段，也无法施展技巧。从古至今，不付出就得到回报，不劳动就有收获，是从来没有过的事情。”

通有第三

【题解】

本篇讨论的是货物流通的意义。大夫认为货物流通有利于城市繁荣，有助于均衡自然资源，符合天地之道，过于节俭，不合礼法，也没有什么用处。文学则认为，立足农业，遏制逐利之风，杜绝浪费，百姓方能自给自足，重商轻农，完全是舍本逐末。大夫只看到货物流通的好处，没有看到农耕的作用，观点失之偏颇。文学只看到工商业带来的坏处，完全看不到它给国家、社会创造的巨大价值，观念有些狭隘。其实发展农业和工商业并不矛盾，两个行业都有各自的地位和价值，重农抑商或重商抑农都是错误的。抛弃农业，百姓无以为生，国家将走向灭亡；抑制商品流通，不仅给民众生活带来不便，还会限制国家和社会的发展，使国家始终处于封闭和落后的状态。

大夫曰：“燕之涿、蓟，赵之邯郸，魏之温、轵，韩之荥阳，齐之临淄，楚之宛、陈，郑之阳翟，三川之二周(指西周和东周的都城)，富冠海内，皆为天下名都，非有助之耕其野而田其地者也，居五诸之冲，跨街衢之路也。故物丰者民衍(众多)，宅近市者家富。富在术数，不在劳身；利在势居，不在力耕也。”

【译文】

大夫说：“燕地的涿、蓟，赵地的邯郸，魏地的温、轵，韩地的荥阳，齐地的临淄，楚地的宛、陈，郑地的阳翟，以及地处三川的东周、西周，都是海内最富庶的城市，皆为天下名都，它们不是靠耕田种地发展起来的，而是因为居于五大都市的要道，占据交通枢纽的位置。所以物产丰富，人口众多，住所邻近都市的家境就富裕。致富之道在于擅长谋划，不在于亲身劳动，获利之道在于居于优越的地理位置，不在于努力耕作。”

文学曰：“荆、扬南有桂林之饶，内有江、湖之利，左陵阳之金，右蜀、汉之材，伐木而树谷，燔莱而播粟，火耕而水耨，地广而饶财；然民鮆窳(懒惰)偷生，好衣甘食，虽白屋草庐，歌讴鼓琴，日给月单，朝歌暮戚。赵、中山带大河，纂四通神衢，当天下之蹊，商贾错于路，诸侯交于道；然民淫好末，侈靡而不务本，田畴不修，男女矜饰，家无斗筲(容量很小的容器)，鸣琴在室。是以楚、赵之民，均贫而寡富。宋、卫、韩、梁，好本稼穑，编户齐民，无不家衍人给。故利在自惜，不在势居街衢；富在俭力趣时，不在岁司羽鸠也。”

【译文】

文学说：“荆州、扬州南面有富饶的桂林，内有江河湖泊水产之利，左面有陵阳的铜矿，右面有蜀郡、汉中的木材，那片土地伐掉树木就能种植庄稼，焚烧野草就能播种谷物，简单地放火耕种以水除草，就能有收成，可谓土地广阔、物产富饶。但那里的百姓懒惰偷安，喜好华衣美服和丰美的食物，即便住在茅草屋里，也要唱歌弹琴，如此度日过得了一天，过不了一个月，早上欢快地歌唱，晚上便陷入忧愁。赵地和中山靠近黄河，汇集各路交通要冲，是天下行人的必经之路，商人和诸侯往来于这条道路。然而百姓过分热衷于经商，喜欢铺张浪费，生活奢侈，不愿从事农业生产劳动，田地不整治，男女讲究穿着打扮，家里没有一点存粮，还在屋里弹琴作乐。所以楚地、赵地的百姓大都很贫困，很少有富裕的。宋、卫、韩、梁四地的百姓喜欢务农，但凡编入户籍的，无一不是家家富裕，人人丰足。因此获利在于自己爱惜财物，不在于占据交通要冲；富裕在于厉行节俭，按照农时努力耕种，不在于每年派遣官吏征收羽鸠赋税。”

大夫曰：“五行：东方木，而丹、章有金铜之山；南方火，而交趾有大海之川；西方金，而蜀、陇有名材之林；北方水，而幽都有积沙之地。此天地所以均有无而通万物也。今吴、越之竹，隋、唐之材，不可胜用，而曹、卫、梁、宋，采棺(用柞木做的简陋棺材)转尸；江、湖之鱼，莱、黄之鲐，不可胜食，而邹、鲁、周、韩，藜藿(两种野菜名)蔬食。天地之利无不赡，而山海之货无不富也；然百姓匮乏，财用不足，多寡不调，而天下财不散也。”

【译文】

大夫说：“根据五行的说法：东方属木，而丹阳、章山却有金铜矿；南方属火，而交趾郡却有汪洋大海；西方属金，而蜀郡、陇西郡却有出产名贵木材的森林；北方属水，而幽州却有浩瀚的沙漠。这些都是天地用来平均有无流通万物的。现在吴、越两地的竹子，隋地、唐地的木材，多到用不完，可曹、卫、梁、宋四地却用柞木做简陋的棺材，甚至抛弃尸体不收殓。江河湖泊的鱼，莱地、黄地的鲐鱼，多得吃不完，可邹、鲁、周、韩四地的百姓却以野菜果腹。天下的自然资源无不丰足，山林湖海的物产无不丰富，然而百姓物资匮乏，财用不足，这是因为财物分布不均，天下财物得不到流通疏散的缘故。”

文学曰：“古者，采椽不斫，茅茨不翦，衣布褐，饭土硎，铸金为锄，埏埴(和泥)为器，工不造奇巧，世不宝不可衣食之物，各安其居，乐其俗，甘其食，便其器。是以远方之物不交，而昆山之玉不至。今世俗坏而竞于淫靡，女极纤微，工极技巧，雕素朴而尚珍怪，钻山石而求金银，没深渊求珠玑，设机陷求犀象，张网罗求翡翠，求蛮、貉之物以眩中国，徙邛、筰之货，致之东海，交万里之财，旷日费功，无益于用。是以褐夫匹妇，劳罢力屈，而衣食不足也。故王者禁溢利，节漏费。溢利禁则反本，漏费节则民用给。是以生无乏资，死无转尸也。”

【译文】

文学说：“古时候，栎木做椽子不用加工砍削，房上的茅草不用修剪，百姓穿着粗布衣服，用陶碗吃饭，用铜铁铸造锄头，和泥土制作陶器，工匠不造稀奇古怪的东西，世人不珍爱寒不可衣、饥不可食的东西，人们各自住在自己的居室里，喜欢家乡的风俗，以自己的饮食为甘美。因此，远方的货物不来交易，昆仑山的美玉也运不到中原。现在风俗败坏，人们竞相奢侈浪费，女工极力纺织精细的丝织品，工匠极力追求奇巧的技艺，将朴素的东西加以雕刻，崇尚珍奇怪异之物，开凿山石寻求金银，潜入深海捞取珍珠，设置陷阱捕捉犀牛、大象，张设罗网猎捕珍禽，用边远蛮荒的珍稀之物迷乱中原，将西南地区的货物转运到东部沿海，交换万里之外的财物，费时费力，还没有什么用处。所以平民夫妇劳碌到精疲力竭的地步，仍然缺吃少穿。君王应当禁止追求暴利，节约不必要的费用。人们不再追求暴利，就会回归农业根本，不必要的费用被节约下来，百姓用度就会充足。这样，活着的人不缺乏资财，死后也不至于被弃尸荒野。”

大夫曰：“古者，宫室有度，舆服以庸；采椽茅茨，非先生之制也。君子节奢刺俭，俭则固。昔孙叔敖相楚，妻不衣帛，马不秣粟。孔子曰：‘不可，大俭极下。’此《蟋蟀》所为作也。《管子》曰：‘不饰宫室，则材木不可胜用；不充庖厨，则禽兽不损其寿。无末利，则本业无所出；无黼黻，则女工不施。’故工商梓匠，邦国之用，器械之备也。自古有之，非独于此。弦高贩牛于周，五羖赁车入秦，公输子以规矩，欧冶以镕铸。《语》曰：‘百工居肆，以致其事。’农商交易，以利本末。山居泽处，蓬蒿墝埆(土地贫瘠)，财物流通，有以均之。是以多者不独衍，少者不独馑。若各居其处，食其食，则是橘柚不鬻(卖)，朐卤之盐不出，旃罽不市，而吴、唐之材不用也。”

【译文】

大夫说："古时候，宫室的建造有一定的制度，车马衣服按照功劳大小而定；用栎木做椽子，用茅草盖屋子，并不是先王的制度。君子节制奢侈，也讽刺节俭，因过度简朴就会粗陋。从前孙叔敖在楚国做令尹，妻子不穿绸衣，马不喂粮食。孔子说：'不可以，太节俭就和下级相近了。'这就是《诗经·唐风·蟋蟀》创作的原因啊。《管子》说：'不装饰宫殿，木材就用不完；不用肉食充实厨房，禽兽就不会减损寿命。没有工商业，农业便无法发展；礼服不绣花纹，女工就没有办法施展技巧了。'因此，商人、工匠，对国家是有用的，他们能为国家提供器具和兵器。这些人是自古以来就有的，不是现在才有。弦高曾到东周卖牛，五羖大夫百里奚曾租车到秦国做生意，鲁班凭借圆规曲尺成为木匠鼻祖，欧冶子凭借冶铁术成为铸剑能人。《论语》说：'各种工匠聚居在作坊，竭尽所能做事。'农业和工商业之间交换物品，有利于促进这两个行业的发展。有些人居住在深山沼泽，那些地方野草丛生，土地贫瘠，更应该加强财物流通，以均衡特产。这样，物产多的地方不独自富庶，物产少的地方不独自匮乏。如果人们各自居住在自己家乡，吃地方食物，盛产的橘柚就卖不出去，朐县的盐也运不出去，毛毡花毯也不能上市，吴、唐两地的竹子和木材也没用了。"

文学曰："孟子云：'不违农时，谷不可胜食。蚕麻以时，布帛不可胜衣也。斧斤以时，材木不可胜用。田渔以时，鱼肉不可胜食。'若则饰宫室，增台榭，梓匠斫(砍)巨为小，以圆为方，上成云气，下成山林，则材木不足用也。男子去本为末，雕文刻镂，以象禽兽，穷物究变，则谷不足食也。妇女饰微治细，以成文章，极伎尽巧，则丝布不足衣也。庖宰烹杀胎卵，煎炙齐和，穷极五味，则鱼肉不足食也。当今世，非患禽兽不损，材木不胜，患僭侈之无穷也；非患无旃罽橘柚，患无狭庐糠糟(粗劣的食物)也。"

【译文】

文学说："孟子说：'不误农时，谷物就多得吃不完。按时养蚕种麻，粗布丝帛就多得穿不完。按照时节采伐，木材就用不完。按照时节打猎捕鱼，鱼肉就多得吃不完。'如果一味地修饰宫殿，增建亭台楼榭，木匠将大木料砍成小块，把圆的削成方的，在房屋上面雕刻云彩，下面雕刻山林，那么木材就不够用了。男人弃农经商，雕刻镂画，描摹飞禽走兽，穷尽事物变化，粮食就不够吃了。妇女刺绣精美细致，制成花纹图案，极尽技巧，粗布丝帛就不够穿了。厨师烹杀兽胎蛋卵，油煎火烤，穷尽五味，鱼肉就不够吃了。现在这个时代，不担心禽兽不减少，木材用不完，而是害怕无休止地奢侈浪费，不担心没有毛毡、花毯、橘子、柚子，而是害怕连狭小的茅草屋和粗劣的食物都没有。"

错币第四

【题解】

本篇讨论的是货币铸造的权力应当收归政府，还是下放民间的问题。汉文帝时期，朝廷施行宽松的经济政策，民间可私自煮盐、冶铁、造钱，由于缺乏管理，弊端显现。诸侯和宠臣垄断相关产业，聚敛了大量财富，同时又招致奸党聚集。汉武帝时期，朝廷收回了货币铸造权，因解决不了贪腐问题，新币良莠不齐，奸商从中牟利，给百姓带来了损失和不便。大夫认为，国家铸造和发行货币，有助于打击不法行为，调剂财物分配，从宏观上对市场进行调控；文学则认为准许民间铸钱，可打破垄断，保持货币多样性，促进商品和钱币的流通，便利百姓。双方的观点都有一定的道理，但从现实角度出发，在社会土壤不成熟、管控难度较大的情况下，由国家铸造和发行货币更为稳妥。

大夫曰："交币通施，民事不及，物有所并(兼并，垄断)也。计本量委，民有饥者，谷有所藏也。智者有百人之功，愚者有不更本之事。人君不调，民有相妨之富也。此其所以或储百年之余，或不厌糟糠也。民大富，则不可以禄使也；大强，则不可以罚威也。非散聚均利者不齐。故人主积其食，守其用，制其有余，调其不足，禁溢羡(过多盈利)，厄利涂，然后百姓可家给人足也。"

【译文】

大夫说："流通货币，交换有无，民用供给不足，这是因为物资被垄断了。根据农业收入计量支出，百姓还有挨饿的，这是因为谷物被囤积起来了。智者具备以一当百的能力，蠢人连本钱都赚不回。君王不加以调剂，民众将互相损害利益，以求暴富。这就是有人囤积的粮食一百年也吃不完，而有的人却连糟糠也吃不饱的原因。百姓太富有，朝廷就不能用俸禄役使他们了；百姓太强悍，就不能用刑罚威慑他们了。不分散囤积的财物，均衡利益，老百姓的生活水平就会悬殊。所以君主积蓄粮食，掌管财用，限制有余，调剂不足，禁止商人过多盈利，堵塞取利的途径，这样百姓就家家户户丰衣足食了。"

文学曰："古者，贵德而贱利，重义而轻财。三王之时，迭盛迭衰。衰则扶之，倾则定之。是以夏忠、殷敬、周文，庠序(学校)之教，恭让之礼，粲然可得而观也。及其后，礼义弛崩，风俗灭息，故自食禄之君子，违于义而竞于财，大小相吞，激转相倾。此所以或储百年之余，或无以充虚蔽形也。古之仕者不穑，田者不渔，抱关击柝，皆有常秩，不得兼利尽物。如此，则愚智同功，不相倾也。《诗》云：'彼有遗秉(漏掉的成把、成束的谷物)，此有滞穗，伊寡妇之利。'言不尽物也。"

【译文】

文学说："古时候，人们崇尚德行轻视利益，重视大义轻看财富。夏禹、商汤、周文王时期，仁义道德兴衰交替，衰落了就扶助它，倾覆了就安定它。所以夏朝崇尚忠厚，商朝敬鬼神，周朝重视礼乐典章，学校的教化，恭谨谦让的礼仪，鲜明灿烂，我们可以从文献中看到。这以后，礼乐制度废弛崩坏，良俗消亡，所以吃俸粮的官员违背道义竞相争夺财富，以大吞小，激烈地互相倾轧。这就是有人储备了百年吃不完的粮食，有人吃不饱饭且没有衣服遮体的原因。古代做官的不耕种，打猎的不捕鱼，守关和打更的差役都有固定收入，不允许兼职，把所有利益都侵占。这样，笨人和聪明人都有收获，不会相互倾轧。《诗经》上说：'那儿有掉落的一束禾，这儿有散落的一点谷穗，照顾寡妇任她捡吧。'说的就是不能占据所有财物啊。"

大夫曰："汤、文继衰，汉兴乘弊。一质一文(一则质朴，一则华美，即一衰一盛)，非苟易常也。俗弊更法，非务变古也，亦所以救失扶衰也。故教与俗改，弊(货币)与世易。夏后以玄贝，周人以紫石，后世或金钱刀布。物极而衰，终始之运也。故山泽无征，则君臣同利；刀币无禁，则奸贞并行。夫臣富则相侈，下专利则相倾也。"

【译文】

大夫说："商汤、周文王继夏、商衰亡而崛起，汉朝趁秦朝弊政兴起。一衰一盛，不是随意变更常法。风俗败坏要变更法度，不是为了变乱古法，而是要补救失误，扶持衰世。因此，教化随风俗的变化而改变，货币随时代的变化而变革。夏朝用黑色贝壳做货币，周朝用紫色贝壳做货币，后世用铜钱刀布做货币。事物发展到极致走向衰落，这是它由始到终的运行规律。所以，山林湖泽不征税，君主和臣民将获得同等利益，不禁止民间铸造钱币，真币假币将同时流通。臣民富足，会竞相奢侈；民间豪强独占财利，将导致互相倾轧。"

文学曰："古者，市朝而无刀币，各以其所有易所无，抱布贸丝而已。后世即有龟贝金钱，交施之也。币数变而民滋伪。夫救伪以质(质朴，朴实)，防失以礼。汤、文继衰，革法易化，而殷、周道兴。汉初乘弊，而不改易，畜利变币，欲以反本，是犹以煎止燔(燃烧)，以火止沸也。上好礼则民暗饰，上好货则下死利也。"

【译文】

文学说："集市上不用货币，人们都用自己拥有的物品换取家里没有的东西，比如，抱着布帛交换蚕丝。后世才有龟甲、贝壳、铜钱，在市场上交替使用。货币多次变化，民间滋生虚伪。要以朴实拯救虚伪，用礼义防止过失。商汤、周文王继夏、商衰世，改变法度和教化，使商朝、周朝王道兴盛。汉初继承秦朝的时弊不加变革，积蓄财利，变更货币，想要回归农业生产，这就好比用煎熬来制止燃烧，用火来阻止水沸腾一样。朝廷重视礼义，百姓就会自觉约束自己的行为；朝廷喜好财货，百姓就会冒死逐利。"

大夫曰："文帝之时，纵民得铸钱、冶铁、煮盐。吴王擅鄣海泽，邓通专(独占)西山。山东奸猾，咸聚吴国，秦、雍、汉、蜀因邓氏。吴、邓钱布天下，故有铸钱之禁。禁御(禁止，制止)之法立而奸伪息，奸伪息则民不期于妄得，而各务其职，不反本何为？故统一，则民不二也；币由上，则下不疑也。"

【译文】

大夫说："汉文帝时期，朝廷放任民间私自铸钱、冶铁、煮盐。吴王刘濞擅自霸占沿海湖泽，垄断了制盐业，邓通独占西山铜矿，垄断了铸钱业。崤山以东奸猾之徒都聚集在吴王刘濞帐下，秦地、雍地、汉中、蜀郡的恶人都依附邓通。吴王、邓通钱币遍行天下，所以朝廷才会颁布禁止私人铸钱的法令。禁令法规确立了，奸诈作伪之风得以平息；奸诈作伪之风平息，百姓便不期望法外之财，人们各司其职，不回归农业又干什么？因此，国家统一铸造货币，百姓就没有二心；货币由国家发行，百姓就不会有疑虑。”

文学曰：“往古，币众财通而民乐。其后，稍去旧币，更行白金龟龙，民多巧新币。币数易而民益疑。于是废天下诸钱，而专命水衡三官作。吏匠侵利，或不中式(符合规格)，故有薄厚轻重。农人不习，物类比之，信故疑新，不知奸贞(真假)。商贾以美贸恶，以半易倍。买则失实，卖则失理，其疑或滋益甚。夫铸伪金钱以有法，而钱之善恶无增损于故。择钱则物稽滞，而用人尤被其苦。《春秋》曰：‘算不及蛮、夷则不行。’故王者外不鄣海泽以便民用，内不禁刀币以通民施。”

【译文】

文学说：“早些时候，货币种类繁多，财物流通顺畅，百姓安乐。后来，去除旧币，另外发行银锡龟龙钱币，人们大都用巧法使用新币。货币多次变更，百姓越发怀疑。朝廷于是废除所有货币，专门命令水衡都尉下属的三官统一铸钱。官吏和工匠从中牟利，铸钱有的不合规格，因此新币有薄、厚、轻、重的区别。农民使用不惯，用熟悉的旧钱与新钱比较，相信旧钱，怀疑新钱，不知钱币的真假。商人做生意用假钱换真钱，半数真钱能换取成倍的假钱。买东西的人得不到应有的货物，卖东西的人丧失道义，更加剧了人们的怀疑。铸造假币的行为虽有国法禁止，但钱币有好有坏还是跟过去一样。选择真钱会导致货品积压，用钱的人尤其苦恼。《春秋》说：‘筹划比不上蛮夷，就不要实行。’因此，君王于外不垄断河海湖泽的食盐，方便百姓使用；于内不禁止民间铸钱，方便民众流通使用。”

禁耕第五

【题解】

本篇讨论的内容是盐铁官营对农业的影响。大夫认为开放盐铁私营，国家资源就会流向诸侯和豪强，不仅威胁中央安全，还严重损害了百姓的切身利益。施行盐铁官营，有利于抑制地方势力和奸商，对国家和百姓都有好处。文学则认为，国家应当藏富于民，不该与民争利，此外，盐铁官员不懂得因地制宜，影响农具的铸造，加剧了百姓负担，造成了劳民伤财的局面。通过两者的辩论，我们可以看到，在制度不健全的社会，官府垄断盈利高的民生产业，办事僵化，对民生伤害是极大的，官僚的破坏力远大于资本。深入民间的文学对此有比较深刻清醒的认识，而大夫因不体察民情，无法了解官僚体系和官办资本的危害。

大夫曰："家人有宝器，尚函匣而藏之，况人主之山海乎？夫权利之处，必在深山穷泽之中，非豪民不能通其利。异时，盐铁未笼，布衣有朐邴，人君有吴王，皆盐铁初议也。吴王专山泽之饶，薄赋其民，赈赡穷乏，以成私威。私威积而逆节之心作。夫不蚤绝其源而忧其末(后果)，若决吕梁，沛然，其所伤必多矣。太公曰：'一家害百家，百家害诸侯，诸侯害天下，王法禁之。'今放民于权利，罢盐铁以资暴强，遂(满足)其贪心，众邪群聚，私门成党，则强御日以不制，而并兼之徒奸形成也。"

【译文】

大夫说："百姓家有宝物，尚且要珍藏在匣子里，更何况是君王的山林湖海之宝呢？有财富的地方，必然藏在深山大泽中，不是豪强富户，就没能力开发。以前，盐铁没被官府垄断，平民中的朐邴、诸侯中的吴王刘濞都在经营相关产业，这些都是最初议论盐铁官营时的话题。吴王刘濞独占富饶的山林川泽，减少境内百姓的赋税，赈济穷人，成就个人威望。随着个人威望的积累，反叛之心就产生了。不及早杜绝它的根源，而忧虑可能造成的后果，就如同掘开吕梁山，水势浩大，泛滥成灾，伤害的百姓一定很多。姜太公说：‘一家侵害百家，百家侵害诸侯，诸侯侵害天下，这些都是王法禁止的。’现在把权力下放给百姓，废除盐铁官营来帮助豪强，满足他们的贪心，众多恶人聚集，豪强结为党羽，这样，豪强越来越难控制，垄断兼并的坏人作奸犯科，危险的局面就形成了。”

文学曰：“民人藏于家，诸侯藏于国，天子藏于海内。故民人以垣墙为藏闭，天子以四海为匣匮。天子适(往，到)诸侯，升自阼阶(殿堂前的东阶)，诸侯纳管键，执策而听命，示莫为主也。是以王者不畜聚，下藏于民，远浮利，务民之义；义礼立，则民化上。若是，虽汤、武生存于世，无所容其虑。工商之事，欧冶之任，何奸之能成？三桓专鲁，六卿分晋，不以盐铁。故权利深者，不在山海，在朝廷；一家害百家，在萧墙，而不在朐邴也。”

【译文】

文学说：“百姓把财物藏在家里，诸侯把财物藏在封国，天子把财物藏在海内。所以，百姓把院墙作为隐藏财物的遮蔽，天子将四海视为匣柜。天子前往诸侯国，从东阶登堂，诸侯交纳城门的钥匙，手持写有姓名和官职的策书听候命令，表示不敢以主人自居。因此，君王不聚积财富，而是把财富藏于民间，远离浮华的财利，用礼义教化百姓。礼义确立，百姓就会被官方教化。如果是这样，即便商汤和周武王在世，也用不着忧虑。经营工商业，就像欧冶子炼铁那样认真尽责，怎么可能形成奸党？孟孙氏、叔孙氏和季孙氏在鲁国专权，六卿分掌晋国国政，不是因为他们掌控了盐铁行业。因此，权力财富深藏的地方，不在山林湖海，而在朝廷，一家害百家的现象，发生在萧墙之内，问题不在朐邴之类的民间富商身上。”

大夫曰：“山海有禁而民不倾；贵贱有平而民不疑。县官设衡立准，人从所欲，虽使五尺童子适市，莫之能欺。今罢去之，则豪民擅其用而专其利。决市闾巷(小的街道，泛指乡里民间)，高下在口吻，贵贱无常，端坐而民豪，是以养强抑弱而藏于跖也。强养弱抑，则齐民消(减少，损失)；若众秽之盛而害五谷。一家害百家，不在朐邴，如何也？”

【译文】

大夫说：“禁止开发山林湖海的资源，百姓就不相互倾轧了，物价贵贱有平衡的标准，百姓就不会有所怀疑。地方官府设立平准法，人人称心如意，即使让五尺高的小孩到集市买东西，也没有人能欺骗他。如果废除了盐铁官营和平准法，豪强就会垄断自然资源，独占商业利益。决定市场物价的人在民间，商品价格高低全凭他们一句话，贵贱没有标准。他们端坐在家中，坐享其成成为富豪。这是在扶持豪强压制弱民，把财富藏于盗跖之类的大盗手中。扶持豪强压制弱民，百姓就要蒙受损失。这就好比杂草生长茂盛会伤害五谷。一家伤害百家，不是朐邴那样的民间富商，又是谁呢？”

文学曰：“山海者，财用之宝路也。铁器者，农夫之死士也。死士用，则仇雠(仇敌，此指杂草)灭；仇雠灭，则田野辟；田野辟，而五谷熟。宝路开，则百姓赡而民用给，民用给则国富。国富而教之以礼，则行道有让，而工商不相豫(欺诈)，人怀敦朴以相接，而莫相利。夫秦、楚、燕、齐，土力不同，刚柔异势，巨小之用，居句之宜，党殊俗易，各有所便。县官笼而一之，则铁器失其宜，而农民失其便。器用不便，则农夫罢于野而草莱不辟。草莱不辟，则民困乏。故盐冶之处，大傲皆依山川，近铁炭，其势咸远而作剧。郡中卒践更者，多不勘，责取庸代。县邑或以户口赋铁，而贱平其准。良家以道次发僦运盐铁，烦费，百姓病苦之。愚窃见一官之伤千里，未睹其在朐邴也。”

【译文】

文学说："山林湖海，是财富的宝贵源泉。铁器好比农民的死士。使用铁制农具这样的死士，杂草这些仇敌就被清除了；杂草清除掉了，土地就得到开垦了。开垦了田地，就能五谷丰收。财富得到开发，百姓丰足，民用物资供应充足，民用充足，国家就富裕。国家富裕后用礼义教化百姓，百姓在路上行走就会礼让，商人、工匠就不会相互欺诈。人们怀着敦厚淳朴之心相处，而不是互相争夺利益。秦、楚、燕、齐各地，土地产出能力不同，土质的软硬程度有差异，农具的大小曲直因地方风俗不同而有所不同，各地有各地的使用习惯。官府统一农具，铁器就丧失了因地制宜的优势，农民也失去了便利。农具不方便使用，农民在田野劳作时疲惫不堪，荒原草地就得不到开辟。荒地不被开辟，老百姓就穷困。煮盐冶铁的地方，大都依傍深山大河，邻近铁矿、森林，地势遥远，作业艰苦。郡中轮流服役的人大多不堪忍受，官家责令他们花钱雇人代替自己服役。有的郡县按户口征收生铁，且压低收购价格。六郡良家按照各道的远近，花钱雇人雇车代为转运盐铁，既麻烦又费钱，百姓为此非常痛苦。我只看到了一个官员伤害千里之内的百姓，没看到朐邴之类的商人造成什么危害。"

复古第六

【题解】

诸子百家当中，儒家较为慕古，儒生发表议论喜欢追溯先王、圣王之道，主张当世参照古人的治国办法解决眼前的问题。在这次盐铁会议上，文学引经据典，引用《诗经》上的诗句，再次阐明了自己的观点，坚持认为朝廷对内遵照古法做事，不谋求财利，对外罢兵休战，才是对国家有利的。大夫认为，从古代开始，国家就已经把控了名山大泽的资源，有效遏制了诸侯和地方势力的发展，如今实行盐铁官营，同样是效法先人，且可以收获同样的效果。双方从不同的角度分析“复古”的议题，文学倾向于文化、哲学层面，大夫倾向于政治、经济层面，那么实行盐铁专营究竟是否符合古代传统呢？这恐怕是一个见仁见智的问题了。

大夫曰：“故扇水都尉彭祖宁归，言：‘盐铁令品，令品甚明。卒徒衣食县官，作铸铁器，给用甚众，无妨于民。而吏或不良，禁令不行，故民烦苦之。’令意总一(统一)盐铁，非独为利入也，将以建本抑末，离朋党，禁淫侈，绝并兼之路也。古者，名山大泽不以封，为下之专利也。山海之利，广泽之畜，天地之藏也，皆宜属少府；陛下不私，以属大司农，以佐助百姓。浮食奇民(依赖商贾等浮利为食而奇诡不正之人)，好欲擅山海之货，以致富业，役利细民，故沮事议者众。铁器兵刃，天下之大用也，非众庶所宜事也。往者，豪强大家，得管山海之利，采铁石鼓铸，煮海为盐。一家聚众，或至千余人，大抵尽收放流人民也。远去乡里，弃坟墓，依倚大家，聚深山穷泽之中，成奸伪之业，遂朋党之权，其轻为非亦大矣！今者，广进贤之途，练择守尉，不待去盐铁而安民也。”

【译文】

大夫说：“前任扇水郡都尉彭祖请假回家办理父母丧事时，汇报说：‘朝廷颁布的盐铁法令，内容十分严明。差役的衣食由官府供给，铸造铁器，朝廷拨付了很多经费，对老百姓没妨害。有些不良官吏，不执行禁令，因此百姓深感烦扰痛苦。’朝廷发布禁令统一经营盐铁业，不单纯是为了增加财利，也是为了促进农业发展，抑制工商业，离间分化朋党势力，遏止奢侈浪费之风，杜绝兼并的门路。古时候，朝廷不把名山大泽分封给诸侯，是怕诸侯们独占财利。山林河海的财利，广大湖泽储藏的物产，都是大自然的宝藏，都应该归少府管理。圣上不把它当成私家财产，让大司农管理，以此帮助天下百姓。那些依赖商贾浮利为生的奇诡不正之人，企图霸占山海资源，以此发家致富，他们靠奴役小民获利，因此阻挠盐铁官营的议论很多。铁器和兵器，对国家大有用处，不适合让民众私自经营。过去，豪强大户获准经营山海资源，开采矿石铸造铁器，熬煮海水制盐。一个大户人家聚集了很多人，有的聚众千余人，收集的多是流放的犯人。这些人背井离乡，抛弃祖坟，依附豪强，聚居在荒僻的山野穷泽之中，从事诡诈欺骗的行当，酝酿缔结朋党的权谋，轻易地为非作歹，问题可就大了！现在朝廷扩宽途径举荐贤能，谨慎地选择郡守都尉，用不着取消盐铁官营，便可安定百姓。”

文学曰：“扇水都尉所言，当时之权，一切之术也，不可以久行而传世，此非明王所以君国子民之道也。《诗》云：‘哀哉为犹，匪先民是程，匪大犹是经，维迩言是听。’此诗人刺不通于王道，而善为权利者。孝武皇帝攘九夷，平百越，师旅数起，粮食不足。故立田官，置钱，入谷射官，救急赡不给。今陛下继大功之勤，养劳倦之民，此用麋鬻之时；公卿宜思所以安集百姓，致利除害，辅明主以仁义，修润洪业之道。明主即位以来，六年于兹，公卿无请减除不急之官，省罢机利之人。人权县太久，民良望于上。陛下宣圣德，昭明光，令郡国贤良、文学之士，乘传诣公车（汉代官署名，后指招待被召见的人住的地方），议五帝、三王之道，《六艺》（《诗》《书》《礼》《乐》《易》《春秋》）之风，册陈安危利害之分，指意粲然。今公卿辨议，未有所定，此所谓守小节而遗大体，抱小利而忘大利者也。”

【译文】

文学说：“扇水都尉说的话，只是当时的权宜之计，不过是一时的办法，不能长期实行并传于后世。这不是圣明君主治理国家统治臣民的方法。《诗经》上说：‘如此谋划令人悲伤，古代圣贤不效法，大道不遵从，只听从亲近之人的言论。’这是诗人讽刺不懂王道而善于弄权谋利的人而写下的。汉武帝抗击夷狄，平定百越，多次兴兵，粮食不足。所以设立屯田官，由国家统一铸造钱币，规定谁进献粮食谁就可以获得官职，以此来解决当务之急，补助军用。现在陛下继承了孝武帝创建功业的勤勉精神，供养着劳苦疲倦的百姓，正是像用稀粥养护老弱病人一样安抚他们的时候。公卿应当考虑怎样安定凝聚百姓，兴利除害，用仁义辅佐圣明君主，助力实现宏图伟业。圣上即位已有六年，你们这些公卿大臣没有请求朝廷削减不急需的官员，减少和罢免机诈谋利之人。人们期望朝廷权衡轻重已经很久了，百姓对朝廷怀有很大期待。陛下宣明圣德，昭示光辉，令各郡贤良、文学之士乘官车进京讨论五帝、三王的治国之道和《诗》《书》《礼》《乐》《易》《春秋》的教化，上书陈述安危利害的关系，用意十分明显。现在你们这些公卿大臣的辩论，仍没有定论，这就是所谓的守小节失大体，只顾小利而忘记大利啊。”

大夫曰：“宇栋之内，燕雀不知天地之高；坎井之蛙，不知江海之大；穷夫否妇，不知国家之虑；负荷之商，不知猗顿之富。先帝计外国之利，料胡、越之兵，兵敌弱而易制，用力少而功大，故因势变以主四夷，地滨山海，以属(连接)长城，北略河外，开路匈奴之乡，功未卒。盖文王受命伐崇，作邑于丰；武王继之，载尸以行，破商擒纣，遂成王业。曹沫弃三北之耻，而复侵地。管仲负当世之累，而立霸功。故志大者遗小，用权者离俗。有司思师望之计，遂先帝之业，志在绝胡貉，擒单于，故未遑扣扃之义，而录(采取，采纳)拘儒之论。”

【译文】

大夫说：“屋檐栋梁之下的燕子麻雀，不知天距离地面有多高；土井内的青蛙，不知大江大海有多宽广浩大；穷困的匹夫、无知的妇人，不知道国家的忧虑；肩挑背负的小贩，不知道大商人猗顿的富有。武帝分析外国的利弊，估计匈奴和百越的兵力，认为敌人兵力弱易于制服，我们用少许力量就能建立很大的军功，所以根据形势变化，力主讨伐四方蛮夷的计划，使汉朝的疆域依山傍海，并把长城连成一片，北边攻取黄河以北地带，开辟道路，直通匈奴，可惜功业没有完成。当年周文王接受天命讨伐崇侯虎，在丰地建都。周武王继承文王的事业，用车子载着文王的牌位出征，攻破商朝擒获商纣，成就了一番霸业。鲁国武士曹沫夺回被齐国侵占的土地，洗刷三次败北的耻辱。管仲背负当世的恶名，辅助齐桓公成就霸主功业。因此，志向远大的人不计较小节，善于使用权力的人不拘泥于世俗的见解。官员们考虑的是如何运用姜太公的计谋，完成武帝未竟的事业，志在消灭匈奴，活捉匈奴首领单于，所以没空考虑你们这些门外汉的想法，不可能采纳你们这些守旧固执的书生的意见。"

文学曰："燕雀离巢宇而有鹰隼之忧，坎井之蛙离其居而有蛇鼠之患，况翱翔千仞而游四海乎？其祸必大矣！此李斯所以折翼，而赵高没渊也。闻文、武受命，伐不义以安诸侯大夫，未闻弊诸夏(泛指中原)以役夷狄也。昔秦常举天下之力以事胡、越(匈奴、百越)，竭天下之财以奉其用，然众不能毕；而以百万之师，为一夫之任，此天下共闻也。且数战则民劳，久师则兵弊，此百姓所疾苦，而拘儒之所忧也。"

【译文】

文学说："燕子麻雀离开鸟巢就有被鹰隼捕杀的忧患，土井里的青蛙离开居所就有被蛇鼠吃掉的风险，更何况翱翔于千仞高空游历四海呢？所遭遇的灾祸必然更大了。这就是李斯折断翅膀、赵高没入深渊的原因。我听说周文王、周武王接受天命，讨伐不义，安抚诸侯大夫，没听说损害中原来讨伐夷狄。从前，秦始皇经常倾全国之力讨伐匈奴、百越，耗竭全国财力以供战争之用，然而最终没有完成目标。百万雄师供秦始皇一人驱使，这是所有百姓都听说过的。况且多次作战百姓会疲劳，长期用兵士兵会疲惫，这是百姓深感痛苦的事情，也是我们这些固执守旧的书生所忧虑的事情。"

卷　二

非鞅第七

【题解】

经过一段时间的休养生息，汉承秦制的特点逐渐显露出来，尤其是汉武帝时期，汉廷屡次用兵，军费开支庞大，官府为了实现富国强兵的目标，实行盐铁官营。各种策略与商鞅变法的内容有诸多类似之处。大夫认可商鞅的功绩，是为盐铁官营政策的实施寻找立足点。毕竟秦国的强大与商鞅严明法度、收取山泽之税密不可分。文学却认为，商鞅推行严刑峻法，滥施淫威，只是短暂地取得了成效；从长远看，这些严苛的政策埋下了很多隐患，甚至间接导致了秦朝的灭亡。因此，商鞅不仅不是秦国的功臣，反而是秦国的掘墓人，他的主张和策略不值得现世效仿。

大夫曰："昔商君相秦也，内立法度，严刑罚，饬(整顿，整治)政教，奸伪无所容。外设百倍之利，收山泽之税，国富民强，器械完饰，蓄积有余。是以征敌伐国，攘地斥境(开疆拓土)，不赋百姓而师以赡。故利用不竭而民不知，地尽西河而民不苦。盐铁之利，所以佐百姓之急，足军旅之费，务蓄积以备乏绝，所给甚众，有益于国，无害于人。百姓何苦尔，而文学何忧也？"

【译文】

大夫说："从前商鞅在秦国做丞相，对内设立法度，严明刑罚，整顿政令和教化，使诡诈虚伪的小人无处容身。对外设立获利百倍的产业，收取山林湖泽的税收，因而国富民强，农具兵器完备，粮食储备有余。所以攻打敌人讨伐敌国，开疆拓土，不向百姓征税，军队的供给便很充足。因此，秦国的财利用不完，百姓不知困难，疆土拓展到黄河西岸，百姓感觉不到战争的痛苦。盐铁官营的好处，在于帮助百姓解决燃眉之急，补足军费，储备物资以防备不足，它的好处很多，于国家有益，于百姓无害。老百姓有什么愁苦，文学又有什么忧虑呢？"

文学曰："昔文帝之时，无盐铁之利而民富；今有之而百姓困乏，未见利之所利也，而见其害也。且利不从天来，不从地出，一取之民间，谓之百倍，此计之失者也。无异于愚人反裘而负薪，爱其毛，不知其皮尽也。夫李梅实多者，来年为之衰；新谷熟而旧谷为之亏。自天地不能两盈，而况于人事乎？故利于彼者必耗于此，犹阴阳(日月)之不并曜，昼夜之有长短也。商鞅峭法长利，秦人不聊生，相与(一起)哭孝公。吴起长兵攻取，楚人搔动，相与泣悼王。其后楚日以危，秦日以弱。故利蓄而怨积，地广而祸构，恶在利用不竭而民不知，地尽西河而人不苦也？今商鞅之册任于内，吴起之兵用于外，行者勤于路，居者匮于室，老母号泣，怨女叹息；文学虽欲无忧，其可得也？"

【译文】

文学说："从前汉文帝时期，没有盐铁官营的财利，而百姓富裕；现在实行盐铁官营，百姓反而贫穷困苦，没有看到盐铁官营的好处，反而看到它的坏处了。何况财利不能从天而降，也不能从地上长出来，它全部取自民间，还说它有百倍的好处，这是策略的失误。相当于蠢人反穿皮衣背柴火，爱惜皮衣的毛，却不知道皮革被磨损了。李子、杨梅果实结得多，明年就结得少；

新谷成熟了，旧谷就快吃完了。天地间没有两全其美的事，更何况人世间呢？所以，对那方面有利，一定会对这方面造成损害，就如同日月不能同辉，昼夜有长有短一样。商鞅推行严峻的法令重财利，使得秦国民不聊生，百姓一起到秦孝公那儿哭诉。吴起兴兵攻伐，楚人骚动不安，一起到楚悼王那儿哭诉。此后，楚国日益危险，秦国日益衰落。因此，朝廷财利积累了，民怨也跟着积累，地域开拓了，祸患也形成了，怎么能说财富用之不竭百姓不知困难，疆域拓展到黄河西岸而百姓感觉不到战争之苦呢？现在朝廷对内施行商鞅的政策，对外像吴起一样频繁征战，使服役的人在路上辛苦奔波，留在家中的人缺衣少食，老母亲号啕哭泣，妻子悲愁叹息。文学虽然也想不忧虑，又怎么能做得到呢？”

大夫曰：“秦任商君，国以富强，其后卒并六国而成帝业。及二世之时，邪臣擅断，公道不行，诸侯叛弛，宗庙隳亡。《春秋》曰：‘末言尔，祭仲亡也。’夫善歌者使人续其声，善作者使人绍(继承)其功。椎车之蝉攫，负子(诸侯生病的自谦之词)之教也。周道之成，周公之力也。虽有裨谌之草创，无子产之润色，有文、武之规矩，而无周、吕之凿枘(互相投合)，则功业不成。今以赵高之亡秦而非商鞅，犹以崇虎乱殷而非伊尹也。”

【译文】

大夫说：“秦国任用商鞅，国家因此富强，而后吞并六国成就帝业。到了秦二世统治时期，佞臣专权，正道行不通，诸侯叛离，宗庙倾覆，国家灭亡。《春秋》说：‘不用说郑厉公夺权这件事了，祭仲已经死了。’善歌的人能让人接续他的歌声，善于创造的人能让人继承他的功业。椎车的车辋，是上古时期诸侯生病时发明的。西周王道形成，是周公出力的结果。虽有裨谌起草诏令，没有子产加工润色，有周文王、周武王制定的规矩，没有周公、姜子牙的互相配合，就无法成就功业。现在你们用赵高灭亡秦国来责难商鞅，就好比以崇侯虎扰乱商朝国政责难伊尹一样。”

文学曰：“善凿者建周而不拔(动摇)，善基者致高而不蹶。伊尹以尧、舜之道为殷国基，子孙绍位，百代不绝。商鞅以重刑峭法为秦国基，故二世而夺。刑既严峻矣，又作为相坐之法，造诽谤，增肉刑，百姓斋栗，不知所措手足也。赋敛既烦数矣，又外禁山泽之原，内设百倍之利，民无所开说容言。崇利而简义，高力而尚功，非不广壤进地也，然犹人之病水，益水而疾深，知其为秦开帝业，不知其为秦致亡道也。狐剌(违背常规)之凿，虽公输子不能善其枘。畚土之基，虽良匠不能成其高。譬若秋蓬被霜，遭风则零落，虽有十子产，如之何？故扁鹊不能肉白骨，微、箕不能存亡国也。”

【译文】

文学说：“擅长用凿子打眼的工匠，安的把柄牢固不动摇；善于打地基的瓦匠，垒砌的墙面高大坚固不倒塌。伊尹以唐尧舜帝的治国之道作为商朝的基础，商汤的子孙承袭王位，历经百代而没有断绝。商鞅以重刑和严酷的法令作为秦朝统治的基础，到了二世皇权就被削夺。秦国刑法已经很严峻了，朝廷又颁布连坐法令，制定诽谤法，增加肉刑，百姓诚惶诚恐，不知道手脚该放在哪里。收缴的赋税已经很繁多了，又对外禁止民间开发山林湖泽的自然资源，对内设立谋取厚利的机构，老百姓没有开口说话的地方。崇尚财利，轻视礼义，重视武力，崇尚军功，不是不能拓展疆域增加土地，然而就像人得了水肿病一样，水喝得越多，疾病就越严重。你们只知道商鞅为秦国开创帝业，却不知道是他把秦国推向灭亡的。歪斜的卯眼，即使鲁班也不能安上榫头。一畚箕土做成的地基，即使高明的瓦匠也不能垒成高墙。这就好比秋天的蓬草遭受霜打，遇到风就凋零了，即便有十个子产，又能如何？所以扁鹊不能使白骨长出肉来，微子、箕子不能挽救商朝的灭亡。”

大夫曰："言之非难，行之为难。故贤者处实而效功，亦非徒陈空文而已。昔商君明于开塞之术，假当世之权，为秦致利成业，是以战胜攻取，并近灭远，乘(压服，欺压)燕、赵，陵齐、楚，诸侯敛衽，西面而向风。其后，蒙恬征胡，斥地千里，逾之河北，若坏朽折腐。何者？商君之遗谋，备饬素修(平时做好准备)也。故举而有利，动而有功。夫畜积筹策，国家之所以强也。故弛废而归之民，未睹巨计而涉大道也。"

【译文】

大夫说："说起来简单，做起来难。所以贤能的人踏踏实实建立功业，而不是空谈。从前商鞅通晓开通什么、阻塞什么的权术，凭借当世的权力，为秦国增加财利，创建帝业。所以秦国战必胜，攻必取，可以吞并近国灭亡远国，压服了燕国、赵国，凌驾于齐国、楚国之上，使诸侯整理衣襟恭敬地向西望风归服。后来，蒙恬讨伐匈奴，开辟千里疆域，越过黄河以北，如同摧枯拉朽般容易，为什么呢？是因为采用了商鞅留下的谋略，平时加强整顿，做好准备。所以一举手就能获利，一行动就有功业。聚集财富，运筹谋划，是国家富强的原因。所以废除盐铁官营，把权力交还给平民，是看不到国家大计，不懂得大道理。"

文学曰："商鞅之开塞，非不行也；蒙恬却(使……后退)胡千里，非无功也；威震天下，非不强也；诸侯随风西面，非不从也：然而皆秦之所以亡也。商鞅以权数危秦国，蒙恬以得千里亡秦社稷：此二子者，知利而不知害，知进而不知退，故果身死而众败。此所谓恋朐(目光短浅)之智，而愚人之计也，夫何大道之有？故曰：'小人先合而后忤，初虽乘马，卒必泣血。'此之谓也。"

【译文】

文学说："商鞅的开塞之术，不是不能实行；蒙恬将军将匈奴驱赶到千里之外，不是没有军功；秦朝威震天下，不是不够强大；诸侯向西望风归服，不是不肯归顺：然而这些都是秦朝灭亡的原因。商鞅玩弄权术危害秦国，蒙恬得到千里土地致使秦国社稷倾覆；这两个人只知道利益不知道危害，只知道前进不知道后退，所以最终他们自己惨死，追随他们的人也跟着失败了。这就是所谓的浅薄的智慧和愚人的智谋，哪有什么治国大道呢？所以说：'小人先迎合主子而后背叛，最初乘坐车马扬扬得意，最后必定泣血。'说的就是商鞅、蒙恬这类人啊。”

大夫曰：“淑好之人，戚施之所妒也；贤知之士，阘茸之所恶也。是以上官大夫短(诋毁)屈原于顷襄，公伯寮愬子路于季孙。夫商君起布衣，自魏入秦，期年而相之，革法明教，而秦人大治。故兵动而地割，兵休而国富。孝公大说(非常高兴)，封之於、商之地方五百里，功如丘山，名传后世。世人不能为，是以相与嫉其能而疵其功也。”

【译文】

大夫说：“贤淑美丽的女子，被驼背丑陋的女子嫉妒；贤能智慧的士人，被猥琐卑贱的小人憎恶。所以上官大夫在顷襄王面前诋毁屈原，公伯寮在季孙氏面前说子路的坏话。商鞅出身平民，从魏国来到秦国，一年后成为秦国宰相，他变革法令宣明教化，使秦国得到大治。因此出动军队，就能得到别国的割地，修整军队就能使国家富强。秦孝公非常高兴，赐给商鞅於、商方圆五百里的土地，使他功高如丘山，美名传后世。世人做不到，所以全都嫉妒他的才能，非议他的功绩。”

文学曰：“君子进必以道，退不失义，高而勿矜，劳而不伐(自夸)，位尊而行恭，功大而理顺，故俗不疾(嫉妒)其能，而世不妒其业。今商鞅弃道而用权，废德而任力，峭法盛刑，以虐戾为俗，欺旧交以为功，刑公族以立威，无恩于百姓，无信于诸侯，人与之为怨，家与之为雠(仇恨)，虽以获功见封，犹食毒肉愉饱而罹其咎也。苏秦合纵连横，统理六国，业非不大也；桀、纣与尧、舜并称，至今不亡，名非不长也：然非者不足贵。故事不苟多，名不苟传也。”

【译文】

文学说：“君子进身官场必须遵循正道，退隐也不能失去道义，身在高位不骄傲，有功劳不自夸，地位尊贵而行为谦恭，功劳大却通情达理，所以世俗之人不嫉妒他的才能，世人不嫉妒他的成就。现在商鞅抛弃道义玩弄权术，废除仁德使用强力，推行严刑峻法，凶狠残暴习以为常，靠欺骗故交建立功业，靠对贵族用刑树立威信，对百姓没有恩德，对诸侯不讲信用，人人都怨恨他，家家与他结仇，虽然因为功劳获得封地，但就像吃了毒肉，吃得越饱，遭受的祸患就越多。苏秦推行合纵政策，统辖六国对抗秦国，功业并非不大；夏桀、商纣和唐尧、舜帝并称，名字流传至今，名声并非不长久：然而被历史否定的人不足为贵。所以事迹不能随便赞美，名声也不是随便传颂的。”

大夫曰：“缟素不能自分于缁墨(黑色染料)，贤圣不能自理于乱世。是以箕子执囚，比干被刑。伍员相阖闾以霸，夫差不道，流而杀之。乐毅信功于燕昭，而见疑于惠王。人臣尽节以徇名，遭世主之不用。大夫种辅翼越王，为之深谋，卒擒强吴，据有东夷，终赐属镂(古代名剑)而死。骄主背恩德，听流说，不计其功故也，岂身之罪哉？”

【译文】

大夫说：“白色丝织品放入黑色染料不能自动分离出来，圣贤生于乱世不能自我保全。所以箕子被囚禁，比干被施加酷刑。伍子胥辅佐阖闾称霸，夫差无道，把他杀死了，并将他的尸体装进皮袋投入江中。乐毅在燕昭王时期立下大功，却被惠王怀疑。臣子为保持节操而舍身，却被当世君主弃之不用。大夫文种辅佐越王勾践，为他深谋远虑，最终打败了强大的吴国，占据了东夷的土地，最后勾践却赐剑给他令他自裁而死。这些都是骄横的君主忘恩负义，听信流言，不考虑他们的功劳的缘故，难道是他们自己的罪过吗？”

文学曰：“比干剖心，子胥鸱夷，非轻犯君以危身，强谏以干名也。憯怛(忧伤，悲痛)之忠诚，心动于内，忘祸患之发于外，志在匡君救民，故身死而不怨。君子能行是不能御非，虽在刑戮(受刑被杀)之中，非其罪也。是以比干死而殷人怨，子胥死而吴人恨。今秦怨毒商鞅之法，甚于私仇，故孝公卒之日，举国而攻之，东西南北莫可奔走，仰天而叹曰：‘嗟乎，为政之弊，至于斯极也！’卒车裂族夷，为天下笑。斯人自杀，非人杀之也。”

【译文】

文学说：“比干被施加剖心酷刑，伍子胥尸体被装进皮袋投入江中，并非因为他们轻率地冒犯君主给自己带来威胁，也不是因为他们为求得名声强行进谏。他们为国忧伤，一片忠诚，情绪发自内心，以至于忘记了身外的灾祸。他们志在匡正国君拯救百姓，所以即便惨死也不怨恨。君子能做正确的事情，却不能抵御非难，即便受刑被处死，也不是因为他们有罪。所以比干死后殷国百姓怨恨商纣，伍子胥死后吴国百姓怨恨夫差。当时秦国人怨恨商鞅的法令超过私仇，所以秦孝公去世当天，全国百姓讨伐他，商鞅无处可去，仰天长叹说：‘唉，朝政的弊病，竟到了如此严重的地步了！’最后他被车裂而死，亲族被满门抄斩，沦为天下笑柄。是他把自己杀死了，不是别人杀死他的。”

晁错第八

【题解】

汉景帝时期，诸侯王势大，藩国的膨胀对中央皇权已经构成了威胁，大臣晁错根据当前的形势，提出削藩，触发藩王众怒，引发“七国之乱”。景帝迫于政治压力斩杀晁错。大夫和文学评论晁错的功过是非，想法仍是大相径庭。大夫认为，藩王都是汉家子孙，晁错主张削藩，是一种离间宗室的行为，此人罪无可赦，被判处极刑也是死有余辜。文学认为，晁错是一代忠臣，他为了维护汉家万世之安，触犯诸侯的利益，是尽臣节而死。表面上看，双方讨论的重点是晁错的为人以及削藩政策的对与错，实际上争论的焦点仍是盐铁官营。因为这项经济政策同样涉及中央和诸侯的利益，大夫有意贬损晁错，是为了提醒文学一旦挑起中央和诸侯的矛盾，后果就会严重到不可想象的地步。

大夫曰：“《春秋》之法，君亲无将，将而必诛。故臣罪莫重于弑君，子罪莫重于弑父。日者，淮南、衡山修文学，招四方游士，山东儒、墨咸聚于江、淮之间，讲议集论，著书数十篇。然卒于背义不臣，使谋叛逆，诛及宗族。晁错变法易常(固定的，固有的)，不用制度，迫蹙(逼迫)宗室，侵削诸侯，蕃臣不附，骨肉不亲，吴、楚积怨，斩错东市，以慰三军之士而谢诸侯。斯亦谁杀之乎？”

【译文】

大夫说：“《春秋》规定，对于国君和父母，不能有图弑之心，有图弑之心必须处死。因此臣子最大的罪过莫过于弑君，儿子最大的罪过莫过于弑父。从前淮南王刘安、衡山王刘赐著书立说，招揽四方游学之士，山东的儒生和墨家弟子都聚集在江、淮一带，一起讲义讨论，著《淮南鸿烈》数十篇。然而他们背弃君臣大义，谋划叛乱，自己受诛，还连累宗族被杀。晁错变更常法，废除旧制度，逼迫宗室子弟，削减诸侯封地，导致藩王不归附朝廷，刘氏子孙骨肉不亲，以吴、楚为首的七个诸侯反叛，景帝只得在东市斩杀他，以安抚三军之士向诸侯谢罪。那么晁错又是被谁杀的呢？”

文学曰：“孔子不饮盗泉之流，曾子不入胜母之闾。名且恶之，而况为不臣不子乎？是以孔子沐浴而朝，告于哀公。陈文子有马十乘(一车四马为一乘)，弃而违之。《传》曰：‘君子可贵可贱，可刑可杀，而不可使为乱。’若夫外饰其貌而内无其实，口诵其文而行不犹其道，是盗，固与盗而不容于君子之域。《春秋》不以寡犯众，诛绝之义有所止，不兼怨恶也。故舜之诛，诛鲧；其举，举禹。夫以玙璠(美玉)之玼，而弃其璞，以一人之罪，而兼其众，则天下无美宝信士也。晁生言诸侯之地大，富则骄奢，急即合从。故因吴之过而削之会稽，因楚之罪而夺之东海，所以均轻重，分其权，而为万世虑也。弦高诞于秦而信于郑，晁生忠于汉而雠于诸侯。人臣各死其主，为其国用，此解杨之所以厚于晋而薄于荆也。”

【译文】

文学说：“孔子不喝名为‘盗泉’的水，曾子不进名为‘胜母’的里巷。他们听到不合礼法的名字尚且厌恶，更何况叛臣逆子的行为呢？所以孔子沐浴上朝，把陈成子弑齐简公的事告诉了鲁哀公；崔杼弑齐庄公，陈文子虽有四十匹马，却舍弃不要，毅然离开齐国。《礼记》上说：‘君子可以富贵，可以贫穷，可以受刑，可以被杀，但不能让他作乱。’那些外表修饰得很好，却腹中空空，口中诵读着经文却不遵守大道的人，都是强盗，本来就和盗贼无异，不能列在君子的行列。《春秋》大义：不以少数人侵犯多数人；诛戮的施行要有所限制，不应夹杂怨恨憎恶的情绪。因此，舜帝诛杀鲧，却重用他的儿子大禹。如果因为美玉有瑕疵，就扔掉玉石，因一人犯罪，就责罚众人，那么天下就没有美玉和诚实可信的人了。晁错说诸侯封地太大，过于富有就会骄奢，情急之下会联合起来反叛朝廷。因此，因吴王有过错，削夺了他的会稽郡；因楚王有罪过，削夺了他的东海郡，以此平衡诸侯势力，分散他们的权力，这是为汉家万世子孙考虑呀。弦高欺骗秦国，却对郑国忠诚，晁错忠于汉室，而与诸侯结仇。臣子为自己的主子而死，为他效力的国家所用，这就是晋人解扬对晋国忠厚、对楚国薄情的原因啊。”

刺权第九

【题解】

士大夫和读书人对权贵阶层的看法自古不同。由于前者属于权贵，不可避免地要站在本阶级的立场上看待问题。而读书人向来以“修身、齐家、治国、平天下”为终身奋斗目标，对权贵不屑一顾。双方立场的不同在大夫和文学身上体现得淋漓尽致。大夫强调权贵享受高官厚禄，妻子儿女也变得显贵，并且可以福荫子孙，这是天经地义的事情。文学则指出，做官必须在其位谋其政，具备肩负天下的胸襟和使命感，不能只想着个人的荣华富贵和家族的恩宠荣辱。两者相比，高下立现。由此可见，权势阶层更倾向于维护个人和家族利益，而深入民间，深刻了解民间疾苦的读书人更乐于为平民着想。

大夫曰：“今夫越之具区，楚之云梦，宋之钜野，齐之孟诸，有国之富而霸王之资也。人君统而守之则强，不禁则亡。齐以其肠胃予人，家(大夫)强而不制，枝大而折干，以专巨海之富而擅鱼盐之利也。势足以使众，恩足以恤下，是以齐国内倍而外附。权移于臣，政坠于家，公室卑而田宗强，转毂游海者盖三千乘，失之于本而末不可救。今山川海泽之原，非独云梦、孟诸也。

鼓铸煮盐，其势必深居幽谷，而人民所罕至。奸猾交通山海之际，恐生大奸。乘利骄溢，散朴滋伪，则人之贵本者寡。大农盐铁丞咸阳、孔仅等上请：‘愿募民自给费，因县官器，煮盐予用，以杜浮伪之路。’由此观之：令意所禁微，有司(主管官吏)之虑亦远矣。”

【译文】

大夫说：“现在越地的具区湖，楚地的云梦湖，宋地的钜野湖，齐地的孟诸湖，蕴藏着国家的财富，是成就霸业的资源。国君统一管理这些资源国家就富强，不禁止私人开采国家就灭亡。当年齐国就像一个人把肠胃让给他人一样，将物产开采大权交付给私人，致使大夫强盛失去控制，结果枝叶过大压断了树干，他们独占大海的资源和鱼盐的财利。权势大到可以奴役百姓，恩惠足以笼络臣下。所以百姓背离朝廷归附大夫。政权转移到大臣手里，被大夫把持，君主衰微而大夫田氏强盛，沿海运输鱼盐的车足有三千辆，使国家失去了农业根本，又丧失了工商业的控制权。现在山川湖海的资源很多，不仅仅有云梦湖和孟诸湖。铸铁煮盐，势必在深山幽谷、人迹罕至的地方。奸猾的恶人往来于山海间，怕是要制造大的祸端。他们凭借财利骄横不法，败坏了社会上质朴的风气，助长了虚伪之风，这样重视农业的人就少了。大农盐铁丞东郭咸阳、孔仅等人上书请求：‘希望招募百姓，让他们自备生活费，国家提供煮盐的器具，再由国家收购，以杜绝虚浮作假的门路。’由此看来，盐铁禁令是用来防微杜渐的，用意深微，主管官吏考虑得非常长远啊。”

文学曰：“有司之虑远，而权家之利近；令意所禁微，而僭奢之道著。自利害之设，三业之起，贵人之家，云行(形容随从众多)于涂，毂击于道，攘公法，申私利，跨山泽，擅官市，非特巨海鱼盐也；执国家之柄，以行海内，非特田常之势、陪臣之权也；威重于六卿，富累于陶、卫，舆服僭于王公，宫室溢于制度，并兼列宅，隔绝间巷，阁道错连，足以游观，凿池曲道，足以骋骛，临渊钓鱼，放犬走兔，隆豺鼎力，蹋鞠斗鸡，中山素女抚流徵(音调名)于堂上，鸣鼓巴俞作于堂下，妇女被罗纨，婢妾曳缔纻，子孙连车列骑，田猎出入，毕弋捷健。是以耕者释耒而不勤，百姓冰释而懈怠。何者？己为之而彼取之，僭侈相效，上升而不息，此百姓所以滋伪而罕归本也。”

【译文】

文学说：“主管官吏考虑深远，但有权势的家族却很容易谋取利益；盐铁禁令用于防微杜渐，可过度奢侈的风气却更明显了。自从设立兴利的官员，盐铁、酒榷、均输三大行业兴起，权贵出行，随从前呼后拥，车轮轴在路上拥挤碰撞。他们扰乱公法，谋取私利，占据山川湖泽，垄断官方市场，染指的不单是大海的鱼盐资源。他们执掌国家权柄，横行海内，不仅仅具有田常、陪臣的权势；他们的威信高于晋国六卿，累积的财富多于范蠡和子贡。服饰车马超过王公大臣，宫室规格超出了朝廷规定。收购的房屋连成一片，把巷道都隔断了。楼阁栈道交错相连，足以供人游览观赏；在宅子内部开凿水池，修建曲折的通道，足以供人奔走追逐；在水池畔钓鱼，可放纵狗兔赛跑取乐，驯兽举鼎，踢球斗鸡；中山美女在堂上抚琴，巴俞舞女在堂下伴着鼓声起舞。妇女穿着绸衣，婢妾拖着细葛麻布的长裙；子孙车连车，马成行，往来打猎，射鸟捕兽身姿敏捷矫健。种地的农夫放下锄头不再勤劳，百姓就像冰块消融一样变得涣散懈怠。为什么呢？因为自己的劳动成果被别人夺取了，人们竞相效仿奢侈，这种风气呈上升趋势而不休止，这就是百姓滋长虚伪之风很少愿意务农的原因。”

大夫曰：“官尊者禄厚，本美者枝茂。故文王德而子孙封，周公相而伯禽富。水广者鱼大，父尊者子贵。《传》曰：‘河、海润千里。’盛德及四海，况之妻子乎？故夫贵于朝，妻贵于室，富曰苟美(差不多算美好了)，古之道也。

《孟子》曰：‘王者与人同，而如彼者，居使然也。’居编户(编入户口的平民)之列，而望卿相之子孙，是以跛夫之欲及楼季也，无钱而欲千金之宝，不亦虚望哉？”

【译文】

大夫说：“官位高的俸禄丰厚，根深的大树枝繁叶茂。所以周文王贤德，子孙得以封侯，周公为相，他的儿子伯禽就无比富有。水域深广，鱼就肥大，父亲尊贵，儿子就显贵。《公羊传》上说：‘黄河大海滋润千里。’盛大的恩德遍及四海，更何况是他的妻子儿女呢？所以丈夫在朝中显贵，妻子在家里就尊贵，富贵是美好的事情，自古以来就是这样的道理。《孟子》说：‘君王和凡人无异，他那样气派，是地位使他这样。’身居平民之列，却向往卿相子孙的生活，就像瘸子想要赶上善于腾跳的楼季，没钱想要得到价值千金的宝物，这不是虚妄的幻想吗？”

文学曰：“禹、稷自布衣，思天下有不得其所者，若己推而纳之沟中，故起而佐尧，平治水土，教民稼穑。其自任天下如此其重也，岂云食禄以养妻子而已乎？夫食万人之力者，蒙其忧，任其劳。一人失职，一官不治，皆公卿之累(过失)也。故君子之仕，行其义，非乐其势也。受禄以润贤，非私其利。见贤不隐，食禄不专，此公叔之所以为文，魏成子所以为贤也。故文王德成而后封子孙，天下不以为党(亲族)；周公功成而后受封，天下不以为贪。今则不然。亲戚相推，朋党相举，父尊于位，子溢于内，夫贵于朝，妻谒行于外。无周公之德而有其富，无管仲之功而有其侈，故编户跛夫而望疾步也。”

【译文】

文学说：“大禹、后稷来自民间，他们想到天下有很多没有得到安顿的百姓，就像自己把他们推到沟里一样难受，因此出来辅佐尧。大禹平治水土，后稷教百姓播种收割。他们以治理天下为己任，如此看重它，怎么能说食用俸禄只是为了养活妻子儿女呢？受万人供养的人，应当承受天下忧患，分担大家的劳苦。一人失职，一个官员不称职，都被看作公卿的过失。因此君子做官，是为了施行仁义，不是贪图当官的权势。接受俸禄可以培养贤人，不是为了私自占有财富。发现贤人不隐瞒，所得俸禄不独自占有，这就是公叔枝谥号为'文'，魏成子被视为贤人的原因。因此，周文王成就功德之后分封子孙，天下百姓不认为他偏袒亲族；周公成就功业之后接受封赏，天下百姓不认为他贪婪。现在不是这样了。亲戚互相推荐，朋党互相举荐，父亲享有尊位，儿子在家就骄傲自满，丈夫在朝中显贵，妻子在外就接受请托。他们没有周公的仁德却拥有周公的财富，没有管仲的功劳却享有那样的奢侈生活，所以平民想要和公卿一样富贵，瘸子也想快步如飞。"

刺复第十

【题解】

经过长时间的讨论，大夫和文学各抒己见，无法达成共识，双方都有些情绪激动，随着争论的升级，由原来的商讨转化为互相攻击和批评。大夫讥讽文学道貌岸然、假冒贤能，不相信他们有兴利除弊的本领；文学则反唇相讥，批评公卿大夫德不配位，说他们既不懂得礼贤下士，也没有求贤若渴的心态，只是一味地嫉贤妒能，态度傲慢无礼，还妄想让贤士为自己所用，实在太荒谬了。

大夫曰为色矜而心不怿，曰："但居者不知负载之劳，从旁议者与当局者异忧。方今为天下腹居郡，诸侯并臻，中外未然，心憧憧若涉大川，遭风而未薄。是以夙夜思念国家之用，寝而忘寐，饥而忘食，计数不离于前，万事简阅于心。丞史器小，不足与谋，独郁大道，思睹文学，若俟周、邵而望高子。御史案事郡国，察廉举贤才，岁不乏也。今贤良、文学臻者六十余人，怀六艺之术，骋意极论，宜若开光发蒙；信往而乖于今，道古而不合于世务。意者不足以知士也？将多饰文诬(欺骗，冒充)能以乱实邪？何贤士之难睹也！自千乘倪宽以治《尚书》位冠九卿，及所闻睹选举之士，擢升赞宪(辅臣)甚显，然未见绝伦比，而为县官兴滞立功也。"

【译文】

大夫脸色严肃、心情不悦地说："待在家里不劳动的人不知道负重者的劳苦，站在旁边议论的人与当事人的忧虑是不同的。而今，京师是天下的中心，诸侯都会聚于此，境内外尚未安定，我心中惶惑不安，就好像乘船渡河，遭遇风雨还未靠岸一样。所以日夜忧虑国家用度，就寝时难以安眠，饿了忘记吃饭，各种统计数据摆在面前，万千事项在心中思量。丞相史器量小，不值得与他们谋划，我独自一人，想不通治国之道，盼望见到你们文学，就像周公、邵公期待见到高子一样。御史到各郡国考察，选拔孝廉推举贤能，每年都有很多人才被发掘。现在到来的贤良、文学有六十多人，都精通六艺之术，尽情地发表言论，若有闪光的思想定能启迪我们的智慧。可是你们笃信古代的东西，言论有悖于当世，称道古人，完全不符合现在社会的情况。如此看来，究竟是我们不能识别有才之士，还是你们装饰外表、假冒贤才来混淆视听呢？为什么难以看到贤士呢？自从千乘人倪宽靠研读《尚书》位列九卿之上，到今天耳闻目睹你们这些被选举的儒生，提拔辅臣参与政务，地位都很显达，但没看到超群出众，能为国家兴利除弊建立功业的啊。"

文学曰："输子之制材木也，正其规矩而凿枘调。师旷之谐五音也，正其六律而宫商调。当世之工匠，不能调其凿枘，则改规矩；不能协声音，则变旧律。是以凿枘剌戾而不合，声音泛越(不和谐)而不和。夫举规矩而知宜，吹律而知变，上也；因循而不作，以俟其人，次也。是以曹丞相日饮醇酒，倪大夫闭口不言。故治大者不可以烦，烦则乱；治小者不可以怠，怠则废。《春秋》曰：'其政恢卓，恢卓可以为卿相。其政察察，察察可以为匹夫。'夫维纲不张，礼义不行，公卿之忧也。案上之文，期会之事，丞史之任也。《尚书》曰：'俊乂在官，百僚师师，百工惟时，庶尹允谐。'言官得其人，人任其事，故官治而不乱，事起而不废，士守其职，大夫理其位，公卿总要执凡而已。故任能者责成而不劳，任己者事废而无功。桓公之于管仲，耳而目之。故君子劳于求贤，逸于用之，岂云殆哉？昔周公之相也，谦卑而不邻(吝啬)，以劳天下之士，是以俊乂满朝，贤智充门。孔子无爵位，以布衣从才士七十有余人，皆诸侯卿相之人也，况处三公之尊以养天下之士哉？今以公卿之上位，爵禄之美，而不能致士，则未有进贤之道。尧之举舜也，宾而妻之。桓公举管仲也，宾而师之。以天子而妻匹夫，可谓亲贤矣。以诸侯而师匹夫，可谓敬宾矣。是以贤者从之若流，归之不疑。今当世在位者，既无燕昭之下士，《鹿鸣》之乐贤，而行臧文、子椒之意，蔽贤妒能，自高其智，訾人之才，足己而不问，卑士而不友，以位尚贤，以禄骄士，而求士之用，亦难矣！"

【译文】

文学说："鲁班用木材制造器物，因为正确地使用圆规和曲尺，榫眼和榫头才相吻合。师旷调和五个音调，校正六个音律，才使曲调和谐。当代的工匠，不能使榫眼和榫头相吻合，就修改圆规和曲尺；乐师不能调和音调，就变更旧的音律。所以加工出来的榫眼和榫头不相吻合，奏出来的声音不和谐。举起圆规曲尺就知道怎么做合适，吹奏律管就知道节奏的变化，这是上等的水平；按照老办法做事不去创新，等待他人开创，这是次等的水平。所以曹丞相每天悠闲地喝酒，倪宽大夫闭口不言。因此，干大事的人不可以着眼烦琐的事情，烦琐会导致混乱；处理小事不可以懈怠，懈怠就会荒废工作。《春秋》说：'执政有气魄，眼光高远，可以担任卿相。执政苛刻，就只能当平民百姓。'

国家纲领不明确，礼义不实行，这是公卿大臣应当忧虑的事。办理案上公文，召集会议，那是丞相史的责任。《尚书》说：‘贤才做官，僚属以他们为师，百官按时完成任务，大家和谐一致。’说的是官府得到合适的人才，人们为公务效力，因此官场得到治理而不混乱。事务被妥善办理而不荒废，士人守护自己的职责，大夫处理好分内的事情，公卿统管主要的事情，掌握大略就可以了。所以任用贤能，责令他完成任务就可以了，自己不会感到辛劳；自己去做就会导致事务荒废而且没有功效。齐桓公对管仲，只是听他说，看着他做事。因此君子求贤时辛劳，任用他之后就可以一劳永逸，怎么能说是懈怠呢？从前周公当丞相，谦卑而不吝啬，慰劳天下贤能之士，所以满朝都是才俊，门下有很多贤能聪慧的人才。孔子没有爵位，一介平民，却有七十多个贤人跟随，这些人都可以担任诸侯的卿相，更何况处于三公之位培养天下贤士呢？现在你们身居公卿之位，拥有很高的爵位和丰厚的俸禄，却不能招揽贤士，是因为缺少进贤的措施。从前尧举荐舜，以宾客之礼相待，并把女儿嫁给他。齐桓公举荐管仲，以上宾之礼相待，并尊其为老师。尧身居天子之位，把女儿嫁给平民，可以说是亲近贤人了。齐桓公贵为诸侯，却以平民为师，可以说敬重宾客了。所以贤才归附他们如同流水，真心归附而毫不怀疑。现在在位的公卿，既不能像燕昭王那样礼敬贤人，又不能像《诗经·小雅·鹿鸣》上说的那样乐于求贤，却施行臧文仲、子椒的做法，埋没贤才，嫉妒能人，自以为才智甚高，诋毁他人的才能，骄傲自满不向他人求教，轻视贤人，不与他们结交，仗着自己的地位凌驾于贤人之上，仗着俸禄优厚在士人面前骄横，却要求士人为自己所用，这当然很难了！”

大夫缪然不言，盖贤良长叹息焉。

御史进曰：“太公相文、武以王天下，管仲相桓公以霸诸侯。故贤者得位，犹龙得水，腾蛇游雾也。公孙丞相以《春秋》说先帝，遽即三公，处周、邵之列，据万里之势，为天下准绳，衣不重彩，食不兼味，以先天下，而无益于治。

博士褚泰、徐偃等，承明诏，建节(手持符节)驰传，巡省郡国，举孝廉，劝元元(老百姓)，而流俗不改。招举贤良、方正、文学之士，超迁官爵，或至卿大夫，非燕昭之荐士，文王之广贤也？然而未睹功业所成。殆非龙蛇之才，而《鹿鸣》之所乐贤也。”

【译文】

大夫沉思不语，贤良叹息良久。

御史上前说：“姜太公辅佐周文王、周武王称王天下，管仲辅佐齐桓公成为诸侯霸主。因此，贤能的人得到尊位，好比蛟龙得水，腾蛇乘雾游行。公孙弘向汉武帝讲述《春秋》，不久就位及三公，跻身周公、邵公那样的位置，占据扶摇万里的气势，成为天下榜样。他不穿两种颜色以上的衣服，不吃多种味道的食物，为天下人做表率，但对治理国家没有任何好处。博士褚泰、徐偃等人承奉皇帝英明的诏令，手持符节，坐着驿站的车子巡视各地，举荐孝廉，劝勉百姓，但民间流行的坏风俗并没有改变。朝廷举荐贤良、方正、文学之士，破格提拔他们，有的升迁为卿大夫，难道不是像燕昭王那样选拔贤士，像周文王那样广招贤才吗？然而没看到他们建立功业。恐怕他们并不是人杰吧，也不是《诗经·小雅·鹿鸣》上说的应该寻求的贤士吧。”

文学曰：“冰炭不同器，日月不并明。当公孙弘之时，人主方设谋垂意于四夷，故权谲之谋进，荆楚之士用，将帅或至封侯食邑(封地)，而勀获者咸蒙厚赏，是以奋击之士由此兴。其后，干戈不休，军旅相望，甲士糜弊，县官用不足，故设险兴利之臣起，磻溪熊罴之士(帝王之贤辅)隐。泾渭造渠以通漕运，东郭咸阳、孔仅建盐铁，策诸利，富者买爵贩官，免刑除罪，公用弥多而为者徇私，上下兼求，百姓不堪，抏弊而从法，故憯急之臣进，而见知、废格之法起。杜周、咸宣之属，以峻文决理贵，而王温舒之徒以鹰隼击杀显。其欲据仁义以道事君者寡，偷合取容者众。独以一公孙弘，如之何？”

【译文】

文学说:“冰块和炭火不能装在一个容器里,太阳和月亮不能同时放射光芒。公孙弘做丞相的时代,汉武帝正谋划着攻打四方的少数民族,所以权变诡诈的计谋得到采纳,荆楚一带的勇士得到重用,有的将帅封侯封地,攻克城池俘虏敌人的将士都得到了丰厚的奖赏,因此奋勇激战的勇士越来越多。后来,战争无休无止,军队相望于路,身披战甲的士兵疲惫不堪,朝廷拨付的军需费用不足,所以设置险阻关卡、兴办财利的官员得到任用,像姜太公那样垂钓磻溪的贤臣只好隐退了。朝廷疏通泾水、渭水,开凿沟渠,方便漕运通行,任用东郭咸阳、孔仅设立盐铁官营,策划各种谋利的办法,富人得以购买官爵,花钱免刑赎罪。国家开支很多,经管官员徇私舞弊,从上到下都谋求利益,百姓困苦不堪,民生凋敝却不得不服从法令,因此执法严酷的大臣得到重用,关于知情不报、执法不力的法令出台。杜周、咸宣之流因为依照严峻的法令办案而显贵,王温舒之徒因为像鹰隼一样滥杀而扬名。想要用仁义之道辅佐君主的人很少,奉承迎合的人很多。公孙弘一人能有什么办法呢?”

论儒第十一

【题解】

本篇讨论的问题是如何看待儒家学说。御史十分不看好儒学,他认为,儒学没有实际的效用,笃信儒学的国家照样衰落,尊奉儒学的国君照样沦落为亡国之君。国家遭难和灭亡的时候,儒生发挥不了任何作用。而且,儒学创始人孔子和他的弟子言行不一,前者违背礼法见南子,后者则做了奸臣的家臣,所作所为饱受诟病。文学则认为,儒生改变不了现实世界,并不能说明儒学无用,而是因为儒生没有掌握权力,孔子见南子是为了救世,为大义舍小节不应当被非议。通过这番讨论，我们可以看出，并不是每个汉代官员都对儒家学说推崇备至、深信不疑，无论儒生和统治者怎样美化儒学，它的局限性和争议仍然是客观存在的，人们对它的怀疑是有一定依据的。

御史曰："文学祖述仲尼，称颂其德，以为自古及今，未之有也。然孔子修道鲁、卫之间，教化洙、泗之上，弟子不为变，当世不为治，鲁国之削滋甚(更严重，更厉害)。齐宣王褒儒尊学，孟轲、淳于髡之徒，受上大夫之禄，不任职而论国事，盖齐稷下先生千有余人。当此之时，非一公孙弘也。弱燕攻齐，长驱至临淄，湣王遁逃，死于莒而不能救；王建禽于秦，与之俱虏而不能存。若此，儒者之安国尊君，未始有效也。"

【译文】

御史说："文学效法儒家的祖师孔子，称颂他的功德，以为从古至今，从未有过他这样的人物。然而孔子在鲁国、卫国之间宣讲儒道，在洙水、泗水一带教化民众，他的弟子性情没有发生任何变化，当时的时代并没有实现大治，鲁国反而削弱得更厉害了。齐宣王褒奖儒术，尊崇儒家学说，孟轲、淳于髡之流，享受上大夫的俸禄，不担任职务，专门议论国家大事，齐国都城有这样的先生一千多人。那时，并非只有一个公孙弘。然而弱小的燕国攻打齐国，居然能长驱直入攻入齐国国都临淄，齐湣王仓皇出逃，死在莒地，儒生不能营救。齐王田建被秦国活捉，儒生和他一起被俘，不能使国家存留。照此看来，儒生安定国家侍奉君主，是从来没有实效的。"

文学曰："无鞭策，虽造父不能调驷马。无势位，虽舜、禹不能治万民。孔子曰：'凤鸟不至，河不出图，吾已矣夫！'故轺车良马，无以驰之；圣德仁义，无所施之。齐威、宣之时，显贤进士，国家富强，威行敌国。及湣王，奋二世之余烈(遗留的功业)，南举楚淮，北并巨宋，苞十二国，西摧三晋，却强秦，五国宾从，邹、鲁之君，泗上诸侯皆入臣。矜功不休，百姓不堪。诸儒谏不从，各分散，慎到、捷子亡去，田骈如薛，而孙卿适楚。内无良臣，故诸侯合谋而伐之。王建听流说，信反间，用后胜之计，不与诸侯从亲(合纵)，以亡国。为秦所禽，不亦宜乎？”

【译文】

文学说：“没有马鞭，即使造父也不能驾驭四匹马的高车。没有权势地位，即使舜帝、大禹也不能治理天下百姓。孔子说：‘凤鸟不来，河图不出现，我这一生要完了啊！’因此，用一匹马拉的小车，没法奔驰；圣德仁义，无处施行。齐威王、齐宣王在位时期，招揽贤人重用士人，国家富强，威震敌国。等到齐湣王执政，继承两位先王的功业，向南占领楚国淮北，向北吞并强大的宋国，使十二个诸侯国归附，向西挫败赵、魏、韩三国，击退强大的秦国，使五国归从，邹国、鲁国的国君，泗水边上的诸侯都俯首称臣。可是齐湣王喜欢无休止地夸耀战功，百姓不堪忍受。儒生进谏不被采纳，便各自奔走。慎到、捷子流亡，田骈去了薛地，孙卿去了楚国。齐国国内没有良臣，因此诸侯合谋讨伐它。齐王田建听信流言，误信反间计，采用国相后胜的计策，不和诸侯合纵，以致亡国。田建最后被秦国擒获，不是应该的吗？”

御史曰：“伊尹以割烹事汤，百里以饭牛要穆公，始为苟合，信然与之霸王。如此，何言不从？何道不行？故商君以王道说孝公，不用，即以强国之道，卒以就功。邹子以儒术干世主(国君)，不用，即以变化始终之论，卒以显名。故马效千里，不必胡、代；士贵成功，不必文辞。孟轲守旧术，不知世务，故困于梁宋。孔子能方不能圆，故饥于黎丘。今晚世之儒勤德，时有乏匮，言以为非困此不行。自周室以来，千有余岁，独有文、武、成、康，如言必参一焉，取所不能及而称之，犹躄者能言远不能行也。圣人异涂同归，或行或止，其趣一也。商君虽革法改教，志存于强国利民。邹子之作，变化之术，亦归于仁义。祭仲自贬损以行权，时也。故小枉大直，君子为之。今硁硁然(浅薄固执)守一道，引尾生之意，即晋文之谲诸侯以尊周室不足道，而管仲蒙耻辱以存亡不足称也。”

【译文】

御史说：“伊尹以厨师身份侍奉商汤，百里奚因喂牛结交秦穆公，起初只是偶然遇合，得到信任后，才辅佐君主成就了王业和霸业。像这样，什么话不听从？什么思想学说不能施行？因此，商鞅以王道游说秦孝公，不被采纳，以强国之道游说，终于成就功业。邹衍用儒家学说游说各国国君，不被采纳，用阴阳五行、五德始终的学说游说，终于得以扬名。因此，马只要能日行千里，不一定非要出自匈奴、代地。士人贵在做事成功，不必擅长文辞。孟子信守旧规，不识时务，所以受困于梁、宋。孔子能方不能圆，所以在黎丘挨饿。现在你们这些后世的儒生勤于修德，不时陷入困窘，还说不这样就不行。自周王室建立以来，到现在已经有一千多年了，你们称颂的只有周文王、周武王、周成王、周康王，每次发表言论，都要参照他们当中的一个，把办不到的事加以颂扬，就好比瘸子嘴上说走得远却不能行走一样。圣人殊途同归，无论做或不做某件事，最终的目的是一样的。商鞅虽然变更法度更改教化，但志在强国利民。邹衍的著作，讲求阴阳变化，最终归于仁义。祭仲自我贬低以行使权变之术，是识时务。因此，在小的方面枉曲，在大的方面保持正直，是君子的做法。现在你们这些人浅薄固执，坚守儒家一家之说，像尾生那样行事，如此看来，晋文公运用权变之术使诸侯尊崇周王室不足称道，管仲蒙受耻辱以求建立继绝存亡之功也是不值得称道的。”

文学曰：“伊尹之干汤，知圣主也。百里之归秦，知明君也。二君之能知霸主，其册素形(表露，表现)于己，非暗而以冥冥决事也。孔子曰：‘名不正则言不顺，言不顺则事不成。’如何其苟合而以成霸王也？君子执德秉义而行，故造次必于是，颠沛必于是。孟子曰：‘居今之朝，不易其俗，而成千乘之势，不能一朝居也。’宁穷饥居于陋巷，安能变己而从俗化？阖庐杀僚，公子札去而之延陵，终身不入吴国。鲁公杀子赤，叔眄退而隐处，不食其禄。亏义得尊，枉道(违背正道)取容，效死不为也。闻正道不行，释事而退，未闻枉道以求容也。”

【译文】

文学说：“伊尹求合于商汤，是因为知道商汤是一位英名的君主。百里奚归附秦国，是因为知道秦穆公是一代明君。这两个人知道商汤和秦穆公是霸主，是因为两位君主的谋略平时在自己身上清晰地显露出来，并非不明事理糊里糊涂地决断大事。孔子说：‘名分不正，道理就讲不通，道理讲不通，事情就办不成。’随便迎合怎么能成就霸王的功业呢？君子秉持道德和大义行动，仓促匆忙时如此，颠沛流离时也是如此。孟子说：‘在当今的朝廷做官，不能改变坏的风俗，即便拥有千辆兵车的权势，这官一天也不能做。’宁可住在简陋的小巷里挨饿，怎能改变自己顺从世俗呢？阖庐派人刺杀吴王僚，公子札因此离开国都远走延陵，一辈子也没有踏入吴国的土地。鲁宣公杀死公子赤，叔眄因此隐居，再也不接受朝廷的俸禄。损害仁义获得尊位，违背正道取悦主子，至死也不能这样做。我只听说正确的道路走不通，可以辞职隐退，没听说过违背正道来取悦主子。”

御史曰：“《论语》：‘亲于其身为不善者，君子不入也。’有是言而行不足从也。季氏为无道，逐其君，夺其政，而冉求、仲由臣焉。《礼》：‘男女不授受(交付和接受)，不交爵。’孔子适卫，因嬖臣弥子瑕以见卫夫人，子路不说。子瑕，佞臣也，夫子因(依靠)之，非正也。男女不交，孔子见南子，非礼也。礼义由孔氏，且贬道以求容，恶在其释事而退也？”

【译文】

御史说："《论语》上说：'对于亲自干了坏事的人，君子不会投奔他的。'孔子嘴上那样说，行动却跟不上。季氏无道，驱逐国君，夺取国家政权，可是孔子的弟子冉求、仲由却做了季氏的家臣。《礼记》上说：'男女不亲自交付接受物件，不互相碰杯喝酒。'孔子到卫国，通过宠臣弥子瑕见了卫君夫人南子，子路心中不悦。弥子瑕是奸佞之臣，孔子靠他求见南子，是不正当的。男女不打交道，孔子见南子，是不合礼法的。礼义是由孔子传授的，可他违背道义以求诸侯欢心，从哪里看得出他要辞官隐退呢？"

文学曰："天下不平，庶国不宁，明王之忧也。上无天子，下无方伯，天下烦乱，贤圣之忧也。是以尧忧洪水，伊尹忧民，管仲束缚，孔子周流，忧百姓之祸而欲安其危也。是以负鼎俎(砧板)、囚拘、匍匐以救之。故追亡者趋，拯溺者濡(衣服沾湿)。今民陷沟壑，虽欲无濡，岂得已哉？"

御史默不对。

【译文】

文学说："天下不太平，各诸侯国不安宁，这是圣明的君主所忧虑的。上无英明的天子，下无有权势的诸侯领袖，天下大乱，这是圣贤所忧虑的。所以尧为洪灾忧愁，伊尹为天下百姓忧愁，管仲被囚禁，孔子周游列国，都是为百姓的灾祸忧虑，想要免除他们的危难。因此伊尹不惜背着炊具求见商汤，管仲不惜承受幽囚之苦，孔子不惜四处奔走以救世。因而追赶逃亡的人自己必须快跑，拯救溺水的人必然弄湿衣裳。现在老百姓陷于沟壑之中，想要拯救他们却不想湿衣，怎么可能办到呢？"

御史沉默，不再应答。

忧边第十二

【题解】

本篇讨论的重点是边防问题。大夫指出盐铁官营、酒类专卖、均输等政策有助于补充军需，救济贫苦，可有效起到富国安民的作用。他认为废除这些政策，不利于国家边防，同时也是不切实际的，更何况相关政策是从汉武帝时期延续下来的，更改施政方针是违背君父的行为，严重背离儒家强调的忠孝思想。文学则认为中原强盛，四夷落后，汉廷只要弘扬圣德感召敌人，略微施加恩惠，就能让匈奴心甘情愿地成为自己的外臣，军费便可省去，一切问题便可迎刃而解，盐铁官营等增加财利的措施也就没必要存在了。文学的设想比较理想主义，边境冲突的问题由来已久，由于政治、经济、文化、历史等多方面的原因，当时中原和周边少数民族的问题并不是那么容易解决的。在当时的时代，军事防御、军事对抗是不可避免的，军需费用仍然是亟待解决的一个问题。

大夫曰："文学言：'天下不平，庶国不宁，明王之忧也。'故王者之于天下，犹一室之中也，有一人不得其所，则谓之不乐。故民流溺而弗救，非惠(仁爱)君也。国家有难而不忧，非忠臣也。夫守节死难者，人臣之职也；衣食饥寒者，慈父之道也。今子弟远劳于外，人主为之夙夜不宁，群臣尽力毕议，册滋国用。故少府丞令请建酒榷，以赡边，给战士，拯民于难也。为人父兄者，岂可以已(罢免，废除)乎！内省衣食以恤在外者，犹未足，今又欲罢诸用，减奉边之费，未可为慈父贤兄也。"

【译文】

大夫说："文学说：'天下不太平，各诸侯国不安宁，这是圣明的君主所忧虑的。'因此君王之于百姓，就像一家之长一样，有一个人得不到安置，也会闷闷不乐。所以老百姓身处水深火热之中不去解救，就不算是仁爱的君主。国家有难而不忧虑，就不是忠臣。坚守节操，为国而死，是臣子的职责所在；给饥寒交迫的人提供衣服和饭食，是慈父应尽的道义。现在将士们在边塞忍受劳苦，皇上日夜不安，大臣们尽力献策，谋划着增加国家边防费用。所以少府属官请求建立酒类专卖，以供应边防，给将士们提供军用所需，从而从危难中拯救百姓。作为百姓的父兄，怎么能废除这些政策呢！境内民众节衣缩食尚且不能供养在外守边的将士，现在你们又想废除各种增加财用的政策，减少边境的费用，此举太不像慈父贤兄了。"

文学曰："周之季末，天子微弱，诸侯力政，故国君不安，谋臣奔驰。何者？敌国众而社稷危也。今九州同域，天下一统，陛下优游岩廊(高大的廊庙，借指朝廷)，览群臣极言至论，内咏《雅》《颂》，外鸣和銮，纯德粲然，并于唐、虞，功烈流于子孙。夫蛮、貊(我国古代称东北方的民族)之人，不食之地，何足以烦虑，而有战国之忧哉？若陛下不弃，加之以德，施之以惠，北夷必内向，款塞自至，然后以为胡制于外臣，即匈奴没齿不食其所用矣。"

【译文】

文学说："周朝末期，天子权力衰弱，诸侯以武力互相讨伐，所以天子感到不安，谋臣四处奔走。为什么呢？敌国众多，而社稷危急。现在九州同处一片疆域，天下一统，皇上在朝中悠然自得，阅览群臣奏章上恳切的言论，在宫内吟咏《雅》《颂》，在宫外乘坐铃铛叮当作响的豪华马车，纯粹美好的品德光辉灿烂，可与唐尧、虞舜并列，功业流传于后世子孙。那些南方和北方的部族，生活在不毛之地，不值得烦恼忧愁，何必忧虑战乱的局面呢？如果皇上不嫌弃，只要给他们施加恩德，施与恩惠，北方部族一定会心向中原，自己打开塞门前来归附。然后让匈奴保持自己的制度，做朝廷的藩臣，这样他们就永远也不会反悔了。”

大夫曰：“圣主思中国之未宁，北边之未安，使故廷尉评等问人间所疾苦。拯恤贫贱，周赡不足。群臣所宣明王之德，安宇内者，未得其纪，故问诸生。诸生议不干天则入渊，乃欲以闾里(乡里)之治，而况国家之大事，亦不几矣！发于畎亩，出于穷巷，不知冰水之寒，若醉而新寤(苏醒，清醒)，殊不足与言也。”

【译文】

大夫说：“圣明的君主考虑到中原不安宁，北部边境不安定，所以派遣前任廷尉王平等人到各地询问民间疾苦，令他们救济贫苦的百姓，接济吃穿用度不足的人。大臣们宣扬明君的圣德，安抚境内的百姓，不得要领，因此要询问诸位儒生。但你们这些儒生谈论的不是上天就是入地，想用治理乡村的办法比况国家大事，也太不合理了！你们来自乡村，出身穷街陋巷，不知道冰水的寒冷，就好像喝醉后刚刚清醒一样，不值得跟你们辩论。”

文学曰：“夫欲安民富国之道，在于反本，本立而道生。顺天之理，因地之利，即不劳而功成。夫不修其源而事其流，无本以统之，虽竭精神，尽思虑，无益于治。欲安之适足(恰恰，正好)以危之，欲救之适足以败之。夫治乱之端，在于本末而已，不至劳其心而道可得也。孔子曰：‘不通于论者难于言治，道不同者，不相与谋。’今公卿意有所倚(偏颇，偏差)，故文学之言，不可用也。”

【译文】

文学说：“安定百姓，使国家富足的办法，在于返回礼义根本，根本确立了，治国的办法就产生了。顺从天意，利用有利的地理条件，即便不操劳也能成就功业。如果不整治根源，只注意支流，缺乏根本的东西做纲领，即便耗竭精力，竭尽思虑，对于治理国家仍然徒劳无益。想要安定社稷却恰恰招来危险，想要拯救国家却败坏了国家。治理国家在于弄清根本和末枝的关系，不必劳心就可以得到治国的办法。孔子说：'不通晓事理的人很难和他们讨论治国之道，主张不同，就不能与他们谋划。'现在你们这些公卿看法偏颇，因而我们文学的言论就不会被采纳了。"

大夫曰："吾闻为人臣者尽忠以顺职，为人子者致孝以承业。君有非，则臣覆盖之。父有非，则子匿逃(隐瞒)之。故君薨，臣不变君之政；父没，则子不改父之道也。《春秋》讥毁泉台，为其隳(毁坏)先祖之所为，而扬君父之恶也。今盐铁、均输，所从来久矣，而欲罢之，得无害先帝之功，而妨圣主之德乎？有司倚于忠孝之路，是道殊而不同于文学之谋也。"

【译文】

大夫说："我听说做臣子的应该为君主尽忠并恪守职责，做儿子的应当为父母尽孝并继承家业。君主有过错，臣子应当掩盖。父亲有过错，儿子应当隐瞒。因此国君驾崩，臣子不改变执政方法；父亲死了，儿子不改变父亲的主张。《春秋》讥讽鲁文公毁坏泉台，是因为他毁坏了先祖建造的东西，宣扬了先祖的罪过。现在推行的盐铁官营和均输政策，由来已久，你们想要废除，不是损害先帝的功业，妨害当今皇上的圣德吗？主管官员倾向于忠孝之道，这是因为我们所选择的道路不同，所以与你们文学的主张不同。"

文学曰："明者因时而变，知者随世而制。孔子曰：'麻冕(礼帽)，礼也，今也纯，俭，吾从众。'故圣人上贤不离古，顺俗而不偏宜。鲁定公序昭穆，顺祖祢(祖庙)，昭公废卿士，以省事节用，不可谓变祖之所为，而改父之道也？二世充大阿房以崇绪，赵高增累秦法以广威，而未可谓忠臣孝子也。"

【译文】

文学说:“聪明的人根据时势改变策略,智慧的人随世事变化制定法则。孔子说:‘过去的礼帽是用麻料做的,合乎礼法,现在改用丝绸,可以省俭些,我同意大家的做法。’所以圣人崇尚贤人不脱离古代礼法,顺应时俗而不过于迎合时宜。鲁定公按照昭穆制度,排列先祖和先父的次序,理顺祖庙位置。鲁昭公废掉卿士,以减少事务,节约开支,不能说是改变了祖先的行事方法,背离了父辈的成规。但秦二世扩建阿房宫以继承先人的功业,赵高增设秦朝法令以扩大个人威望,不可以说他们是忠臣孝子。”

卷 三

园池第十三

【题解】

本篇围绕着园池的存废展开讨论。古时候，皇家和诸侯都享有私家苑囿，私家苑囿通常规模宏大，景色秀丽，是绝佳的赏玩之地，因为里面畜养着许多珍禽异兽，还能满足统治阶级猎奇和大规模狩猎的需求。与此同时，园池的收入又能充实府库。可以说，无论从精神还是物质层面，它都有自己的实用价值。大夫认为，废弃园池等同于截断国家财富来源，将导致国困民穷。文学则指出，国家财政困难与园池的存废无关，是因为兴建了不该兴建的工程，给冗余无用的官员发放了俸禄造成的。朝廷保留园池是在与牧民、商人争利，不利于民生。只有把园池归还民众，维持男耕女织的自然经济，才能使国家富裕、百姓丰足。

大夫曰："诸侯以国为家，其忧在内。天子以八极为境，其虑在外。故宇小者用菲(微薄，少)，功巨者用大。是以县官开园池，总山海，致利以助贡赋，修沟渠，立诸农，广田牧，盛苑囿。太仆、水衡、少府、大农，岁课诸入田牧之利，池籞之假(租赁)，及北边置任田官，以赡诸用，而犹未足。今欲罢之，绝其源，杜其流，上下俱殚，困乏之应也，虽好省事节用，如之何其可也？"

【译文】

大夫说:“诸侯以封国为家,他们担心的是封国内的事务。天子以八方远地为边境,担忧的是外患。所以土地面积小的诸侯费用少,领地庞大的天子所需费用多。因此,朝廷开辟园池,统一管理山林河海,将收获的财富用来弥补税收的不足,并修筑沟渠,设立各种农官,广泛发展畜牧业,增设畜养飞禽走兽的苑囿。太仆、水衡、少府、大农等官员,每年收缴的赋税,加上畜牧业的税收,园池的租税,以及北边农官的收入,用来供应各方面的开支,仍然不足。现在你们要废除园池,就等于切断了收入来源,阻断了财富流通,使上下财源一并枯竭,国家随之陷入贫困。即便国家可以少做事少花销,但又怎么行得通呢?”

文学曰:“古者,制地足以养民,民足以承其上。千乘之国,百里之地,公侯伯子男,各充其求赡其欲。秦兼万国之地,有四海之富,而意不赡,非宇小而用菲,嗜欲多而下不堪其求也。语曰:‘厨有腐肉,国有饥民;厩有肥马,路有馁人。’今狗马之养,虫兽之食,岂特腐肉肥马之费哉!无用之官,不急之作,服淫侈之变,无功而衣食县官者众,是以上不足而下困乏也。今不减除其本而欲赡其末,设机利,造田畜,与百姓争荐草(茂盛的牧草),与商贾争市利,非所以明主德而相国家也。夫男耕女绩,天下之大业也。故古者分地而处之,制田亩而事之。是以业无不食之地,国无乏作之民。今县官之多张苑囿、公田、池泽,公家有鄣假之名,而利归权家。三辅迫近于山、河,地狭人众,四方并凑,粟米薪采,不能相赡。公田转假,桑榆菜果不殖,地力不尽。愚以为非。先帝之开苑囿、池籞,可赋归之于民,县官租税而已。假税殊名,其实一也。夫如是,匹夫之力,尽于南亩;匹妇之力,尽于麻枲(种麻、纺织之事)。田野辟,麻枲治,则上下俱衍,何困乏之有矣?”

大夫默然,视其丞相、御史。

【译文】

文学说:“古时候,朝廷制定田地制度,足以养活天下百姓,百姓足以供养天子。诸侯有千辆战车、百里封地,公、侯、伯、子、男五等诸侯,各自都能满足自己的欲望和需求。秦朝吞并了六国的土地,拥有四海的财富,还觉得不够,不是因为国土小、费用少,而是因为欲求太多,老百姓无法承受。谚语说:‘宫廷厨房里有腐坏的肉,国内有饥饿的百姓。宫廷马厩里有肥壮的骏马,路旁却有挨饿的人。’现在朝廷饲养的狗马、虫兽,所需难道仅仅是腐肉肥马的费用吗?朝廷设置没用的官职,兴办不急需的工程,使社会风气变得越发奢侈,没有功劳白拿俸禄的官员太多,因此朝廷用度不足,民众也很贫困。现在朝廷不减除造成财政困难的根源,却想从枝节上做文章,设立增加财利的机构,开辟牧场畜养牲畜,跟老百姓争抢茂盛的牧草,跟商人争夺商业利益,这不是用来宣扬明君圣德、辅助治理国家的办法。男耕女织,是天下大业,所以古代通过划分土地来治理国家,通过制定田地制度实施政策。因此,没有不耕作开发的土地,没有不参加劳动的百姓。如今朝廷扩张苑囿、公田、池沼湖泽,官府打着出租、收税的名义收取财利,而财富却都归权贵所有。三辅地区靠近华山、黄河,土地狭小,人口众多,四面八方的人都会聚于此,导致粮食、柴火供应不足。朝廷将公田租出去,桑树、榆树、蔬菜、水果不能栽培种植,土地生产能力没能充分发挥效用。我认为这些政策是错误的。先帝开辟的苑囿、池泽,可以把它们归还给民众,朝廷收取租税就可以了。租税和赋税虽然名称不同,但性质是一样的。要是这么做,男人会竭尽全力耕田,妇女会竭尽全力纺织,荒田将得到开垦,丝麻将纺成布匹,朝廷和百姓都供给充足,怎么会困乏呢?”

大夫默然无言,看着丞相和御史。

轻重第十四

【题解】

春秋战国时期，管仲推行轻重之术，根据货物的供求关系调整商品的价格，取得了良好的效果。汉武帝时期，由于用兵频繁，军费开支庞大，不得不创办兴利的产业，轻重之术也得到了实行。御史认为，这些经济政策促进了商品流通和经济发展，使国家增加了财政收入，百姓也因此获益，同时拉动了农业和工商业的发展，还起到了遏制豪强势力、均衡财富的作用。文学则认为，追逐权势财利是违背礼义教化的，那些看似实用的政策不仅不能均衡财富，反而使富人更富、穷人更穷，导致了适得其反的结果。朝廷把钱花在开拓边境方面，给中原百姓增添了徭役负担，守边的军民也很劳苦。总之，百姓没有得到实实在在的好处，日子过得更糟了。

御史进曰："昔太公封于营丘，辟草莱而居焉。地薄人少，于是通利末之道，极女工之巧。是以邻国交于齐，财畜货殖，世为强国。管仲相桓公，袭先君之业，行轻重之变(指物价高低随供求关系变化的政策)，南服强楚而霸诸侯。今大夫君修太公、桓、管之术，总一盐铁，通山川之利而万物殖。是以县官用饶足，民不困乏，本末并利，上下俱足，此筹计之所致，非独耕桑(养蚕)农也。"

【译文】

御史上前说："从前姜太公受封于营丘，开垦完荒地才定居下来。那里土地贫瘠，人口稀少，于是开通发展工商业的门路，大力发展精巧的手工业。所以邻国都来和齐国贸易，财富不断积累，货品不断增长，从此，齐国成为世代强国。管仲辅佐齐桓公，继承前代国君的功业，实行物价高低随供求关系变化的政策，向南征服了强大的楚国，成为诸侯霸主。现在大夫君学习姜太公、齐桓公、管仲的经济手段，统管盐铁，开发山林河川的资源，各种物资都丰富起来了。所以朝廷用度充足，民众生活不匮乏，农业和工商业都因此获益，国家和百姓都很富足，这些成果是朝廷筹划计算得来的，不是单靠种田养蚕专搞农业生产取得的。”

文学曰：“礼义者，国之基也；而权利者，政之残也。孔子曰：‘能以礼让为国乎？何有？’伊尹、太公以百里兴其君，管仲专于桓公，以千乘之齐，而不能至于王，其所务非也。故功名隳坏而道不济(完成，实现)。当此之时，诸侯莫能以德，而争于公利，故以权相倾。今天下合为一家，利末恶欲行？淫巧恶欲施？大夫君以心计策国用，构诸侯，参以酒榷，咸阳、孔仅增以盐铁，江充、杨可之等，各以锋锐，言利末之事析秋毫，可为无间矣。非特管仲设九府，徼山海也。然而国家衰耗，城郭空虚。故非特崇仁义无以化民，非力本农无以富邦也。”

【译文】

文学说：“礼义是国家的基石。而追求权势利益将使国政衰败。孔子说：‘能用礼让治理国家吗？有什么困难呢？’伊尹、姜太公凭借百里封地帮助国君崛起，管仲深受齐桓公信任，却不能使拥有千辆战车的齐国步入王道，因为他的做法是错误的。所以功名败坏，主张得不到实现。当时，诸侯不能推行德政，全都争权夺利，所以依仗权势相互倾轧。现在天下合为一家，为何还要追逐工商业利益呢？怎么还追求精巧而无用的技艺呢？大夫君用尽心思策划国家用度，打诸侯的主意，加上酒类专卖，咸阳、孔仅又提议增设盐铁官营，江充、杨可等人个个锋芒毕露，分析工商业盈利之事可谓明察秋毫，没有一点疏漏。不只是管仲设置九府，谋取山海财富而已。然而国家衰落，城市府库空虚。因此，不崇尚礼义无法教化百姓，不大力发展农业就没办法使国家富强。”

御史曰：“水有猵獭(一种以鱼为食的獭类动物)而池鱼劳，国有强御而齐民消。故茂林之下无丰草，大块之间无美苗。夫理国之道，除秽(杂草，喻指豪强)锄豪，然后百姓均平，各安其宇。张廷尉论定律令，明法以绳天下，诛奸猾，绝并兼之徒，而强不凌弱，众不暴寡。大夫君运筹策，建国用，笼天下盐铁诸利，以排富商大贾，买官赎罪，损有余，补不足，以齐黎民。是以兵革东西征伐，赋敛不增而用足。夫损益之事，贤者所睹，非众人之所知也。”

【译文】

御史说：“池塘里有猵獭，鱼儿就得劳于逃命；国家有豪强，老百姓就要吃亏。所以茂密的树林下没有丰美的野草，大土块之间长不出茁壮的禾苗。治国之道在于铲除恶人和豪强，这样，百姓才能财富均平，各安其居。张廷尉定评法令，严明法度，以约束天下臣民，诛杀奸猾之人，消灭兼并土地的恶徒，使强者不欺凌弱者，人多的不欺凌人少的。大夫君运筹谋划，创立增加国家收入的机构，统管盐铁和诸多兴利的行业，排挤富商大贾，允许人们花钱买官赎罪，减损有余，弥补不足，以均衡百姓财富。所以军队东征西讨，赋税没增加而军需费用依旧充足。经济收支的事聪明人都看得很清楚，并不是庸庸大众所知道的。”

文学曰：“扁鹊抚息脉而知疾所由生，阳气盛，则损之而调阴，寒气盛，则损之而调阳，是以气脉调和，而邪气无所留矣。夫拙医不知脉理之腠(肌肉上的纹理)，血气之分，妄(胡乱地)刺而无益于疾，伤肌肤而已矣。今欲损有余，补不足，富者愈富，贫者愈贫矣。严法任刑，欲以禁暴止奸，而奸犹不止，意者非扁鹊之用针石，故众人未得其职也。”

【译文】

文学说："扁鹊按压脉搏就知道疾病产生的原因，阳气太盛，就减弱阳气调理阴气，寒气太盛，就减弱寒气调理阳气，所以气脉调和，邪气无处存留。愚笨的医生不知道脉络的结构和血气的区别，胡乱施针，对治病没有任何好处，徒然伤害肌肤而已。现在朝廷想要减损有余弥补不足，结果却是富有的人更加富有，贫穷的人更加贫穷。想要用严刑峻法杜绝暴行和奸恶，可奸诈的犯罪行为还是长久存在，料想你们所采用的不是扁鹊的针石，所以天下百姓没有被治理好。"

御史曰："周之建国也，盖千八百诸侯。其后，强吞弱，大兼小，并为六国。六国连兵结难数百年，内拒敌国，外攘四夷。由此观之：兵甲不休，战伐不乏，军旅外奉，仓库内实。今以天下之富，海内之财，百郡之贡，非特齐、楚之畜，赵、魏之库也。计委量入，虽急用之，宜无乏绝之时。顾大农等以术体躬稼，则后稷之烈，军四出而用不继，非天之财少也？用针石，调阴阳，均有无，补不足，亦非也？上大夫君与治粟都尉管领大农事，灸刺稽滞（滞积），开利百脉，是以万物流通，而县官富实。当此之时，四方征暴乱，车甲之费，克获（战胜并有所掳获）之赏，以亿万计，皆赡大司农。此者扁鹊之力，而盐铁之福也。"

【译文】

御史说："周朝建立国家时，大约有一千八百个诸侯。后来，强国吞并弱国，大国兼并小国，天下合并为六国。六国兵连祸结持续数百年，中原国家对内要抗拒敌国，对外要抵御四方部族。由此可见，虽然军队不休战，战事频仍，塞外却不缺军粮，境内仓库充实。如今，朝廷拥有天下的财富，海内的物产以及上百个郡国进献的贡品，不只有齐国、楚国的积蓄或是赵国、魏国的库存。根据收入计量支出，即便有紧急的支出，也不至于财源枯竭。大司农等官员按照传统亲自下田耕作，效法后稷的功业。可是军队四方出战，军费无以为继，难道是国家财富太少吗？用针石治疗疾病，调理阴阳，平均有无，弥补不足，难道有错吗？上大夫君当治粟都尉，管理大农事的时候，施政就像用针灸治疗滞积，使全身血脉流通，所以各种财物得以流通，朝廷富裕殷实。这时四方征讨暴乱，兵车铠甲的费用，克敌制胜俘获敌兵的赏赐，以亿万来计算，全由大司农供给。这是扁鹊的功力，也是盐铁官营创造的福利呀。”

文学曰：“边郡山居谷处，阴阳不和，寒冻裂地，冲风飘卤(盐碱地)，沙石凝积，地势无所宜。中国，天地之中，阴阳之际也，日月经其南，斗极出其北，含众和之气，产育庶物。今去而侵边，多斥不毛寒苦之地，是犹弃江皋河滨，而田于岭阪菹泽也。转仓廪之委，飞府库之财，以给边民。中国困于繇赋，边民苦于戍御。力耕不便种籴，无桑麻之利，仰中国丝絮而后衣之，皮裘蒙毛(乱糟糟的样子)，曾不足盖形，夏不失复，冬不离窟，父子夫妇内藏于专室土圜之中。中外空虚，扁鹊何力？而盐铁何福也？”

【译文】

文学说：“偏远的郡县坐落在山谷中，阴阳不调和，天寒地冻，狂风刮过，吹起盐碱沙土，沙石聚积，土地形势几乎没有一处宜居。中原位于天地之中，是阴阳交汇的地方，日月在它的南面运行，北斗星、北极星从它的北面升起，蕴含万物相和的气息，生产孕育万物。而今，离开中原侵夺边远之地，开发寸草不生寒冷荒凉的土地，好比放弃江畔河边肥沃的土地，跑到山坡、沼泽耕种。朝廷转运仓库中的粮食，快马运输府库中的财物，供养边境军民。中原百姓苦于承担徭役和赋税，边境军民苦于戍边抵御外敌。在那片土地上，即便努力耕种收成也比不上买种子的费用，又不适合种植桑麻获利，全靠中原供应丝絮才有衣服穿，乱糟糟的皮袄不足以遮蔽身体，夏天脱不掉夹衣，冬天离不开窑洞，父子夫妇挤在小小的土屋里。境内和境外一片空虚萧条，请问对此扁鹊有什么功力？盐铁官营又创造了什么福利？”

未通第十五

【题解】

“未通”是“未通于计”的简称，意思是不懂得策略和谋划。本篇围绕开边和税收展开。御史认为，中原人口众多，资源有限，气候和地理条件不适合放牧，财富不足以供养天下百姓。汉武帝武力开边，把少数民族的资源据为己有，得到了大片牧场，无数骏马和珍宝，国家因此富足。在资源充足的情况下，朝廷将古时的什一税改为三十税一，并放宽了服役的年龄，老百姓的负担大为减轻。他们仍然挨饿受冻完全是因为自己懒惰所致，抗拒缴税纷纷逃亡实属忘恩负义。文学则认为，频繁发动战争给中原带来了深重的苦难，不分丰年荒年强制百姓缴税，无异于将他们推向水深火热的境地。官吏不敢追究逃税的豪强的责任，反而催逼穷苦的平民，促使破产的农民被迫逃荒，反过来责怪百姓是非常不合理的。总之，一切都是施政不利造成的，过错不在百姓。从双方互相批驳的话语中，我们可以清晰地了解他们的态度，显然御史一心维护朝廷，文学更了解民情，也更懂得百姓的心声。

御史曰：“内郡人众，水泉荐草，不能相赡，地势温湿，不宜牛马；民跖耒而耕，负檐(背负肩挑)而行，劳罢而寡功。是以百姓贫苦，而衣食不足，老弱负辂(古代车名)于路，而列卿大夫，或乘牛车。孝武皇帝平百越以为园圃，却羌、胡以为苑囿，是以珍怪异物，充于后宫，騊駼駃騠，实于外厩，匹夫莫不乘坚良，而民间厌橘柚。由此观之：边郡之利亦饶矣！而曰‘何福之有？’未通于计也。”

【译文】

御史说："内地郡县人口众多，水源牧草不能满足畜牧业的需求，且地理气候温暖潮湿，不适合牧养牛马；百姓脚踏木犁耕种，背负肩挑地走路，疲劳不堪却少有收获。所以百姓贫苦，衣食不足，年老体弱的人在路上拉车，而各位公卿大夫有时还乘坐牛车。汉武帝平定百越，把它当作园圃，击退西羌、匈奴，把他们活跃的领地当成苑囿，所以珍奇异物充斥后宫，宫外马厩挤满各色骏马，平民都乘坐好车，驾着好马，民间吃腻了橘子和柚子。由此看来：边境郡县的财利是多么丰饶呀！你们却说哪有什么福利？真是不懂得治国大计呀！"

文学曰："禹平水土，定九州，四方各以土地所生贡献，足以充宫室，供人主之欲，膏壤万里，山川之利，足以富百姓，不待蛮、貊之地，远方之物而用足。闻往者未伐胡、越之时，繇赋省而民富足，温衣饱食，藏新食陈，布帛充用，牛马成群。农夫以马耕载，而民莫不骑乘；当此之时，却走马(奔跑的马，此指战马)以粪。其后，师旅数发，戎马不足，牸牝入阵，故驹犊生于战地。六畜不育于家，五谷不殖于野，民不足于糟糠，何橘柚之所厌？《传》曰：'大军之后，累世不复。'方今郡国，田野有陇(田埂)而不垦，城郭有宇而不实，边郡何饶之有乎？"

【译文】

文学说："夏禹平治水土，划定九州，四方把土地所出的物产进献给朝廷，足以充实宫室府库，满足君主的欲望。万里沃土，山林河川的资源，足以使百姓富裕，不必等待开发南方和北方的蛮荒之地，也不必等待远方珍稀之物运送过来，就能使财用充足。我听说朝廷没有讨伐匈奴和百越时，中原徭役赋税很少而百姓生活富足，大家吃得饱穿得暖，家家储藏新谷吃旧粮，布帛够用，牛马成群。农民用马耕地或拉车，百姓全都骑马乘车。那时，退回的战马用于积粪肥田。后来，军队多次出征，战马数量不够，母牛母马也被编入队列，因此很多小牛犊、小马驹在战场上出生。现在牲畜不能在家中饲养，庄稼不能在原野播种，老百姓连糟糠都吃不饱，怎么可能吃腻橘子、柚子呢？《传记》上说：‘大战过后，几代也不能恢复元气。’现在各郡国，田野有田埂却没人垦殖，城市有房屋却没人居住，哪有什么边境郡县的丰饶呢？”

御史曰：“古者，制田百步为亩，民井田而耕，什而籍一。义先公而后己，民臣之职也。先帝哀怜百姓之愁苦，衣食不足，制田二百四十步而一亩，率三十而税一。堕(懒惰)民不务田作，饥寒及己，固(本来)其理也。其不耕而欲播，不种而欲获，盐铁又何过乎？”

【译文】

御史说：“古时候，朝廷规定一百步为一亩地，老百姓按照井田耕作，缴纳十分之一的赋税。依照道义先种公田后种自家的私田，是臣民的职责。先帝怜悯百姓愁苦，衣食不足，规定二百四十步为一亩地，缴纳三十分之一的赋税。懒惰的百姓不从事农业劳动，忍受饥寒，本是理所当然。他们不耕地却想播种，不种地却想收获，盐铁官营又有什么过错呢？”

文学曰：“什一而籍，民之力也。丰耗美恶，与民共之。民勤，己不独衍(富有，富足)；民衍，己不独勤。故曰：‘什一者，天下之中正也。’田虽三十，而以顷亩出税，乐岁粒米狼戾(堆积)而寡取之，凶年饥馑而必求足。加之以口赋更繇之役，率一人之作，中分其功。农夫悉其所得，或假贷而益之。是以百姓疾耕力作，而饥寒遂及己也。筑城者先厚其基而后求其高，畜民者先厚其业而后求其赡。《论语》曰：‘百姓足，君孰与不足乎？’”

【译文】

文学说：“交十分之一的赋税，是根据百姓的经济能力而定的。无论丰收年景还是赶上歉收，国家都和老百姓同甘共苦。百姓歉收，天子不会独自富有；百姓富足，天子不会独自匮乏。所以说，征收十分之一的赋税，是天底下最为公平合理的。现在虽然征收三十分之一的税，但是以土地多少为征收标准，丰年粮食堆积如山却收很少的税，荒年吃不饱饭却必须缴纳足够的税额。加上人口税，轮流服徭役，一个人劳作，得上缴一半的收成。农民把收入所得全上交，还得靠借贷补足。所以老百姓努力耕作，仍免不了挨饿受冻。修筑城墙的工匠要先把地基加厚，再考虑高度；供养百姓要先使他们家业殷实，再考虑生活丰足。《论语》说：‘百姓用度充足了，君主财用怎么能不充足呢？’”

御史曰：“古者，诸侯争强，战国并起，甲兵不休，民旷于田畴，什一而籍，不违其职。今赖陛下神灵，甲兵不动久矣，然则民不齐出于南亩，以口率(按人口比例)被垦田而不足，空仓廪而赈贫乏，侵益日甚，是以愈惰而仰利县官也。为斯君者亦病矣，反以身劳民；民犹背恩弃义而远流亡，避匿上公之事。民相仿效，田地日芜，租赋不入，抵扞(抵御，抗拒)县官。君虽欲足，谁与之足乎？”

【译文】

御史说：“古时候，诸侯争为强者，战国并起，军队征战不休，老百姓耽误了种田，但什一赋税却要照常缴纳。现在仰仗陛下英明，很久没有打仗了，然而百姓没有全部到地里参加生产劳动，以人口总数和垦田总数比较，数量明显不足，官府用仓库中的粮食赈济贫苦，国家利益日益被严重侵害，百姓越发懒惰，完全靠朝廷救济存活。做这样的君主也太劳苦了，还要为老百姓操劳；百姓却忘恩负义，到远方流窜，躲避公家的赋税徭役。民众互相效仿，田地一天天荒芜下去，赋税不上缴，与朝廷相对抗。君主想要国家富足，但谁和他一起努力呢？”

文学曰："树木数徙则殇，虫兽徙居则坏(衰亡)。故代马依北风，飞鸟翔故巢，莫不哀其生。由此观之，民非利避上公之事而乐流亡也。往者，军阵数起，用度不足，以訾(钱财，财产)征赋，常取给见民，田家又被其劳，故不齐出于南亩也。大抵逋流，皆在大家，吏正畏惮，不敢笃责，刻急细民，细民不堪，流亡远去；中家为之绝出，后亡者为先亡者服事；录民数创于恶吏，故相仿效，去尤甚而就少愈者多。《传》曰：'政宽者民死之，政急者父子离。'是以田地日荒，城郭空虚。夫牧民之道，除其所疾，适其所安，安而不扰，使而不劳，是以百姓劝业而乐公赋。若此，则君无赈于民，民无利于上，上下相让而颂声作。故取而民不厌，役而民不苦。《灵台》之诗，非或使之，民自为之。若斯，则君何不足之有乎？"

【译文】

文学说："树木移植次数多了会枯萎，昆虫走兽迁居就会衰亡。所以，代地的马依恋故乡的北风，远飞的鸟儿留恋旧巢，动物没有不留恋自己的出生地的。老百姓并不是为了躲避公家的徭役赋税去流浪，他们也不乐意逃亡。以前，军队频繁打仗，用度不够，于是按照百姓财产状况征税，经常从当地现有的平民那儿收税，农民又要被拉去服徭役，所以没有全部到田地里劳作。大概逃税的都是豪强大户，官吏畏惧他们，不敢督查责罚，于是更加苛刻地催逼老百姓。小民不堪忍受，便流浪远方。中等人家承担了所有的赋税，后逃亡的替先逃亡的服役纳税。安分的百姓屡次受到凶恶官吏的压迫，因此互相效仿，离去的人越来越多，人们纷纷跑到税赋轻的地方生活。《传记》上说：'政令宽缓，百姓愿意为朝廷效力而死；政令严苛，父子也会离散。'所以田地一天天荒芜，城市人去楼空。治理百姓的办法，在于除去他们所憎恶的东西，顺应他们安心的东西，安抚他们而不要打扰，役使他们但不能令他们过于劳碌，所以民众努力劳动，乐于缴纳公家赋税。如果这样，君主不用赈济百姓，百姓也不必期望从朝廷获利，上下相互礼让，就会兴起颂扬的歌声。因此，征收赋税百姓不厌恶，役使民众他们不痛苦。就像《灵台》那首诗所描述的那样，修筑灵台不是朝廷役使他们去做的，而是他们自己愿意的。如果是这样，君主怎么会不富足呢？”

御史曰：“古者，十五入大学，与小役；二十冠而成人，与戎；五十以上，血脉溢刚(旺盛，强壮)，曰艾壮。《诗》曰：‘方叔元老，克壮其猷。’故商师若乌，周师若荼(茅草的白花)。今陛下哀怜百姓，宽力役之政，二十三始傅，五十六而免，所以辅耆壮而息老艾也。丁者治其田里，老者修其唐园，俭力趣时，无饥寒之患。不治其家而讼县官，亦悖矣。”

【译文】

御史说：“古时候，十五岁进入太学，参与一些小的事务；二十岁举行冠礼，以示成人，参加战争；五十岁以上，血气旺盛，身体强壮，称为艾壮。《诗经》说：‘方叔这个元老，年事已高却仍谋划深远。’所以当时商朝军队是满头乌发的壮年，周朝军队是满头白发的老人。现在皇上怜惜百姓，放宽了服役的政策，规定二十三岁开始服劳役，五十六岁解除，是为了照顾年纪大身体仍然强壮的人，让老年人得到休息。青壮年在田里种地，老年人修整菜园，可节省劳力，又不误农时，没有饥寒之忧。老百姓不管理好自己的家业，却抱怨朝廷，这也太不合情理了。”

文学曰：“十九年已下为殇，未成人也；二十而冠；三十而娶，可以从戎事；五十已上曰艾老，杖于家，不从力役，所以扶不足而息高年也。乡饮酒之礼，耆老异馔，所以优耆耄(年事高的老人)而明养老也。故老者非肉不饱，非帛不暖，非杖不行。今五十已上至六十，与子孙服挽输，并给繇役，非养老之意也。古有大丧者，君三年不呼其门，通其孝道，遂其哀戚之心也。君子之所重而自尽者，其惟亲之丧乎！今或僵尸，弃衰绖(丧服)而从戎事，非所以子百姓，顺孝悌之心也。周公抱成王听天下，恩塞海内，泽被四表，矧惟人面，含仁保德，靡不得其所。《诗》云：‘夙夜基命宥密。’陛下富于春秋，委任大臣，公卿辅政，政教未均，故庶人议也。”

御史默不答也。

【译文】

文学说：“不到十九岁去世的，称为殇，因为死者没有长大成人；二十岁举行冠礼，以示成人；三十岁迎娶妻子，可以参加战争；五十岁以上称为艾老，在家拄拐杖，不服劳役，这是为了扶助少年，让老人得到休养。举办乡饮酒礼时，老年人吃着不同的菜肴，这是为了优待老年人，宣明养老的宗旨。因此，老人没肉吃不饱，没有丝帛穿不暖，没有拐杖不能走路。现在五十岁以上到六十岁的老人，和儿孙一起拉车服役，不符合养老的传统。古时候，为父母办丧事，君主三年不上门叫他服役，是为了宣扬孝道，照顾孝子悲痛伤感的心情。君子最为看重，愿意尽力去做的事，大概就是置办父母至亲的丧事吧。现在有的人家刚死人，儿子就要脱掉丧服去前线打仗，这不是爱民如子、顺应孝悌之道的做法。当年周公抱着年幼的成王听政，恩德充满海内，恩惠遍及四方，人人都领受周公的仁德，没有一个不被妥善安置的。《诗经》说：‘日夜谋划政令，宽仁宁静。’陛下年纪轻，将国事委任大臣，由公卿辅佐政务，政令教化没有安排好，因此引发百姓议论。”

御史默然不回答。

卷 四

地广第十六

【题解】

本篇的议题是使用武力开疆拓土，对汉朝而言，究竟是利大于弊还是弊大于利。大夫认为，内地百姓高枕无忧，是因为边民抵抗敌人，为境内安全提供了有利保障。所以，开拓边疆有利于攘外安内。文学则认为，边境多为不毛之地，土地虽然广阔却不能耕种，没有利用价值，开拓边疆没有实际意义。大夫听了很生气，讽刺儒生穿戴寒酸，一副落魄相，俸禄还不到一把米，不配谈论国家大事。可见，大夫因为地位和财富在文学之上，从骨子里看不起文学，根本就不愿意和文学心平气和地讨论政事。

大夫曰："王者包含并覆，普爱无私，不为近重施，不为远遗恩。今俱是民也，俱是臣也，安危劳佚不齐，独不当调邪？不念彼而独计此，斯亦好议矣？缘边之民，处寒苦之地，距强胡之难，烽燧一动，有没身之累。故边民百战，而中国恬卧者，以边郡为蔽扞(屏障)也。《诗》云：'莫非王事，而我独劳。'刺不均也。是以圣王怀四方独苦，兴师推却胡、越，远寇安灾，散中国肥饶之余，以调边境，边境强，则中国安，中国安则晏然(安定)无事。何求而不默也？"

【译文】

大夫说："君主兼包并蓄，博爱无私，不因为距离近就多施恩，距离远就遗漏，不给恩惠。现在大家都是天子的子民，都是天子的臣下，但有的安全有的危险，有的辛劳有的闲逸，难道不该调整吗？你们不考虑边境地区的军民，只考虑内地的百姓，这也算高论吗？边境地区的军民，处于寒冷艰苦的地方，抵抗强大匈奴的侵扰，烽火一起，就有丧命的危险。所以边境地区军民历经百战，才使中原的百姓能安然入睡。这是因为边地郡县是御敌的屏障啊。《诗经》说：'都是王朝大事，唯独我最辛劳。'这是讽刺劳役不均啊。所以圣明的君主关怀边境军民的苦难，出兵击退匈奴、百越，驱逐敌寇，消除祸患，分散中原多余的物资支援边境。边境武力强大了，中原就安全了；中原安全了，国家就安定无事。你们还要求什么，为何不能安静下来呢？"

文学曰："古者，天子之立于天下之中，县内方不过千里，诸侯列国，不及不食之地，《禹贡》至于五千里；民各供其君，诸侯各保其国，是以百姓均调，而繇役不劳也。今推胡、越数千里，道路回避，士卒劳罢。故边民有刎颈之祸，而中国有死亡之患，此百姓所以嚣嚣(言语纷纭的样子)而不默也。夫治国之道，由中及外，自近者始。近者亲附，然后来远；百姓内足，然后恤外。故群臣论或欲田轮台，明主不许，以为先救近务及时本业也。故下诏曰：'当今之务，在于禁苛暴，止擅赋，力本农。'公卿宜承意，请减除不任，以佐百姓之急。今中国弊落不忧，务在边境。意者地广而不耕，多种而不耨(除草)，费力而无功，《诗》云：'无田甫田，维莠骄骄。'其斯之谓欤？"

【译文】

文学说："古时候，天子居于天下的中心，国土不过千里，诸侯列国的封地也没到达不能耕种的不毛之地。据《禹贡》记载，中原地区方圆五千里。百姓各自供奉他们的君主，诸侯各自保有自己的国家。所以百姓劳逸平衡，徭役也不辛苦。现在把匈奴、百越驱逐到数千里之外，道路曲折僻远，士兵劳苦。因此，边境百姓有杀身之祸，中原百姓有性命之忧，这就是百姓议论纷纷不肯沉默的原因啊。治理国家的办法，是从境内到境外，从近处开始。让邻近的民众亲近归附，然后把远方的民众招来。境内百姓用度充足了，再顾惜境外的民众。所以大臣们建议在轮台屯田，英名的君主不准许，认为应该先解决眼下的事情，及时发展农业。所以下诏说：'当务之急在于严禁苛刻的暴政，禁止擅自收税，大力发展农业。'公卿应当秉承朝廷的旨意，请求减免不称职的官员，以帮助百姓解决燃眉之急。现在中原衰败却不忧虑，仍致力于边境事务。料想边境土地广阔却不适合耕种，或者广种不能除草，耗费力气却没有功效。《诗经》说：'大田广袤不可耕，杂草高壮长势旺。'难道说的不是这个意思吗？"

大夫曰："汤、武之伐，非好用兵也；周宣王辟国千里，非贪侵也；所以除寇贼而安百姓也。故无功之师，君子不行；无用之地，圣王不贪。先帝举汤、武之师，定三垂之难，一面而制敌，匈奴遁逃。因河、山以为防，故去砂石咸卤(盐碱)不食之地，故割斗辟(绝险偏僻)之县，弃造阳之地以与胡，省曲塞，据河险，守要害，以宽徭役，保士民。由此观之：圣主用心，非务广地以劳众而已矣。"

【译文】

大夫说："商汤和周武王讨伐暴君，并非喜欢用兵；周宣王开辟千里国土，不是贪婪侵夺，而是为了扫除贼寇，安定百姓。没有功绩的战争，君子不打。没有用处的土地，圣明的君王不贪图。先帝派遣商汤、周武王那样的正义之师，平定了三方边境的动乱。北面制服敌人，匈奴都逃跑了。朝廷以黄河、阴山为防线，让出布满砂石盐碱的不毛之地，割让绝险偏僻的地方，把造阳的土地丢给匈奴，减少曲折的边塞，凭借河川之险，扼守要害之地，以此放宽徭役，保护士人和百姓。由此看来，圣主的用心，并非务必扩张领土劳役百姓。”

文学曰：“秦之用兵，可谓极矣，蒙恬斥境，可谓远矣。今逾蒙恬之塞，立郡县寇虏之地，地弥远而民滋劳。朔方以西，长安以北，新郡之功，外城之费，不可胜计。非徒是也，司马、唐蒙凿西南夷之涂，巴、蜀弊于邛、筰；横海征南夷，楼船戍东越，荆、楚罢(通‘疲’，疲乏)于瓯、骆，左将伐朝鲜，开临屯，燕、齐困于秽貉，张骞通殊远(远方异域)，纳无用，府库之藏，流于外国；非特斗辟之费，造阳之役也。由此观之：非人主用心，好事之臣为县官计过也。”

【译文】

文学说：“秦朝用兵，可以说是达到极限了，蒙恬开拓边境，可以说是足够遥远了。现在越过蒙恬修筑的边塞，在匈奴占领过的地区设立郡县，地方偏远，百姓愈加劳苦。朔方郡以西，长安城以北，新设郡县耗费的人力，修筑外城的花费，多到不可计数。不仅如此，司马相如、唐蒙开通了西南民族地区的道路，巴、蜀两郡的百姓因为开通邛、筰的道路疲劳不已，横海将军讨伐南方少数民族，楼船将军戍守东越，荆、楚地区因为讨伐瓯、骆而疲乏不堪，左将军讨伐朝鲜，设立临屯郡，燕、齐地区因为征伐秽、貉而疲倦劳苦，张骞凿通远方异域，收到了一些没用的东西，府库储藏的财物却流向了外国；这些支出何止是开辟荒远道路、舍弃造阳之地的费用啊。由此可见，这不是君主的用意，是好事的大臣为朝廷谋划造成的过失。”

大夫曰：“挟管仲之智者，非为厮役之使也。怀陶硃之虑者，不居贫困之处。文学能言而不能行，居下而讪(毁谤)上，处贫而非富，大言而不从，高厉而行卑，诽誉訾议，以要名采善于当世。夫禄不过秉握者，不足以言治；家不满檐石(一石粮食)者，不足以计事。儒皆贫羸，衣冠不完，安知国家之政，县官之事乎？何斗辟造阳也！”

【译文】

大夫说："具备管仲的智慧，不会充当受人驱使的奴仆。怀揣陶朱公的思虑，不会居住在贫困的地方。文学能说会道却不能付诸行动，地位低下却毁谤朝廷，身处贫困而责难富人，说大话却做不到，表面清高却行径卑劣，诋毁非议他人，以博取当世的好名声。俸禄不过是一把米的人，不配谈论治国之事；家里连一石粮都没有，不配谋划国家大计。你们这些儒生又贫穷又瘦弱，衣帽都配备不齐，怎么知道国政大事和朝廷的事务呢？还谈什么舍弃偏僻之地和造阳土地的事呢！"

文学曰："夫贱不害智，贫不妨行。颜渊屡空，不为不贤。孔子不容，不为不圣。必将以貌举人，以才进士，则太公终身鼓刀，宁戚不离饭牛矣。古之君子，守道以立名，修身以俟时，不为穷变节，不为贱易志，惟仁之处，惟义之行。临财苟得(不当得而得)，见利反义，不义而富，无名而贵，仁者不为也。故曾参、闵子不以其仁易晋、楚之富，伯夷不以其行易诸侯之位，是以齐景公有马千驷，而不能与之争名。孔子曰：'贤哉回也！一箪食，一瓢饮，在于陋巷，人不堪其忧，回也不改其乐。'故惟仁者能处约、乐，小人富斯暴，贫斯滥(无所不为)矣。杨子曰：'为仁不富，为富不仁。'苟先利而后义，取夺不厌。公卿积亿万，大夫积千金，士积百金，利己并财以聚；百姓寒苦，流离于路，儒独何以完其衣冠也？"

【译文】

文学说："卑贱不妨害智慧，贫困不妨害德行。颜回多次陷入穷困，不能说他不是贤人。孔子外貌不佳，不能说他不是圣人。如果一定要根据外表推荐人，按照财产情况选拔官吏，那么姜太公就要一辈子宰杀牲畜，宁戚永远都不可能脱离喂牛的行当了。古代的君子恪守正道树立名望，修身养性等待时机，不因贫穷而改变节操，不因卑贱而改变志向，以仁处事，以义行事。见到财富就想用不正当的手段获取，看到有利可图就忘记道义，行不义之事让自己富有，没有名声而富贵，仁义的君子是不会那么做的。所以曾参、闵子骞不用他们的仁义换取晋国、楚国的富贵，伯夷不用自己的品行换取诸侯尊位，因此，齐景公虽有千乘兵车，也不能与他们争名。孔子说：'颜回多么贤德啊！一箪食物，一瓢冷水，居住在简陋的街巷，人们都忍受不了这样的穷苦忧愁，颜回却不改变他的快乐。'因此，只有仁德的人才能身处贫困而快乐，小人富有就会变得凶暴，贫穷了就会无所不为。杨子说：'坚守仁德不会富裕，追求富贵就不能坚守仁德。'如果先追求利益后考虑道义，就会巧取豪夺贪得无厌。如今公卿积累亿万财富，大夫积累千金财富，士积累百金财富，大家都出于利己的目的聚敛财富；百姓清寒贫苦，在路上流浪，我们这些儒生怎么能独自置办完备的衣帽呢？"

贫富第十七

【题解】

本篇的议题是对财富的看法。大夫认为一个人能不能获取财富，在于他是否具备相应的智慧和经营能力。富人通常懂得筹划，知道如何量入为出，明白如何守住家业，对家族和社会都是有贡献的，所以值得人们尊重。而那些连自己的生活都保障不了的人，根本没有能力帮助他人，对社会也是没有价值的。文学则认为，官员应该恪守本分，不应该凭借权势谋求利益。君子要坚守道义，不能追求不义之财。身为百姓的父母官更不能利用不正当的手段霸占社会财富。

大夫曰："余结发束脩(师生初次见面时，学生送给老师的酬礼)，年十三，幸得宿卫，给事辇毂(京师)之下，以至卿大夫之位，获禄受赐，六十有余年矣。车马衣服之用，妻子仆养之费，量入为出，俭节以居之，奉禄赏赐，一二筹策之，积浸以致富成业。故分土若一，贤者能守之；分财若一，智者能筹之。夫白圭之废著，子贡之三至千金，岂必赖之民哉？运之六寸，转之息耗，取之贵贱之间耳！”

【译文】

大夫说：“我束发上学，年方十三，有幸得到值宿宫禁的美差，在京师供职，擢升到卿大夫的官位，得到俸禄和赏赐，至今已经六十多年了。车马服饰的用度，供养妻子儿女和仆人的费用，都是量入为出，节俭地过日子。所得的俸禄赏赐，都是一点点筹划安排，逐渐积累财富，以成就一份丰厚的产业。所以，分得一样的土地，贤能的人能守住；分得同样的财产，聪慧的人能筹划好。白圭贱买贵卖，子贡三次积累千金之财，难道非得从百姓那儿夺取财富吗？他们不过是精打细算，在利润的增长和亏损中运转，从物价涨落中取利罢了！”

文学曰：“古者，事业不二，利禄不兼，然诸业不相远，而贫富不相悬(悬殊)也。夫乘爵禄以谦让者，名不可胜举也；因权势以求利者，入不可胜数也。食湖池，管山海，刍荛(割草打柴)者不能与之争泽，商贾不能与之争利。子贡以布衣致之，而孔子非之，况以势位求之者乎？故古者大夫思其仁义以充其位，不为权利以充其私也。”

【译文】

文学说：“古人不从事两种职业，财利俸禄不兼得，这样，各种行业相差不多，不会出现贫富悬殊的现象。那些享受高官厚禄又谦让的人，美名多到不可胜举。那些凭借权势谋求利益的人，获取的财富多到不可胜数。他们占据湖泊池沼和山林河海的资源，割草打柴的人不能同他们争得一点好处，商人不能与他们争利。子贡以平民身份发家致富，孔子尚且责备他，更何况是凭权势地位求得财富呢？所以古代的大夫只想以仁义充实官位，不是为了凭借权力满足私欲。”

大夫曰：“山岳有饶，然后百姓赡焉。河海有润，然后民取足焉。夫寻常之污，不能溉陂泽；丘阜之木，不能成宫室。小不能苞大，少不能赡多。未有不能自足而能足人者也。未有不能自治而能治人者也。故善为人者，能自为者也；善治人者，能自治者也。文学不能治内，安能理外乎？”

【译文】

大夫说：“山岳有丰饶的物产，百姓才能生活丰足。河川大海里有丰富的资源，百姓才能获取足够的财富。小池塘的水，不能灌溉大湖泽；土山上的树木，不能用来建造宫室。小的东西包容不了大的物品，收入少的供应不了庞大的支出。从来没有过不能自给自足却能满足他人的，从来没有过不能自我管理却能管理他人的。所以，善于为别人办事的人，能够做好自己的事；善于管理他人的人，能够管理好自己。你们文学连自身都管理不好，怎么能处理好身外事呢？”

文学曰：“行远道者假于车，济江海者因于舟。故贤士之立功成名，因于资而假物者也。公输子能因人主之材木，以构宫室台榭，而不能自为专屋狭庐，材不足也。欧冶能因国君之铜铁，以为金炉大钟，而不能自为壶鼎盘杅，无其用也。君子能因人主之正朝，以和百姓，润众庶，而不能自饶其家，势不便也。故舜耕历山，恩不及州里，太公屠牛于朝歌，利不及妻子，及其见用，恩流八荒，德溢四海。故舜假之尧，太公因之周，君子能修身以假道者，不能枉道而假财也。”

【译文】

文学说："走远路要借助车子，渡江海要凭借船只。因此，贤士能建立功业成就名声，是因为善于借助外物。鲁班能凭借君主的木材建造宫室台榭，却不能为自己建造一栋狭小简陋的木屋，是因为他手头的材料不够。欧冶子能凭借国君的铜铁铸造铜炉大钟，却不能为自己铸造壶鼎盘盆，是因为手头没有可供使用的材料。君子能依靠国君匡正朝纲，协调百姓，润泽民众，而不能使自己家富贵，这是因为形势不许可。所以舜在历山耕田，恩惠到达不了乡里，姜太公在朝歌宰牛，利益波及不到妻子儿女，等到他们被重用，恩惠遍布八方，仁德充斥四海。因此，舜借助尧起家，姜太公依靠周文王成名，君子能借助道义修养身心，不能违背道义而求财。"

大夫曰："道悬于天，物布于地，智者以衍，愚者以困。子贡以著积显于诸侯，陶硃公以货殖(经商营利)尊于当世。富者交焉，贫者赡焉。故上自人君，下及布衣之士，莫不戴其德，称其仁。原宪、孔急，当世被饥寒之患，颜回屡空于穷巷，当此之时，迫于窟穴(土屋)，拘于缊袍，虽欲假财信奸佞，亦不能也。"

【译文】

大夫说："取利之道悬挂在天上，物产遍布大地，智者因为利用了它而富有，蠢人因为不懂得这些道理而陷入贫困。子贡靠囤积货物显达于诸侯，陶朱公靠经商营利在当世获得尊荣。富人和他们交往，穷人得到他们的救济。所以上自国君下至平民百姓，无一不感恩戴德，称颂他们的仁义。原宪和孔伋在当世挨冻受饿，颜回住在简陋的街巷里多次陷于穷困。在那时，他们窘迫地居住在土屋里，穿着破旧的袍衣，即使想凭借钱财施展奸猾谄媚的伎俩，也是不可能的。"

文学曰："孔子云：'富而可求，虽执鞭之事，吾亦为之；如不可求，从吾所好。'君子求义，非苟富也。故刺子贡不受命而货殖焉。君子遭时则富且贵，不遇，退而乐道。不以利累己，故不违义而妄取。隐居修节，不欲妨行，故不毁名而趋势。虽付之以韩、魏之家，非其志，则不居也。富贵不能荣，谤毁不能伤也。故原宪之缊袍，贤(胜过，超过)于季孙之狐貉，赵宣孟之鱼飧，甘于智伯之刍豢(泛指肉类食品)，子思之银佩，美于虞公之垂棘。魏文侯轼段干木之闾，非以其有势也；晋文公见韩庆，下车而趋，非以其多财，以其富于仁，充于德也。故贵何必财，亦仁义而已矣！"

【译文】

文学说："孔子说：'富贵如果值得追求，即便是给人执鞭驾车的差役，我也乐意做。如果不可以求得，那就顺从我的喜好。'君子追求道义，而不随便追求财富。因此孔子批评子贡违背天命去做生意。君子恰逢时运就富贵，时运不济就隐退起来安贫乐道。不为利益累及己身，因而不做违背道义非法获取财利的事情。君子隐居起来修行节操，不愿妨碍自身的品行，所以不损毁自己的名声而趋炎附势。即使把韩、魏的财富给他们，不符合他们的志向，也断然不要。富贵不能使他们荣耀，诋毁中伤不能使他们受害。因此原宪的破袍衣比季孙氏的狐貉皮袍还有价值，赵盾的鱼羹比智伯的肉食还美味，子思的白银佩饰，比虞公的垂棘之玉还要漂亮。魏文侯路过段干木家门，伏在车横木上以示尊重，不是因为后者有权有势；晋文公碰见韩庆，下车小步快走表达敬意，不是因为后者有很多财富：这是因为段干木和韩庆仁义而具备美德啊。所以，尊贵何必求取财富，只要心怀仁义就行了！"

毁学第十八

【题解】

本篇讨论的焦点是秦朝名相李斯的功过是非。李斯是儒家代表人物荀子的徒弟，相较于传统的儒家弟子，他比较务实，完全不同于那些清高自守的理想主义者，因此提出的治国策略被秦国统治者所看重，自己获得了位极人臣的地位。后来他受到权臣赵高的陷害，受刑而死。大夫对李斯推崇备至，提及李斯曾经享有的荣耀和创造的功业，不乏溢美之词。文学则认为李斯私欲太重，不择手段地求取社会地位和财富，以致使自己置身于险境，最终害人害己，落得个惨死的下场。他的结局乃是自食其果。这种人不值得赞美，也不值得效法。

大夫曰："夫怀枉而言正，自托于无欲而实不从，此非士之情也？昔李斯与包丘子俱事荀卿，既而李斯入秦，遂取三公，据万乘之权以制海内，切侔(相当，相等)伊、望，名巨泰山；而包丘子不免于瓮牖蒿庐，如潦岁(水涝之年)之蛙，口非不众也，卒死于沟壑而已。今内无以养，外无以称，贫贱而好义，虽言仁义，亦不足贵者也！"

【译文】

大夫说："心术不正却说得一本正经，自称无欲无求实际行动却跟不上，这不是你们儒生的实际情况吗？从前李斯和包丘子同在荀子门下学习，后来李斯进入秦国，取得三公尊位，凭借万乘兵车的权威统治海内，功劳相当于伊尹和姜子牙，名望比泰山还高；而包丘子却住在以破瓮为窗的草屋里，如同水涝灾年的青蛙，叫唤得不是不厉害，最终死于山沟而已。如今你们在家不能养活家人，在外没有任何值得称道的功德，贫贱却爱好仁义，即便爱谈论仁义道德，也没什么可贵的！”

文学曰：“方李斯之相秦也，始皇任之，人臣无二，然而荀卿谓之不食，睹其罹不测之祸也。包丘子饭麻蓬藜，修道白屋之下，乐其志，安之于广厦刍豢，无赫赫之势，亦无戚戚之忧。夫晋献垂棘，非不美也，宫之奇见之而叹，知荀息之图之也。智伯富有三晋，非不盛也，然不知襄子之谋之也。季孙之狐貉，非不丽也，而不知鲁君之患之也。故晋献以宝马钓虞、虢，襄子以城坏诱智伯。故智伯身禽于赵，而虞、虢卒并于晋，以其务得不顾其后，贪土地而利宝马也。孔子曰：‘人无远虑，必有近忧。’今之在位者，见利不虞害，贪得不顾耻，以利易身，以财易死。无仁义之德，而有富贵之禄，若蹈坎阱，食于悬门之下，此李斯之所以伏五刑也。南方有鸟名鹓雏，非竹实不食，非醴泉不饮，飞过泰山，泰山之鸱，俯啄腐鼠，仰见鹓雏而吓。今公卿以其富贵笑儒者，为之常行，得无若泰山鸱吓鹓雏乎？”

【译文】

文学说：“李斯在秦国做宰相的时候，秦始皇重用他，臣子当中无人可与他相比，然而荀子却为此担心得吃不下饭，因为预见他的弟子将要遭遇无法揣测的灾祸。包丘子吃稀粥住茅屋，在简陋的草屋中修道，为自己的志向而满心欢愉，就像住在高大的房子里吃着肉食那样安然自得，虽没有显赫的权势，但也不用忧心忡忡。晋献公的垂棘之玉，不是不美，但宫之奇见到后叹息，是因为知道荀息心怀不轨。智伯的财富胜过韩、赵、魏三家，气势不可谓不强盛，然而他不知道赵襄子在算计他。季孙氏的狐貉皮袍不可谓不华丽，然而却不知道鲁君将他视为祸患。所以晋献公用宝马引诱虞国和虢国，赵襄子浸坏城墙引诱智伯。因而智伯被赵国擒获，虞国和虢国被晋国吞并，这是因为他们一心求利而不顾后果，贪求土地和宝马。孔子说：‘人没有长远打算，忧患必然近在眼前。’现在身居高位的人，见到利益就不顾危害，贪求利益不顾廉耻，必然为利害身，为财而死。没有仁义道德却享受富贵爵禄，好比脚踩陷阱，在悬空的门闸下吃饭一样危险，这就是李斯遭受五种残酷的刑罚惨死的原因啊。南方有一种叫鹓雏的鸟，非竹实不吃，非甘泉不饮，它飞过泰山，泰山上有一只猫头鹰，正低头啄食腐烂的老鼠，看见鹓雏，便大叫着吓唬它。现在你们公卿依仗富贵耻笑儒生，并习以为常，岂不就像泰山的猫头鹰吓唬鹓雏？"

大夫曰："学者所以防固辞(粗鄙的话)，礼者所以文鄙行也。故学以辅德，礼以文质。言思可道，行思可乐。恶言不出于口，邪行不及于己。动作应礼，从容中道。故礼以行之，孙(谦逊)以出之。是以终日言，无口过；终身行，无冤尤。今人主张官立朝以治民，疏爵分禄以褒贤，而曰'悬门腐鼠'，何辞之鄙背而悖于所闻也？"

【译文】

大夫说："学习是为了防止说话粗鄙，礼仪是用来文饰粗鄙行为的。所以学习对行德有辅助作用，礼仪可文饰内在品质。说话要考虑符合道理，行为要令人愉快。恶言不出口，恶行不去做。动作符合礼仪，从容不迫，合乎事理。因此以礼规范行为，谦逊地对人说话，所以整天说话也没有过失，终身行事也无冤仇。现在君主设置官职建立朝政以统治万民，区分官爵等级，划分俸禄多少，以褒奖贤人，你们却把这些说成'悬空的闸门'和'腐臭的老鼠'，言辞这么粗鄙，怎么跟我们听到的道理完全相反呢？"

文学曰："圣主设官以授任，能者处之；分禄以任贤，能者受之。义贵无高，义取无多。故舜受尧之天下，太公不避周之三公；苟非其人，箪食豆羹(形容简单的饭食，比喻微薄的俸禄)犹为赖民也。故德薄而位高，力少而任重，鲜不及矣。夫泰山鸱啄腐鼠于穷泽幽谷之中，非有害于人也。今之有司，盗主财而食之于刑法之旁，不知机之是发，又以吓人，其患恶(怎么)得若泰山之鵄乎？”

【译文】

文学说：“圣主设置官职授予职务，有才干的人才能担任；划分俸禄任用贤能，有能力的人才能领受。因道义而显贵不嫌官位高，因道义而取得俸禄，不嫌俸禄多。所以舜接受了尧的天下，姜太公没有推辞周朝三公的爵位；如果不是他们那样的人，即使俸禄很少仍会有害于民。所以功德浅薄却身居高位，能力不足却担当大任，很少不遭受祸患的。泰山的猫头鹰啄食腐烂的老鼠，只是在深泽幽谷中，对人无害。现在的官员，盗窃君主的财富，逍遥于刑法之外，不知道悬门机关正在启动，又以此吓唬人，后患之大，泰山的猫头鹰怎么能和他们相比呢？”

大夫曰：“司马子言：‘天下穰穰，皆为利往。’赵女不择丑好，郑姬不择远近，商人不愧耻辱，戎士不爱死力，士不在亲，事君不避其难，皆为利禄也。儒、墨内贪外矜(庄重)，往来游说，栖栖然亦未为得也。故尊荣者士之愿也，富贵者士之期也。方李斯在荀卿之门，阘茸与之齐轸，及其奋翼高举，龙升骧骛，过九轶二，翱翔万仞，鸿鹄华骝且同侣，况跛牂燕雀之属乎！席天下之权，御宇内之众，后车百乘，食禄万钟。而拘儒布褐不完，糟糠不饱，非甘菽藿(豆叶)而卑广厦，亦不能得已。虽欲吓人，其何已乎！”

【译文】

大夫说：“司马迁说：‘普天之下人们匆匆忙忙，都是为了利益奔走。’赵地女子选择丈夫不管相貌美丑，郑地的女子选择丈夫不管路途的远近，商人不因耻辱而羞愧，勇士不惜拼死力战，士人不关心亲人，侍奉国君不避祸难，都是为了利益和俸禄啊。你们这些儒家、墨家的子弟内心贪婪外表庄重，往来游说，劳碌奔波，也是因为没有得到任用。因此，尊贵荣耀是读书人所向往的，荣华富贵也是读书人所期待的。当年李斯在荀子门下学习，那些卑微的人和他并驾齐驱，待李斯展翅高飞，如蛟龙飞升，骏马奔驰，直上九重天，超过龙和马，翱翔于万里高空，大雁、天鹅、骏马尚且不能成为他的同伴，更何况跛羊、燕子和麻雀之类呢！他执掌天下大权，统治境内百姓，出行时身后跟随着百辆车队，享受万钟俸禄。你们这些固执的儒生穿的粗布衣服都不整齐，连糟糠都吃不饱，并不是你们喜欢吃粗劣的杂粮，看不上高大的房子，只是得不到罢了。即便想吓唬人，拿什么吓唬呢？”

文学曰：“君子怀德，小人怀土。贤士徇名，贪夫死利。李斯贪其所欲，致其所恶。孙叔敖早见于未萌，三去相而不悔，非乐卑贱而恶重禄也，虑患远而避害谨也。夫郊祭之牛，养食朞年(一年)，衣之文绣，以入庙堂，太宰执其鸾刀，以启其毛；方此之时，愿任重而上峻阪(陡坡)，不可得也。商鞅困于彭池，吴起之伏王尸，愿被布褐而处穷鄙之蒿庐，不可得也。李斯相秦，席天下之势，志小万乘；及其囚于囹圄，车裂于云阳之市，亦愿负薪入东门，行上蔡曲街径，不可得也。苏秦、吴起以权势自杀，商鞅、李斯以尊重自灭，皆贪禄慕荣以没其身，从车百乘，曾不足以载其祸也！”

【译文】

文学说：“君子心怀仁德，小人心怀土地。贤士为名节而死，贪财的人为利益而死。李斯贪图私欲，招致恶果。孙叔敖在事情发生前便有先见，三次被罢免丞相之职而不懊悔，不是喜欢卑贱的身份讨厌丰厚的俸禄，而是考虑长远，为避免祸患而谨慎行事。郊外祭祀的牛，喂养一年之后，给它披上绣有花纹的丝绸，将其带入庙堂，太宰手持鸾刀，拨开它脖子下的毛准备宰杀，这时它想拉着沉重的车子爬陡坡，也是不可能了。商鞅受困于彭池，吴起中箭趴在楚悼王尸体上的时候，他们想要穿着粗布衣服住在偏僻的草屋里，也是不可得的。李斯在秦国做丞相时，执掌天下大权，连拥有万乘战车的诸侯也看不起；等到他身陷大牢，被车裂于云阳市时，想要背着柴火进入东门，走在上蔡县弯曲的街道上，也是不可得的。苏秦、吴起为追求权势自取灭亡，商鞅、李斯为求取尊位而走向自我毁灭，他们都是因为贪图丰厚的利禄和荣华而丢了身家性命，即使出行身后有百辆车子跟随，也不足以承载他们的祸患啊！”

褒贤第十九

【题解】

本篇讨论的议题是贤人的标准。大夫认为，贤人必须志勇双全，具备纵横捭阖安定天下的能力，并且名垂青史，而那些廉洁守信、寂寂无名的小人物，没有大局观，不配称作贤人。同时指出像孔甲、主父偃、东方朔等读书人，只有卖弄口舌的本事，行为污秽，不足称道。文学则认为，苏秦、张仪虽然是名噪一时的风云人物，拥有左右天下时局的能力，但他们多行不义，最终自取灭亡，根本不是什么贤人。孔甲等儒生投奔陈胜，是顺应时势的选择，不违背道义。因此评价一个人是否贤德，主要是看他的行为是否符合道义，不能以功名成败论英雄。

大夫曰：“伯夷以廉饥，尾生以信死。由小器而亏大体，匹夫匹妇之为谅(信用)也，经于沟渎而莫之知也。何功名之有？苏秦、张仪，智足以强国，勇足以威敌，一怒而诸侯惧，安居而天下息。万乘之主，莫不屈体卑辞，重币请交，此所谓天下名士也。夫智不足与谋，而权不能举当世，民斯为下也。今举亡而为有，虚而为盈，布衣穿履，深念徐行，若有遗(丢失)亡，非立功名之士，而亦未免于世俗也。"

【译文】

大夫说："伯夷因清廉而忍受饥饿，尾生因守信而死。因器量小而损伤大体，那是平民百姓拘泥于小信用，死在山沟里也没人知道。何谈功名呢？苏秦、张仪，智谋足以使国家强盛，勇武足以威慑敌国，一旦发怒诸侯都害怕，安居无事则天下安宁。拥有万乘兵车的诸侯莫不向他们弯腰行礼，用谦卑的言辞与他们交谈，花重金请求结交，这就是所谓的天下名士。如果智谋不足以谋划大事，权谋又不能左右当世时局，这样的人就是下等的。现在你们把没有说成有，本来空虚却谎称充实，穿着布衣破鞋，低头沉思，缓步徐行，好像丢了什么似的，根本不是建立功名的士人，不过是些世俗的庸人罢了。"

文学曰："苏秦以从显于赵，张仪以横任于秦，方此之时，非不尊贵也，然智士随而忧之，知夫不以道进者必不以道退，不以义得者必不以义亡。季、孟之权，三桓之富，不可及也，孔子为之曰'微'。为人臣，权均于君，富侔(等于)于国者，亡。故其位弥高而罪弥重，禄滋厚而罪滋多。夫行者先全己而后求名，仕者先辟害而后求禄。故香饵非不美也，龟龙闻而深藏，鸾凤见而高逝者，知其害身也。夫为乌鹊鱼鳖，食香饵而后狂飞奔走，逊头屈遰，无益于死。今有司盗秉国法，进不顾罪，卒然有急，然后车驰入趋，无益于死。所盗不足偿于臧获(奴婢)，妻子奔亡无处所，身在深牢，莫知恤视。方此之时，何暇得以笑乎？"

【译文】

文学说："苏秦凭借合纵策略在赵国显达，张仪凭借连横策略在秦国被重用，那时他们不可谓不尊贵，然而聪慧的士人都随之为他们担忧，知道他们不以道义晋升尊位，必然不以合乎道义的办法终结，不以道义获得的东西，必然以不合乎道义的方式失去。季孙氏、孟孙氏的权力，鲁国三桓的财富，谁也比不上。孔子却说三桓衰败了，身为臣子，权力与国君相等，财富与国家相当，必然要走向灭亡。因此这样的人官位越高，罪孽越深重，俸禄越优厚，罪恶越多。行事的人应先保全自身再求取名声，做官的人应先避开祸患再追求俸禄。香饵不是不美味，但龟和龙闻到之后便深藏水底，鸾鸟和凤凰看到便远走高飞，因为知道它危害自身。乌鸦、喜鹊、鱼鳖吃了香饵之后便狂飞奔走，缩头屈体以求躲避，还是难逃一死。现在官员盗取国法，只求升官不顾罪孽，突然有急难，然后驱车狂奔，疾步逃跑，终归难逃一死。他们盗取的财富不足以赎免妻女做奴婢，妻子儿女逃亡在外无处安身，自己身陷深牢大狱之中，无人怜悯探视。这时还哪有时间耻笑别人呢？”

大夫曰：“文学高行，矫然若不可卷；盛节絜言，皦然若不可涅(污染，染黑)。然戍卒陈胜释挽辂，首为叛逆，自立张楚，素非有回、由处士之行，宰相列臣之位也。奋于大泽，不过旬月，而齐、鲁儒墨缙绅(古代称有官职或做过官的人)之徒，肆其长衣，——长衣，容衣也——负孔氏之礼器《诗》《书》，委质为臣。孔甲为涉博士，卒俱死陈，为天下大笑。深藏高逝者固若是也？”

【译文】

大夫说：“文学品行高尚，正直得好像不可弯曲；美好的节操、圣洁的言辞，洁白得好像不可玷污。但戍守边疆的士卒陈胜丢下车子，率先反叛，自立张楚政权，平时他没有颜回、仲由及隐士的品行，也没有宰相大臣的尊位。陈胜奋起于大泽乡，不过短短一个月时间。齐鲁一带儒家、墨家子弟和官宦之流，就脱掉了长衣——长衣，是礼服——背负着孔子的礼器和《诗经》《尚书》，到陈胜那里委身俯首称臣。孔子后人孔甲担任博士官，最终和陈胜一起死于陈地，沦为天下笑柄。你所说的深藏不露和远走高飞的人，原来就是这样吗？”

文学曰："周室衰，礼乐坏，不能统理，天下诸侯交争，相灭亡，并为六国，兵革不休，民不得宁息。秦以虎狼之心，蚕食诸侯，并吞战国以为郡县，伐(夸耀，自夸)能矜功，自以为过尧、舜而羞与之同。弃仁义而尚刑罚，以为今时不师于文而决于武。赵高治狱于内，蒙恬用兵于外，百姓愁苦，同心而患(怨恨，痛恨)秦。陈王赫然奋爪牙为天下首事，道虽凶而儒墨或干之者，以为无王之矣，道拥遏不得行，自孔子以至于兹，而秦复重禁之，故发愤于陈王也。孔子曰：'如有用我者，吾其为东周乎！'庶几成汤、文、武之功，为百姓除残去贼，岂贪禄乐位哉？"

【译文】

文学说："周王室衰微，礼乐崩坏，不能统辖治理，天下诸侯互相征伐，相继灭亡，兼并形成六国，战事不断，百姓不得安宁。秦国怀揣着虎狼之心，蚕食诸侯各国，把吞并的六国作为自己的郡县，秦始皇夸耀能力和战功，以为功业超过尧、舜，羞于与二人并列。抛弃仁义，崇尚刑罚，认为当时不必效法文治，一切取决于武功。赵高在境内断案，蒙恬在境外兴兵打仗，老百姓愁苦，一致怨恨秦朝。陈胜愤而发动戍卒率先起义，前路虽凶险，儒家、墨家子弟有的向他求助，是因为天下没有王道已经很久了，大道阻塞，行不通，从孔子时代到此时，而秦朝又进一步禁止王道，所以儒家、墨家子弟投靠陈胜以发泄愤懑情绪。孔子说：'如果有人重用我，我大概能在东方恢复周朝的王道吧！'儒家、墨家子弟希望成就商汤、周文王、周武王的功业，为百姓除去残贼，难道是贪图俸禄和官位吗？"

大夫曰："文学言行虽有伯夷之廉，不及柳下惠之贞，不过高瞻下视，絜言污行，觞酒豆肉，迁延(退却)相让，辞小取大，鸡廉狼吞。赵绾、王臧之等，以儒术擢为上卿，而有奸利残忍之心。主父偃以口舌取大官，窃权重，欺绐宗室，受诸侯之赂，卒皆诛死。东方朔自称辩略(能言善辩)，消坚释石，当世无双；然省其私行，狂夫不忍为。况无东方朔之口，其余无可观者也？”

【译文】

大夫说：“文学的言论品行虽有伯夷那样的廉洁，却不如柳下惠忠贞，不过是眼光高而已，实际看的是卑下的东西，说话干净漂亮，行为污秽，一杯酒一盘肉，退却谦让，实际上是推辞小的利益博取大的利益，表面上像鸡啄米那样廉洁，实际上像狼吞肉那样贪婪。赵绾、王臧之等人，凭借宣扬儒术被提拔为上卿，却怀有奸恶贪利的残忍之心。主父偃凭借三寸不烂之舌谋取高位，窃取大权，欺骗宗室，接受诸侯贿赂，他们最后都被诛杀。东方朔自称善辩，能消融硬物，分解石头，举世无双；然而看他私下里的行为，连疯子都不忍心去干。何况你们没有东方朔的口才，其余还有什么可瞧的呢？”

文学曰：“志善者忘恶，谨小者致大。俎豆(泛指各种礼器)之间足以观礼，闺门之内足以论行。夫服古之服，诵古之道，舍此而为非者，鲜矣。故君子时然后言，义然后取，不以道得之不居也。满而不溢，泰而不骄。故袁盎亲于景帝，秣马不过一驷；公孙弘即三公之位，家不过十乘；东方先生说听言行于武帝，而不骄溢；主父见困厄之日久矣，疾在位者不好道而富且贵，莫知恤士也，于是取饶衍之余以周穷士之急，非为私家之业也。当世嚣嚣，非患儒之鸡廉，患在位者之虎饱鸱(鷂鹰)咽，于求览无所孑遗耳。”

【译文】

文学说：“立志向善的人可以忘记邪恶，谨小慎微的人可以成就大业。祭祀时足以观察他们的行为是否符合礼仪，家门之内也可以看出品行的高低。儒生穿着古代的服饰，诵读古人的学说，却违背礼义胡作非为，是少见的。所以君子该说话的时候才说，符合道义才去谋取，不用道义得到的东西宁愿不要。就像器物装满水却不外溢，泰然自若而不骄傲。因此袁盎和景帝亲近，家里的马不超过四匹；公孙弘身居三公之位，家里的车不超过十辆；汉武帝对东方朔言听计从，但东方朔一点也不骄傲自满；主父偃受困很久了，他痛恨做官的人不好道义却富裕显贵，不知道体恤读书人，于是用富余的财物接济贫穷的儒生，帮他们解除危急，并不是为了私人的家业。现在大家议论纷纷，不是担心儒生假装小鸡啄米的廉洁，而是担心在位的高官像老虎和鸱鹰那样贪婪，把搜刮的东西全部吞噬了啊。”

卷 五

相刺第二十

【题解】

大夫和文学争执不断，谁也看不惯谁，最后忍不住相互讥讽。本篇详细记载了他们互相抨击的内容。大夫批评儒生张口闭口称颂尧、舜，说的都是一些华而不实的废话，总是夸夸其谈，却无益于治理国家，并进一步指出，儒家弟子卖弄口舌，不劳而获，堪称社会的蠹虫和祸害。文学认为社会各有分工，君子使命在身，有更重要的事情去做，不可能像平民那样耕田织布。儒生不能辅佐国君治国，儒道成效不明显，错不在他们身上，而是君主不善于任用贤能，不愿意采纳正确的意见。同时抨击公卿上不能辅佐君王，下不能教化百姓，德不配位。

大夫曰："古者，经井田，制廛里(城市居民住宅的统称)，丈夫治其田畴，女子治其麻枲，无旷地，无游人。故非商工不得食于利末，非良农不得食于收获，非执政不得食于官爵。今儒者释耒耜(泛指农具)而学不验之语，旷日弥久，而无益于治，往来浮游，不耕而食，不蚕而衣，巧伪良民，以夺农妨政，此亦当世之所患也。"

【译文】

大夫说："古时候，经营井田，规划住宅，男人在田里耕作，女人种麻织布，没有荒废的土地，没有闲散的百姓。因此，不是商人工匠，就不能靠工商业谋生；不是好农民，就不能靠收获庄稼为生；不是执掌政事的官员，就不能靠官爵俸禄为生。现在你们这些儒生丢下农具，去学习一些不能用实践证明的空话，荒废了大量时间，对治理国家没有任何好处，你们到处游走，不耕种却白吃饭，不养蚕却白白穿衣服，欺骗良民，影响农时，妨碍朝政，这是当世的祸害啊。”

文学曰：“禹感洪水，身亲其劳，泽行路宿，过门不入。当此之时，簪堕(坠落，掉落)不掇，冠挂不顾，而暇耕乎？孔子曰：‘诗人疾(痛心)之不能默，丘疾之不能伏。’是以东西南北七十说而不用，然后退而修王道，作《春秋》，垂之万载之后，天下折中焉，岂与匹夫匹妇耕织同哉！《传》曰：‘君子当时不动，而民无观也。’故非君子莫治小人，非小人无以养君子，不当耕织为匹夫匹妇也。君子耕而不学，则乱之道也。”

【译文】

文学说：“大禹忧虑水患，亲自参与治水，行走在沼泽上，在路旁露宿，经过自己的家门都不进去。那时，簪子掉了顾不上拾，帽子被树枝挂掉了也顾不上拿，哪有闲工夫耕田呢？孔子说：‘诗人感到痛心不能保持沉默，我孔丘深感痛心不能隐居不问。’所以他四处奔走周游列国，游说了七十个诸侯而不被重用，然后返回鲁国研究王道，创作《春秋》，让它流传万年以后，成为天下判断是非的标准，怎么能和老百姓耕田纺织等同呢！《传记》说：‘君子当时不从事学术活动，百姓就看不到准则了。’因而没有君子就不能治理小民，没有小民就没法供养君子。君子不应当像普通劳动者那样耕田织布。君子种田不学王道，则天下动乱。”

大夫曰：“文学言治尚于唐、虞，言义高于秋天，有华言矣，未见其实也。

昔鲁穆公之时，公仪为相，子思、子柳为之卿，然北削于齐，以泗为境，南畏楚人，西宾(服从，屈从)秦国。孟轲居梁，兵折于齐，上将军死，而太子虏，西败于秦，地夺壤削，亡河内、河外。夫仲尼之门，七十子之徒，去父母，捐室家，负荷而随孔子，不耕而学，乱乃愈滋。故玉屑满箧，不为有宝；诗书负笈(书籍，典籍)，不为有道。要在安国家，利人民，不苟繁文众辞而已。”

【译文】

大夫说：“文学讨论治国之道，似乎比唐尧、虞舜还厉害，谈及道义比秋天长空还要高，言辞华美，却没看到实际效果。从前鲁穆公当政时，公仪休担任丞相，子思、子柳担任卿大夫，然而北面被齐国削夺领土，以泗水为界；南面害怕楚国，西面屈从于秦国。孟子居住在魏国国都大梁时，魏军被齐国打败，上将军战死，太子被俘虏；西面败于秦国，土地被占领，疆域被削割，丢掉了河内、河外的大片领土。孔子门下有七十二个子弟，他们离开父母，抛弃家室，肩挑书籍跟随孔子，不种地而学儒术，天下更加混乱了。所以，有满箱碎玉，不能说有珠宝；背着满箱诗书，不能说有道义。关键在于安定国家，有利于百姓，不是随便说一些烦琐的空话就可以了。”

文学曰：“虞不用百里奚之谋而灭，秦穆用之以至霸焉。夫不用贤则亡，而不削何可得乎？孟子适(来到)梁，惠王问利，答以仁义。趣舍(取舍)不合，是以不用而去，怀宝而无语。故有粟不食，无益于饥；睹贤不用，无益于削。纣之时，内有微、箕二子，外有胶鬲、棘子，故其不能存。夫言而不用，谏而不听，虽贤，恶得有益于治也？”

【译文】

文学说：“当年虞国不采用百里奚的计谋而亡国，秦穆公采纳了他的计谋成为霸主。国家不任用贤人就会灭国，想要不割让土地又怎么可能呢？

当年孟子来到大梁，魏惠王询问他有关利益的事，他以仁义作答。二人取舍不同，所以孟子因意见不被采纳而离去，他虽满腹珠玉却无处述说。所以有粮食不吃，无助于解决饥饿问题；看到圣贤不能任用，对解决土地削割问题是没有任何益处的。商纣当政时期，内有微子和箕子，外有胶鬲和棘子，国家还是不能存留。是因为良臣的主张不被采用，劝谏不被听从，国内虽有贤人，对治理国家又有什么益处呢？”

大夫曰：“橘柚生于江南，而民皆甘之于口，味同也；好音生于郑、卫，而人皆乐之于耳，声同也。越人子臧、戎人由余，待译而后通，而并显齐、秦，人之心于善恶同也。故曾子倚山而吟，山鸟下翔；师旷鼓(弹奏)琴，百兽率舞。未有善(好)而不合，诚而不应者也。意未诚与？何故言而不见从，行而不合也？”

【译文】

大夫说：“橘子、柚子生长在江南，百姓都说口感甘甜，因为他们的味觉是相同的；好听的音乐产生于郑、卫之地，人们都说音乐悦耳动听，是因为他们的听觉是相同的。越人子臧、戎人由余，他们说的话要经过翻译才能交流，但二人先后在齐国、秦国显贵，这是因为人们对善恶的判断是相同的。因此曾子倚靠山石吟诵，山上的鸟儿飞下来聆听；师旷弹琴时，各种野兽随之翩翩起舞。好的东西没有不被接受的，诚恳的意见没有不被回应的。恐怕是你们不够诚恳吧？不然为什么说的话没人听从，行为又与人不合呢？”

文学曰：“扁鹊不能治不受针药之疾，贤圣不能正不食(接受，采纳)谏诤之君。故桀有关龙逢而夏亡，纣有三仁而商灭，故不患无由余、子臧之论，患无桓、穆之听耳。是以孔子东西无所遇，屈原放逐于楚国也。故曰：‘直道而事人，焉往而不三黜(罢免)？枉道而事人，何必去父母之邦？’此所以言而不见从，行而不得合者也。”

【译文】

文学说：“扁鹊不能治疗施用针剂药物都不能见效的疾病，圣贤不能匡正不接受进谏的君王。所以，夏桀虽有关龙逄这样的贤良，国家还是灭亡了；商纣虽有三位仁人，商朝还是灭亡了。因此，不怕没有由余、子臧的高论，就怕没有齐桓公、秦穆公那样善于倾听的国君。因此孔子东奔西走怀才不遇，屈原被楚国放逐。所以说：‘用正道侍奉国君，到哪里不被屡次罢官？用邪曲之道侍奉国君，何必离开父母的邦国呢？’这就是我们儒生的意见不被采纳，行为不合于世的原因啊。”

大夫曰：“歌者不期于利声，而贵在中节；论者不期于丽辞，而务在事实。善声而不知转，未可为能歌也；善言而不知变，未可谓能说也。持规而非矩，执准(水平仪)而非绳，通一孔，晓一理，而不知权衡，以所不睹不信人，若蝉之不知雪，坚据古文以应当世，犹辰参(辰星、参星)之错，胶柱而调瑟，固而难合矣。孔子所以不用于世，而孟轲见贱于诸侯也。”

【译文】

大夫说：“歌手不追求声音尖厉，贵在合乎节拍；辩论的人不追求言辞华丽，贵在合乎事实。声音好听不知道转换曲调，不能说他擅长唱歌；善于言辞不懂变通，不算会说话。拿着圆规否定曲尺，拿着水平仪否定取直的绳墨，以一孔之见，只通晓一个道理，不知道权衡比较，因为自己没见过就不相信别人，好比夏蝉不知道冬雪，坚持根据古书上的道理应对当世，犹如辰星、参星永远相错不相遇，又像用胶粘住瑟上的弦柱再弹奏它，当然很难合拍了。这就是孔子不被当世所用，孟子被诸侯轻看的原因啊。”

文学曰："日月之光，而盲者不能见，雷电之声，而聋人不能闻。夫为不知音者言，若语于喑聋，何特蝉之不知重雪耶？夫以伊尹之智，太公之贤，而不能开辞(进言，劝谏)于桀、纣，非说者非，听者过也。是以荆和抱璞而泣血，曰：'安得良工而剖之！'屈原行吟泽畔，曰：'安得皋陶而察之！'夫人君莫不欲求贤以自辅，任能以治国，然牵于流说，惑于道谀，是以贤圣蔽掩(隐藏，埋没)，而谗佞用事，以此亡国破家，而贤士饥于岩穴也。昔赵高无过人之志，而居万人之位，是以倾覆秦国而祸殃其宗，尽失其瑟，何胶柱之调也？"

【译文】

文学说："太阳和月亮的光芒，盲人是看不见的，雷电的声音，聋子是听不见的。这如同对聋哑人说话，何止是夏蝉不知道大雪呢？即便以伊尹的智慧、姜太公的贤能，也不能劝谏夏桀和商纣，这不是进谏者的过错，而是听者的过错。所以荆和抱着璞玉泣血，说：'怎么能得到良匠把它剖开呢！'屈原在湖畔边走边吟诗，说：'哪有皋陶那样的法官体察我的冤情呢！'君主莫不希望圣贤辅佐自己，任用贤良治理国家，然而受到流言牵制，被奉承的话迷惑，所以圣贤被埋没，谄媚的小人当权，导致国破家亡，圣贤只能在山洞里挨饿。从前赵高没有过人的志向，居于万人之上的高位，因此秦国倾覆，他的宗族也受到连累，整个琴瑟都丢了，还谈得上什么胶柱调音呢？"

大夫曰："所谓文学高第者，智略能明先王之术，而姿质足以履行其道。故居则为人师，用则为世法。今文学言治则称尧、舜，道行则言孔、墨，授之政则不达，怀古道而不能行，言直而行枉，道是而情非，衣冠有以殊(不同)于乡曲，而实无以异于凡人。诸生所谓中直者，遭时蒙幸，备数(充数，凑数)适然耳，殆非明举所谓，固未可与论治也。"

【译文】

大夫说："所谓文学高才，智慧谋略能阐明先王的治国方法，资质足以实行先王的治国之道。所以闲居在家能成为他人的老师，被朝廷任用就能成为当世的典范。现在的文学谈论治国之道就称颂尧、舜，谈论施政之道就说孔子、墨子那一套，把政事交给你们，你们却做不好。你们怀念古代的治国之道却不能施行，言论正直行为却不正，说得头头是道，而实际情况却是另一回事，穿戴不同于乡里百姓，实际上和平民百姓没什么区别。你们这些合乎标准中选的人，只是碰到了好时机，幸运地受到推举，得以前来凑数，这不过是偶然罢了，你们恐怕不是朝廷要举荐的贤能，本来就不能与你们讨论治国大事。"

文学曰："天设三光以照记，天子立公卿以明治。故曰：公卿者，四海之表仪(表率，仪范)，神化之丹青也。上有辅明主之任，下有遂圣化之事，和阴阳，调四时，安众庶，育群生，使百姓辑睦(和睦)，无怨思之色，四夷顺德，无叛逆之忧，此公卿之职，而贤者之所务也。若伊尹、周、召三公之才，太颠、闳夭九卿之人。文学不中圣主之明举，今之执政，亦未能称盛德也。"

大夫不说，作色不应也。

【译文】

文学说："上天有日、月、星三光照耀人间，天子设立公卿以修明政事。所以说，公卿是四海的表率，感化民众的榜样。对上有辅佐明君的责任，对下有遵循圣贤之道教化百姓的义务，调和阴阳，调节四季，安抚百姓，抚育众生，使老百姓和睦，没有怨恨忧愁的神色，使四方少数民族顺从德政教化，没有叛乱的忧患，这是公卿的职责所在，也是贤能应当做的事情。公卿应该是伊尹、周公、召公那样的贤才，太颠、闳夭那样的九卿。我们文学不符合圣主选拔的标准，现在执政的公卿，也称不上是道德高尚吧。"

大夫不悦，改变了脸色，不做回答。

文学曰："朝无忠臣者政暗(政治黑暗)，大夫无直士者位危。任座正言君之过，文侯改言行，称为贤君。袁盎面刺(指责，批评)绛侯之骄矜，卒得其庆。故触死亡以干主之过者，忠臣也；犯颜以匡公卿之失者，直士也。鄙人不能巷言面违。方今入谷之教令，张而不施，食禄多非其人，以妨农商工，市井之利，未归于民，民望不塞也。且夫帝王之道，多堕坏而不修，《诗》云：'济济多士。'意者诚任用其计，非苟陈虚言而已。"

【译文】

文学说："朝廷没有忠臣就政治黑暗，大夫身边没有正直敢言的人，地位就危险。当年任座直言君主过失，魏文侯改变言行，被称为贤君。袁盎当面批评绛侯周勃骄傲自满，绛侯最终得到保释的好处。所以冒死指出君王过失的人是忠臣，犯颜匡正公卿的人是正直敢言之士。我们不能当面奉承背后议论是非。现在朝廷施行入谷补官的政令，严格执行，毫不放松，吃俸禄的官员大多不称职，妨碍农业和工商业，集市等官营收益没有归还百姓，老百姓的愿望没有得到满足。况且帝王之道，大多被破坏不完备，《诗经》说：'人才济济。'意思是要真诚地采纳贤人的计谋，不是随便说几句空话就行。"

殊路第二十一

【题解】

本篇讨论的是儒家弟子在君主面临危难时刻，做出的不同表现。大夫认为，他们接受了相同的教导，选择的道路却截然不同。子路、宰予为君主尽忠，最终杀身成仁，舍身殒命；子贡、子羔拿人俸禄却不知回报，君主遭难时竟为了保全自己而逃之夭夭。可见，孔子只是让弟子们衣冠整齐，使他们看起来像个君子，却没办法通过教育改变他们的本性，也就是说儒家弟子只是徒有其表而已。文学认为，子路、宰予为君主死难，符合儒学倡导的道义，子贡、子羔没有参与叛乱的阴谋，无论去留，都没有悖逆君主，同样没有违背臣道。

大夫曰："七十子躬受圣人之术，有名列于孔子之门，皆诸侯卿相之才，可南面者数人云。政事者冉有、季路，言语宰我、子贡。宰我秉事，有宠于齐，田常作难，道不行，身死庭中，简公杀于檀台。子路仕卫，孔悝作乱，不能救君出亡，身菹(剁成肉酱)于卫；子贡、子皋遁逃，不能死其难。食人之重禄不能更(报答)，处人尊官不能存，何其厚于己而薄于君哉？同门共业，自以为知古今之义，明君臣之礼。或死或亡，二三子殊路，何道之悖也！"

【译文】

大夫说："七十弟子亲自接受孔圣人的学说，他们的名字都列于孔子的门下，都具备担任诸侯卿相的才能，可以南面称王的就有好几个。擅长处理政务的有冉有、季路，善于辞令的有宰我、子贡。宰我主持政事，受到齐简公宠信，大夫田常叛乱，儒家倡导的学说行不通，宰我死在庭堂上，齐简公被杀死在檀台。子路在卫国做官，孔悝作乱，子路不能营救国君出逃，自己被剁成肉酱。子贡、子皋遁逃，不能为国君尽忠而死。拿了人君优厚的俸禄却不能报答，身居高位却不能维护君主的生存，为什么要厚待自己而对君主薄情呢？他们同在孔子门下学习，自以为知晓古今大义，懂得君臣之礼。结果死的死、逃的逃，各自走上不同的道路，为什么违背了儒家倡导的大道呢？"

文学曰："宋殇公知孔父之贤而不早任，故身死。鲁庄知季有之贤，授之政晚而国乱。卫君近佞远贤，子路居蒲，孔悝为政。简公不听宰我而漏其谋。是以二君身被放杀(放逐杀戮)，而祸及忠臣。二子者有事而不与其谋，故可以死，可以生，去止(留)其义一也。晏婴不死崔、庆之难，不可谓不义；微子去殷之乱，可谓不仁乎？”

【译文】

文学说：“宋殇公知孔父嘉贤能而不能及早任用他，所以被杀死了。鲁庄公知道季友贤能，很晚才把国政交给他，所以国家陷入混乱。卫出公亲近奸佞小人疏远贤良，让子路在蒲邑任职，让孔悝执掌国政。齐简公不听宰我建议泄露密谋。所以卫出公被驱逐，齐简公被杀死，祸难殃及忠臣。子贡、子羔二人事先没有参与孔悝作乱的阴谋，所以他们可以为君主而死，也可以逃生，或去或留，都符合道义。晏婴没有死于崔杼、庆封之难，不能说他不义；微子在商朝大乱时离开，能说他不仁吗？”

大夫曰：“至美素璞，物莫能饰也。至贤保真，伪文莫能增也。故金玉不琢，美珠不画。今仲由、冉求无檀、柘(檀树、柘树，皆为良材)之材，隋、和之璞(隋侯之珠与和氏之璧，比喻美好的品德)，而强文之，譬若雕朽木而砺铅刀，饰嫫母画土人也。被以五色，斐然成章，及遭行潦流波，则沮(破坏，败坏)矣。夫重怀古道，枕籍《诗》《书》，危不能安，乱不能治，邮里逐鸡，鸡亦无党也？”

【译文】

大夫说：“未经雕琢的至美玉石，没有什么东西能装饰它。至贤的本真，虚伪的文饰不能使它增光添彩。所以美玉不需要雕琢，漂亮的珍珠不需要描画。现在仲由、冉求不是栋梁之材，又没有珠玉的美德，勉强文饰他们，好比雕刻朽木，磨砺钝刀，装饰丑女嫫母，刻画土人一般。即便给泥人涂上各种色彩，看上去很有韵味，等到被流水冲刷，就败坏成一摊烂泥了。你们怀念古代的学说，沉浸在《诗》《书》之中，国家危险时不能安定社稷，国家动乱时不能治理，而邻里之间的鸡群，即便被人胡乱追逐，也都认识自己的家，知道竞相回去呢！”

文学曰："非学无以治身，非礼无以辅德。和氏之璞，天下之美宝也，待礛诸之工而后明。毛嫱，天下之姣人也，待香泽脂粉而后容。周公，天下之至圣人也，待贤师学问而后通。今齐世(治世)庸士之人，不好学问，专以己之愚而荷负臣任，若无楫舳(船桨和舵)，济江海而遭大风，漂没于百仞之渊，东流无崖之川，安得沮而止乎？"

【译文】

文学说："不学习无法修身，不懂礼无法辅佐德政。和氏之璧，是天下珍贵的宝物，要有治玉的工匠才能明确它的价值。毛嫱，是闻名天下的美人，要等到涂抹香粉后才能展示美好的姿容。周公，是天下最高的圣人，也要向贤明的老师学习才能通晓事物的道理。现在那些治世用士的要人，不好学问，一味地以一己之愚见担当大任，好比没有船桨和舵，渡江海时遭遇大风，或沉没于百丈深渊，或向东漂向无边无际的大海，岂是毁坏了就能适可而止的？"

大夫曰："性有刚柔，形有好恶，圣人能因而不能改。孔子外变二三子之服，而不能革其心。故子路解长剑，去危冠，屈节于夫子之门，然摄齐师友，行行尔，鄙心犹存。宰予昼寝，欲损三年之丧。孔子曰：'粪土之墙，不可杇(粉刷)也'，'若由不得其死然'。故内无其质而外学其文，虽有贤师良友，若画脂镂冰，费日损功。故良师不能饰戚施(驼背的人)，香泽不能化嫫母也。"

【译文】

大夫说："性格有刚毅和阴柔之分，形貌有美有丑，圣人只能因势利导而不能改变它。孔子只能从外表上改变弟子的服饰，而不能改变他们的本心。所以子路解下长剑，摘掉高耸的帽子，屈膝拜在孔子门下，但提起衣服下摆向师友行礼时，仍表现出刚强的样子，粗鄙之心犹在。宰予白天睡觉，又想减少为父母守丧三年的礼节。孔子说：'粪土垒砌的墙壁，是不可以粉刷的'，'像仲由一样，将来不得好死'。所以内在没有美好的本质，只学些外表的东西，虽然有贤师良友，好比在在油脂上作画，在冰上雕刻，浪费时间，徒劳无功。所以良师不能修饰驼背，香粉也不能使丑女嫫母变美。"

文学曰："西子蒙以不洁，鄙夫掩鼻；恶人盛饰，可以宗祀上帝。使二人不涉圣人之门，不免为穷夫，安得卿大夫之名？故砥所以致于刃，学所以尽其才也。孔子曰：'觚不觚，觚哉，觚哉！'故人事加则为宗庙器，否则斯养之爨(烧火做饭)材。干、越之铤(未加工的铜铁，此指未加工的剑)不厉，匹夫贱之；工人施巧，人主服而朝也。夫丑者自以为姣，故饰；愚者自以为知，故不学。观笑在已而不自知，不好用人，自是之过也。"

【译文】

文学说："西施虽美，蒙受污秽的东西，连粗鄙的人都会嫌弃地捂住鼻子；丑陋的人盛装打扮，可以参加祭祀上天的仪式。子路、宰予二人不到孔圣人门下学习，不免沦为穷人，怎能得到卿大夫的名号？所以磨刀是为了使刀刃锋利，学习是为了发挥才能。孔子说：'觚不像觚，这也算觚吗？这也算觚吗？'所以木材经过匠人加工才能成为宗庙祭器，不然就会沦为奴仆烧火做饭用的柴火。吴、越的剑坯不经过磨砺，普通人也看不上它；匠人施加巧妙的工艺，国君也愿意佩带它上朝。丑人自以为长得美，因此要修饰打扮；蠢人自以为无所不知，所以不爱学习。别人看了好笑，原因在自己身上却不自知，不愿意任用贤人，是自以为是造成的过失啊。"

讼贤第二十二

【题解】

本篇的议题是讨论贤人。大夫从务实的角度出发，认为子路、宰我下场惨烈，既有个性原因，也有思想方面的原因，在否定两位贤人的同时，也否定了儒家思想。文学则认为子路、宰我被杀，是因为生不逢时，没碰到欣赏他们的伯乐，却碰到了残暴的屠夫。大夫又以成颙、胡建为例，说他们为人狂妄，连皇亲国戚和贵族大臣都不放在眼里，以致引火烧身，根本不配充当贤人。文学却十分赞赏成颙和胡建，认为二人秉公办事，不畏强权，不在乎个人安危和利益，有士人的风骨，国家需要这样的贤良。从史实上看，胡建确实是一个秉性纯良、正直无私的忠臣。大夫不论人品，只是从成王败寇的角度评判他人，观点有失公允，观念也是非常狭隘的。

大夫曰："刚者折，柔者卷。故季由以强梁(强横)死，宰我以柔弱杀。使二子不学，未必不得其死。何者？矜己而伐能，小知(智慧)而巨牧，欲人之从己，不能以己从人，莫视而自见，莫贾而自贵，此其所以身杀死而终菹醢也。未见其为宗庙器，睹其为世戮也。当此之时，东流亦安之乎？"

【译文】

大夫说："刚硬的东西易被摧折，柔韧的东西容易卷曲。因此子路因为个性强横而死，宰我因为软弱无能被杀。如果这两个人不向孔子学习，未必不得好死。为什么呢？因为他们骄傲自大，夸耀才能，智慧浅薄却担当大任，想让别人服从自己，却不能服从别人，没人关注却要自我表现，没人买账却自抬身价，所以引来杀身之祸被剁成肉酱。人们没有看到他们成为宗庙治国之器，只看到他们被当世人杀掉。那个时候，他们只能随江水向东漂流，不然能去哪里呢？”

文学曰：“骐骥(千里马)之挽盐车垂头于太行之阪，屠者持刀而睨之。太公之穷困，负贩于朝歌也，蓬头相聚而笑之。当此之时，非无远筋骏才也，非文王、伯乐莫知之贾也。子路、宰我生不逢伯乐之举，而遇狂屠，故君子伤之，‘若由不得其死然’，‘天其祝(断绝)予’矣。孔父累华督之难，不可谓不义。仇牧涉宋万之祸，不可谓不贤也。”

【译文】

文学说：“千里马拉着盐车低头走在太行山的山坡上，屠夫手持尖刀斜着眼睛看它。姜太公穷困潦倒时，挑着担子在朝歌叫卖，那些蓬头垢面的人聚在一起笑话他。那时，不是没有骏马和贤才，而是除了周文王和伯乐，没人知道他的价值。子路、宰我生不逢时，没有被伯乐举荐，反而遇到狂暴的屠夫，所以孔子悲伤地说：‘子路不得好死’，‘老天要断绝我呀！’。孔父嘉死于华督之难，不能说他不义。仇牧卷入宋万之祸，不能说他不贤能。”

大夫曰：“今之学者，无太公之能，骐骥之才，有以蜂虿介毒而自害也。东海成颙，河东胡建是也。二子者以术蒙举，起卒伍，为县令。独非自是，无与合同。引之不来，推之不往，狂狷不逊，忮害不恭，刻轹(欺凌)公主，侵陵大臣。知其不可而强行之，欲以干名。所由不轨，果没其身。未睹功业所至而见东观之殃，身得重罪，不得以寿终。狡而以为知，讦(攻击别人的短处)而以为直，不逊以为勇，其遭难，故亦宜也。”

【译文】

大夫说：“现在的儒生既没有姜太公的才能，也没有千里马的本事，却像蜂蝎放毒自相残害。东海的成颙、河东的胡建就是这样的人。两人靠权术得到举荐，出身行伍之中，后来当上了县令。他们以自己的意见作为是非的标准，没人跟他们合得来。邀请他他不来，推他他不走，狂妄自大，桀骜不驯，忌刻残忍，待人不恭敬，欺凌公主，侵犯大臣。明知不可为却强行去做，以此求取好名声。做的事情不合法规，结果丢了性命。没看到他们建立功业，只看到他们遭受大祸，身犯重罪，不能寿终正寝。这些人狡猾却自以为智慧，喜欢攻击别人却自以为正直，傲慢无礼却自以为勇敢，遭受大难，也是应该的。”

文学曰："二公怀精白之心，行忠正之道，直己以事上，竭力以徇公，奉法推理，不避强御，不阿(偏袒)所亲，不贵妻子之养，不顾私家之业。然卒不能免于嫉妒之人，为众枉所排也。其所以累不测之刑而功不遂也。夫公族不正则法令不行，股肱不正则奸邪兴起。赵奢行之平原，范睢行之穰侯，二国治而两家全。故君过而臣正，上非而下讥，大臣正，县令何有？不反诸己而行非于人，执政之大失也。夫屈原之沉渊，遭子椒之谮(诬陷)也；管子得行其道，鲍叔之力也。今不睹鲍叔之力，而见汨罗之祸，虽欲以寿终，无其能得乎？"

【译文】

文学说："成颙、胡建二人怀揣着一片纯白之心，施行忠诚正直之道，守正不阿侍奉君王，全力奉公，依照法律审理案件，不畏强暴，不偏袒亲近之人，不看重妻子儿女的生计，不顾私家产业。然而最终不能免于被人嫉妒，被许多不正直的人排挤。这就是他们遭受预料不到的酷刑，没有建立功业的原因啊。皇亲国戚作风不正，法令就不能施行；朝廷重臣作风不正，奸邪之风就会兴起。当年赵奢对平原君秉公执法，范睢劝秦昭王驱逐穰侯魏冉，赵国和秦国得到治理，平原君和穰侯两家得以保全。所以君王有过错，大臣就要矫正，上面有错误，下面就要批评。大臣正直，地方县令还能不正派吗？不反思自身却非议他人，这是执政者的重大过失啊。屈原投江，是因为遭到子椒诬陷；管仲能施行治国之道，是倚仗鲍叔的举荐。你们看不到鲍叔举荐人才所做的努力，只能看到屈原投江的惨祸，想要寿终正寝，又怎么可能呢？”

遵道第二十三

【题解】

本篇讨论的重点是先王之道是否适用于当世。大夫和丞相史认为，儒生称颂古代，危害当世，只知道说不切实际的空话，导致政策难以推行，治理国家必须跟得上时势变化，不能墨守成规、故步自封。文学认为，古代的圣王之道是百世不变的真理，遵循古道则国家昌盛，胡乱变革则国家灭亡。历代王朝改变的只是名号和形式而已，治世之道从未改变。客观来说，古代的王道和德政教化有一定的可取之处，但时代在发展变化，一味贯彻旧法，肯定不利于解决当代的现实问题。治理国家，可以在文化和精神层面上，推行德政、仁政，但实施政策时要从实际出发，学会与时俱进。

大夫曰：“御史！”御史未应。

谓丞相史曰：“文学结发学语，服膺(牢牢记在心上)不舍，辞若循环，转若陶钧。文繁如春华，无效如抱风。饰虚言以乱实，道古以害今。从之，则县官用废，虚言不可实而行之；不从，文学以为非也，众口嚣嚣，不可胜听。诸卿都大府日久矣，通先古，明当世，今将何从而可矣？”

【译文】

大夫说："御史！"御史没有回应。

大夫对丞相史说："文学从结发起就学习孔夫子的言论，把儒家经典牢牢记在心上，说话反复循环，就像制陶用的转轮一样。文辞如春花般华丽，却又像怀抱清风一样毫无实效。他们修饰虚妄的空话扰乱现实，称道古代危害当世。听从他们的建议，朝廷财用就会断绝，空话不能落到实处去施行；不听从他们的意见，文学认为不对，吵吵嚷嚷，听都听不过来。诸位在丞相府已经任职很久了，你们通晓上古历史，又懂得当世事务，现在怎么办才好呢？"

丞相史进曰："晋文公谲而不正，齐桓公正而不谲，所由不同，俱归于霸。而必随古不革，袭故不改，是文质不变，而椎车尚在也。故或作之，或述(传述，继承)之，然后法令调于民，而器械便于用也。孔对三君殊意，晏子相三君异道，非苟相反，所务之时异也。公卿既定大业之路，建不竭之本，愿无顾细故(琐碎)之语，牵儒、墨论也。"

【译文】

丞相史上前说："晋文公狡诈不正派，齐桓公正派不狡诈，两人所走的道路不同，但都成了霸主。如果一定要遵循古代不变革，沿袭旧的传统不改变，那么形式和内容也不会更改，古代的椎轮车还在使用。因此有的人创作，有的人继承，这样法令才能适用于民众，器械才方便使用。孔子回应三位君主问话，回答各不相同，晏子用不同的方法辅佐三位君王，不是随便变化的，而是所面对的时势不同。公卿既然能制定国家大业的路线，建立使国家财用不枯竭的基础，希望不要顾及那些琐碎的言论，不要受制于儒家、墨家的言论。"

文学曰："师旷之调五音，不失宫商(宫音、商音，泛指音律)。圣王之治世，不离仁义。故有改制之名，无变道之实。上自黄帝，下及三王，莫不明德教，谨庠序(泛指学校或教育事业)，崇仁义，立教化。此百世不易之道也。殷、周因循而昌，秦王变法而亡。《诗》云：'虽无老成人，尚有典刑。'言法教也。故没而存之，举而贯之，贯而行之，何更为哉？"

【译文】

文学说："师旷调和五音，离不开基本音律。圣王治理国家，离不开仁义。所以历代只更改制度，从未变更王道。上自黄帝，下至三王，没有一个不宣明德政教化，重视学校教育，崇尚仁义，兴立教化的。这是百世不变的道理。商、周因为遵循古道而昌盛，秦王因为变法而亡国。《诗经》说：'虽然没有年高有德的旧臣，但有旧法常规。'说的是旧法遗教。所以旧臣死了，旧法保存下来，拿来加以贯彻，进而加以执行，为什么要改变呢？"

丞相史曰："说西施之美无益于容，道尧、舜之德无益于治。今文学不言所为治，而言以治之无功，犹不言耕田之方，美富人之囷仓(粮仓)也。夫欲粟者务时，欲治者因世。故商君昭然独见存亡不可与世俗同者，为其沮功而多近也。庸人安其故，而愚者果所闻。故舟车之治，使民三年而后安(习惯)之。商君之法立，然后民信之。孔子曰：'可与共学，未可与权。'文学可令扶绳循刻，非所与论道术之外也。"

【译文】

丞相史说："谈论西施的美貌，不能使自己容貌变美；称道尧、舜的德政，对治理国家没有任何好处。现在文学不谈怎么治国，却说国家治理得不成功，好比不谈耕种田地的方法，却赞美富人充实的粮仓。想要收获粮食就得不误农时，想要治理国家就要顺应时势。所以商鞅对国家存亡有鲜明独到的见解，想法与世俗不同，这是因为世俗的见解毁坏功业，且大多短视。庸人安于过去，笨人坚信听到的东西。所以舟车开始使用之后，百姓三年才习惯。商鞅确立法令，老百姓才相信新法。孔子说：'可以和他们共同学习，却不能与他们一道通达权变。'文学这些人，可以让他们沿着绳墨雕刻，不能和他们讨论先王之道以外的东西。"

文学曰："君子多闻阙疑，述而不作，圣达而谋大，睿智而事寡。是以功成而不隳(毁坏)，名立而不顿。小人智浅而谋大，羸弱而任重，故中道而废，苏秦、商鞅是也。无先王之法，非圣人之道，而因于己，故亡。《易》曰：'小人处盛位，虽高必崩。不盈其道，不恒其德，而能以善终身，未之有也。是以初登于天，后入于地。'禹之治水也，民知其利，莫不劝(勉励)其功。商鞅之立法，民知其害，莫不畏其刑。故夏后功立而王，商鞅法行而亡。商鞅有独智之虑，世乏独见之证。文学不足与权当世，亦无负累蒙殃也。"

【译文】

文学说："君子多听，对疑惑的地方不妄加评论，只叙述阐明前人的学说，自己不创作，其圣明通达，谋略远大，聪明睿智，做事专一，所以能获得成功而不毁坏功业，树立名望而名声不倒。小人智慧浅薄却图谋大事，身体羸弱却担负重任，所以半途而废，苏秦、商鞅都是这样的人。他们无视先王的法令，诽谤圣人之道，只依照自己的想法行事，因此走向灭亡。《易经》说：'小人处于高位，虽然地位高，但一定会垮台。不完全遵循先王之道，不能始终坚持修养道德，反而有好结果的人，是从来没有的。所以这种人起初一步登天，后来必然堕落于地。'当年大禹治水，老百姓都知道其中的好处，没有人不勉力劳作。商鞅确立新法，老百姓知道它的危害，没有人不畏惧他的刑罚。因此夏禹成就功业后称王，商鞅施行新法而灭亡。商鞅有独到的见解，但世间却没有证明他见解独到的证据。文学不足以参与当世权变，却也不用遭受灾祸。"

论诽第二十四

【题解】

本篇讨论的是毁谤罪。丞相史认为颜异、狄山身为人臣，不能辅佐君主治理国家，反而诽谤朝政，诋毁皇上，获罪受诛完全是罪有应得，并将汉武帝惩治二人的手段与尧惩治治水失败的鲧和恶人驩兜相提并论，表达了对腐儒的蔑视。文学认为，君主治理国家，除了要依靠礼乐之外，还必须有贤臣辅佐，汉武帝执政时期，贤良不齐备，以致让奸臣钻空子，导致颜异、狄山被杀。其实，颜异为人耿直，只是实事求是地发表了自己的见解，不同意汉武帝推行白鹿皮币，没有诽谤君主的意思；狄山只是从民生角度出发，反对穷兵黩武的军事政策，支持与匈奴和亲而已，同样没有诽谤皇帝的意图。二人因为直言敢谏遭遇横祸，还被扣上了毁谤皇帝的帽子，可见在封建社会时期，遇上刚愎自用的君主和逢迎谄媚的小人，贤良大多难以保全自身。

丞相史曰："晏子有言：'儒者华于言而寡于实，繁于乐而舒于民，久丧以害生，厚葬以伤业，礼烦而难行，道迂而难遵，称往古而訾当世，贱所见而贵所闻。'此人本枉，以己为式(榜样，楷模)。此颜异所以诛黜，而狄山死于匈奴也。处其位而非其朝，生乎世而讪(讥讽)其上，终以被戮而丧其躯，此独谁为负其累而蒙其殃乎？"

【译文】

丞相史说："晏子说过：'儒生文辞华美却很少务实，繁于礼乐而疏于治民，长时间服丧危害活人，厚葬死人妨碍生产，礼仪烦琐，难以施行，道理迂腐，难以遵循，称颂古代，诋毁当世，轻视看到的事实，重视古代的传闻。'这些人本身不正派，却要标榜自己为楷模。这就是颜异被诛杀，狄山死在匈奴的原因啊。身处官位，却要非议朝廷，生在当世却要讥讽皇上，最终被杀丧失性命，这难道是别人使他们受连累蒙受祸殃的吗？”

文学曰：“礼所以防淫，乐所以移风，礼兴乐正则刑罚中。故堤防成而民无水灾，礼义立而民无乱患。故礼义坏，堤防决，所以治者，未之有也。孔子曰：‘礼与其奢也宁俭，丧与其易也宁戚。’故礼之所为作，非以害生伤业也，威仪节文，非以乱化伤俗也。治国谨(重视)其礼，危国谨其法。昔秦以武力吞天下，而斯、高以妖孽累其祸，废古术，隳旧礼，专任刑法，而儒、墨既丧焉。塞士之涂，壅人之口，道谀日进而上不闻其过，此秦所以失天下而殒社稷也。故圣人为政，必先诛之，伪巧言以辅非而倾覆国家也。今子安取亡国之语而来乎？夫公卿处其位，不正其道，而以意阿邑顺风，疾小人浅浅面从，以成人之过也。故知言之死，不忍从苟合之徒，是以不免于缧绁(捆绑犯人的绳索，借指监狱)。悲夫！”

盐铁论　卷五

【译文】

文学说：“礼用来防止过分，乐用来改变风俗，礼制兴盛，音乐纯正，则刑罚适当。所以堤坝筑成后百姓就不会遭受水灾，礼义确立老百姓就不会遭受祸乱。因此礼义败坏，犹如堤防决口，这种情形能把国家治理好，是从未有过的事。孔子说：‘礼，与其奢侈，宁可俭约，办理丧事与其置办周全，不如内心真正悲伤。’因此，创立礼制，不是为了妨害活人、损害家业，制定礼节的条文，不是为了扰乱教化、伤风败俗。重视礼义，国家才能治理好；重视法律，国家就会遭受威胁。从前秦国依靠武力吞并天下，李斯、赵高因罪孽深重，导致国家遭受灾祸，他们废除了古代治国方法，毁坏旧礼，专门依靠刑法统治，儒家、墨家的东西已经全部丧失了。他们堵塞了读书人进身的途径，堵住了老百姓的嘴，阿谀奉承的人得以晋升，皇上听不到别人谈论自己的过失，这就是秦王朝失去天下、走向灭亡的原因啊。因此圣人当政，一定会先杀掉他们，因为他们用漂亮话助长君主的错误，导致国家覆灭。现在你们怎么用那些亡国的话来辩论呢？公卿处在高位，不能扶正王道，而是刻意逢迎，见风使舵，可恨小人花言巧语，看脸色行事，助长别人的过错。所以知道说了必死，也不忍顺从苟且附和之人，如此便无法免除牢狱之灾。可悲啊！”

丞相史曰：“檀柘而有乡，萑苇而有藂(聚集，丛生)，言物类之相从也。孔子曰：‘德不孤，必有邻。’故汤兴而伊尹至，不仁者远矣。未有明君在上而乱臣在下也。今先帝躬行仁圣之道，以临海内，招举俊才贤良之士，唯仁是用，诛逐乱臣，不避所亲，务以求贤而简退不肖，犹尧之举舜、禹之族，殛(杀死)鲧放驩兜也。而曰‘苟合之徒’，是则主非而臣阿，是也？”

【译文】

丞相史说：“檀树、柘树生长在盛产它们的地方，萑苇、芦苇聚集在一处生长，这说明物以类聚。孔子说：‘有德之人不会孤独，一定有志同道合的人和他相伴。’所以商汤兴起，伊尹就来到他身边，不仁义的人就走远了。从来没有君主圣明、臣下作乱的情形。现在先帝亲自推行仁德圣明的治国之道，统御海内，举荐才智卓越的人才和贤能的读书人，任用仁义之人，诛杀流放作乱的逆臣，不避讳亲友，务必求得贤才，罢免行为不正之人，就像尧任用舜、禹，杀掉鲧，放逐驩兜一样。你们说的苟且附和之人，是说皇上有错，大臣阿谀奉承，对吗？”

文学曰：“皋陶对舜：‘在知人，惟帝其难之。’洪水之灾，尧独愁悴而不能治，得舜、禹而九州宁。故虽有尧明之君，而无舜、禹之佐，则纯德不流。《春秋》刺有君而无主。先帝之时，良臣未备，故邪臣得间(有隙可乘)。尧得舜、禹而鲧殛驩兜诛，赵简子得叔向而盛青肩诎。语曰：‘未见君子，不知伪臣(诈伪之臣，奸臣)。’《诗》云：‘未见君子，忧心忡忡。既见君子，我心则降。’此之谓也。”

【译文】

文学说：“皋陶对舜说：‘在识别人才方面，帝王也难以做好。’当年洪水泛滥成灾，尧独自愁苦憔悴不能治理，得到舜和禹这样的人才，九州才得以安宁。所以即便有尧那样的明君，没有舜、禹的辅佐，纯粹的美德也难以流传于世。《春秋》讽刺有圣明的君主却没有贤能的大臣。武帝当政时，良臣不齐备，才让邪恶的奸臣有隙可乘。尧得到舜、禹，诛杀鲧，惩罚驩兜，赵简子得到叔向罢免了盛青肩。俗话说：‘未见君子，就分辨不了奸臣。’《诗经》说：‘没见到君子，忧心忡忡。见到君子，我的心就放下了。’说的就是这种情形啊。”

丞相史曰：“尧任鲧、驩兜，得舜、禹而放殛之以其罪，而天下咸服，诛不仁也。人君用之齐民(平民)，而颜异，济南亭长也，先帝举而加之高位，官至上卿。狄山起布衣，为汉议臣，处舜、禹之位，执天下之中，不能以治，而反坐(污蔑)讪上；故驩兜之诛加而刑戮至焉。贤者受赏而不肖者被刑，固其然也。文学又何怪焉？”

【译文】

丞相史说：“尧任用鲧和驩兜，得到舜和禹之后，依据其罪行或流放或诛杀，天下百姓敬服，因为杀掉的是不仁义的坏人。君主就是用这种方法来治理民众，颜异原本是济南的一个亭长，武帝将他提拔为高官，官至上卿。狄山出身平民，在朝廷充任议政大臣，处在舜、禹当年的位置上，管理天下大事，可他们不能治理国家，反而污蔑皇上，所以才受到驩兜那样的刑罚，惨遭杀戮。贤能的人领受封赏，行为不正之人接受刑罚，这是理所当然的。文学有什么好责怪的呢？”

文学曰："论者相扶以义，相喻以道，从善不求胜，服义不耻穷。若相迷以伪，相乱以辞，相矜于后息，期于苟胜，非其贵者也。夫苏秦、张仪，荧惑诸侯，倾覆万乘，使人失其所恃；非不辩，然乱之道也。君子疾鄙夫之不可与事君，患其听从而无所不至(坏事做尽，无恶不作)也。今子不听正义以辅卿相，又从而顺之，好须臾(片刻，一时，形容时间极短)之说，不计其后。若子之为人吏，宜受上戮，子姑默矣！"

【译文】

文学说："论政的人应当以仁义相互扶持，以王道相互启发，从善如流而不求个人取胜，服从大义不因词穷而羞耻。如果用假话相迷惑，用言辞相扰乱，以最后取胜相夸耀，希望用不正当手段获胜，这种做法并不可贵。苏秦、张仪迷惑诸侯，使拥有万辆兵车的国家覆亡，使人们失去依靠；他们不是不雄辩，然而那一套正是祸乱的根源。君子痛恨见识浅薄的小人，不能与他们一同侍奉国君，害怕他们表面听从，暗地里却无恶不作。现在你们不听取正义之言来辅佐卿相，而是顺从上司，喜欢听一时有利的话，不计后果。你们要是当官的话，应当接受最严酷的刑罚。你们这些人姑且闭嘴吧！"

丞相史曰："盖闻士之居世也，衣服足以胜身，食饮足以供亲，内足以相恤，外不求于人。故身修然后可以理家，家理然后可以治官。故饭蔬粝(粗粮)者不可以言孝，妻子饥寒者不可以言慈，绪业(遗业)不修者不可以言理。居斯世，行斯身，而有此三累者，斯亦足以默矣。"

【译文】

丞相史说："我听说士人居于世间，衣服足以御寒保身，饮食足以供养父母，对内家人足以相互体恤，对外不求于人。所以修养自身之后才能管理家庭，家庭管理好之后才能处理好公务。所以给父母吃粗茶淡饭，不可以说孝顺;让妻子儿女挨冻受饿,不可以说慈爱;祖先遗业没有置办好,不能说把家族管理好了。活在当世,行事立身,这三件事都办不好,可以闭嘴了。”

孝养第二十五

【题解】

本篇讨论的议题是如何孝敬和奉养父母。丞相史认为,赡养父母,必须给他们提供舒适、富足、安乐的环境,物质上的充裕要放在首位,空谈礼节是毫无意义的。文学则认为,礼节非常重要,对待父母和颜悦色,平时不违背父母的意志,让父母内心感到愉悦,才算得上是孝养,相对而言,物质条件没那么重要。客观来说,赡养父母既需要物质基础,也需要考虑精神因素,物质上要让父母衣食无忧,精神上要让他们身心愉悦,这样才能让他们度过幸福快乐的晚年。

文学曰:“善养者不必刍豢(肉食)也,善供服者不必锦绣也。以己之所有尽事其亲,孝之至也。故匹夫勤劳,犹足以顺礼,歠菽饮水,足以致其敬。孔子曰:‘今之孝者,是为能养,不敬,何以别乎?’故上孝养志(顺从父母的意志),其次养色,其次养体。贵其礼,不贪其养,礼顺心和,养虽不备,可也。《易》曰:‘东邻杀牛,不如西邻之禴祭也。’故富贵而无礼,不如贫贱之孝悌。闺门之内尽孝焉,闺门之外尽悌焉,朋友之道尽信焉,三者,孝之至也。居家理者,非谓积财也,事亲孝者,非谓鲜肴也,亦和颜色、承意尽礼义而已矣。”

【译文】

文学说:“善于奉养父母的人不必每餐提供肉食,每件衣服也不必都是锦绣织物。倾尽所有供养双亲,就是至孝了。所以老百姓勤劳,足以遵守礼义的要求，粗茶淡饭，足以表达对父母的敬爱。孔子说：‘现在的孝子，只是养活父母而已，如果对父母不尊敬，跟养动物又有什么区别呢？’因此上等的孝是指顺从父母的意志办事，其次是指和颜悦色对待父母，再次是指保养父母的身体。以礼为贵，不贪求供养物品的多少，遵守礼仪，心平气和，即便供应的物品不齐备，也是可以的。《周易》说：‘东边邻居杀牛献祭，不如西边邻居虔诚简单的夏天薄祭。’因而富贵无礼，不如贫贱尊奉孝悌之道。在家里对父母尽孝道，在外友爱兄弟，对朋友讲信用，做到这三件事，就是至孝了。管理家庭，不是看他积累了多少财富，侍奉孝顺父母，不是看他提供了多少鲜美的佳肴，而是要和颜悦色，顺从他们的心意，尽守礼仪而已。”

丞相史曰：“八十曰耋，七十曰耄。耄，食非肉不饱，衣非帛不暖。故孝子曰甘毳(香甜松脆)以养口，轻暖以养体。曾子养曾晳，必有酒肉。无端绕(丝绸衣帽)，虽公西赤不能以为容。无肴膳，虽闵、曾不能以卒养。礼无虚加，故必有其实然后为之文。与其礼有余而养不足，宁养有余而礼不足。夫洗爵以盛水，升降而进粝，礼虽备，然非其贵者也。”

【译文】

丞相史说：“八十岁的老者称为耋，七十岁的老者称为耄。称为耄的老人，不吃肉不饱，不穿丝帛不暖和。所以孝子用香甜松脆的食物满足父母的胃口，用质轻保暖的衣服保养父母的身体。曾参供养父亲曾晳，每餐必有酒有肉。如果没有丝绸衣帽，即便公西赤也不能保持美好的仪容。没有美味佳肴，即便是闵子骞、曾参也不能为父母颐养天年。礼不是空洞的，必须有实在的内容，才能用相应的礼文去修饰。对待父母，与其礼仪有余而供养的物品不充足，宁可供养的物资有余而礼仪不足。洗好酒杯，装的却是清水，请父母高坐，提供的却是粗粝的饭食，礼仪虽然完备了，却不足为贵。”

文学曰："周襄王之母非无酒肉也，衣食非不如曾晳也，然而被不孝之名，以其不能事(服侍，侍奉)其父母也。君子重其礼，小人贪其养。夫嗟来而招之，投而与之，乞者由不取也。君子苟无其礼，虽美不食焉。故礼：主人不亲馈(祭祀的供品)，则客不祭。是馈轻而礼重也。"

【译文】

文学说："周襄王的母亲不是没有酒肉，衣服饮食不是比不上曾晳，然而周襄王背负不孝之名，是因为他不能以礼仪侍奉父母。君子看重礼仪，小人贪求供养。无礼地吆喝着把人招来，扔给他食物，乞丐也不愿意接受。对君子而言，如果无礼，即使饭菜美味，他也不愿意吃。因此按照礼仪，主人不亲自摆设祭品，客人就不祭祀，这是因为祭品轻而礼仪重的缘故。"

丞相史曰："孝莫大以天下一国养，次禄养，下以力。故王公人君，上也，卿大夫，次也。夫以家人言之，有贤子当路(执政，掌权)于世者，高堂邃宇，安车大马，衣轻暖，食甘毳。无者，褐衣皮冠，穷居陋巷，有旦无暮，食蔬粝荤茹，膢腊而后见肉。老亲之腹非唐园(菜园)，唯菜是盛。夫蔬粝，乞者所不取，而子以养亲，虽欲以礼，非其贵也。"

【译文】

丞相史说："最大的孝莫过于用天下和整个国家奉养双亲，次等的孝是用俸禄供养，最下等的孝是靠劳动所得供养。所以，王公大臣和君主，是上等的养亲，卿大夫，是次等的养亲。以平民而言，如果有贤能的儿子在当朝掌权，就可以住在高大的厅堂和深广的房屋里，出行配备舒适的车子和高头大马，穿质轻暖和的衣服，吃香甜松脆的食物。没有做高官的儿子，只能穿粗布衣服，戴皮帽，住在简陋的巷子里，吃了早餐没有晚餐，平时吃的都是粗粮杂菜，只有膢腊祭祀的节日才能见到肉。父母的肚子不是菜园子，却只装了蔬菜。蔬菜粗粮，连要饭的都不愿意接受，儿子却拿来奉养双亲，虽然想以礼仪侍奉父母，但并不可贵。”

文学曰：“无其能而窃其位，无其功而有其禄，虽有富贵，由跖、蹻之养也。高台极望，食案方丈(比喻食物丰富)，而不可谓孝。老亲之腹非盗囊也，何故常盛不道之物？夫取非有非职，财入而患从之，身且死祸殃，安得媵腊而食肉？曾参、闵子无卿相之养，而有孝子之名；周襄王富有天下，而有不能事父母之累。故礼菲而养丰，非孝也。掠囷(圆形粮仓)而以养，非孝也。”

【译文】

文学说：“没有才能而窃夺高位，没有功劳而享有俸禄，虽然享受富贵，却像跖、蹻之类的大盗供养双亲一样。让父母站在高楼上极目远望，吃着丰盛的食物，不叫孝。父母的肚子不是盗贼的口袋，为什么经常装着不义之财？拿的不是自己所有和职务所得的东西，财物刚进家门，祸患就随之而来，父母跟着死于灾祸，哪里还能在媵腊节日吃肉呢？曾参、闵子骞虽然不能像卿相那样供养父母，却有孝子的名声；周襄王虽然富有天下，却因不能侍奉父母为恶名所累。所以礼仪菲薄而供养的物品丰盛，不是孝。抢劫别人的粮仓供养父母，也不是孝。”

丞相史曰：“上孝养色，其次安亲，其次全身。往者，陈余背汉，斩于泜水；五被邪逆，而夷三族。近世，主父偃行不轨而诛灭，吕步舒弄口(搬弄口舌)而见戮，行身不谨，诛及无罪之亲。由此观之：虚礼无益于己也。文实配行，礼养俱施，然后可以言孝。孝在实质，不在于饰貌；全身在于谨慎，不在于驰语(耍嘴皮)也。”

【译文】

丞相史说："上等的孝是和颜悦色对待双亲，其次是让他们过安定的生活，再次是保全他们的身体。从前，陈余背叛汉朝，在泜水被斩杀，伍被邪恶谋逆，被诛灭三族。不久前，主父偃行为不轨被诛灭，吕步舒搬弄口舌被杀死。他们行为不谨慎，自己被诛杀，还连累无罪的亲人。由此可见：虚妄空洞的礼仪对自己没有什么好处。礼文和实物相配，礼仪和奉养都要施行，然后才可以谈论孝道。孝在实质，不在于修饰外在形式，保全父母在于谨慎行事，不在于耍嘴皮。"

文学曰："言而不诚，期(约会，约定)而不信，临难不勇，事君不忠，不孝之大者也。孟子曰：'今之世，今之大夫，皆罪人也。皆逢(逢迎，迎合)其意以顺其恶。'今子不忠不信，巧言以乱政，导谀以求合。若此者，不容于世。《春秋》曰：'士守一不移，循理不外援，共其职而已。'故卑位而言高者，罪也；言不及而言者，傲也。有诏公卿与斯议，而空战口也？"

【译文】

文学说："说话不诚实，与人有约不守信用，面临危难不勇敢，侍奉君主不忠心，是最大的不孝。孟子说：'当今之世，现在的大夫，都是罪人。他们迎合君主的意志，顺从君主作恶。'现在你们不忠不信，花言巧语扰乱朝政，阿谀奉承求得主子欢心。这样的人，是不能在世上容身的。《春秋》说：'士坚守本性矢志不移，遵循真理不向外寻求其他利益，只是做好本职工作而已。'因此地位卑下，却高谈阔论，是罪过；还没到发言的时候就说话，是骄傲。朝廷有诏书令我们和你们公卿谈论政事，你们为何要空打嘴仗？"

刺议第二十六

【题解】

本篇讨论的焦点是真假儒生之辩。丞相史自诩真儒生，因为他聆听过儒家经师的教导，受到过儒家文化的熏陶，而且以属官的身份议政，一切都名正言顺。文学则认为真正的儒生应坚守本色，具备高洁的品行和谏争的勇气，并非徒有其表。如果没有忠诚正直之心，一味随波逐流，一言一行都是为了取悦上司，那么即便外表修饰得再像儒生，也不是真儒生。想要成为真儒生，必须有自己的原则和立场，必须有一颗匡时救世之心，做不到这些，就不要妄自尊大、自我夸耀。

丞相史曰："山林不让椒桂(椒与桂，皆香木)，以成其崇；君子不辞负薪之言，以广其名。故多见者博，多闻者知，距(拒绝)谏者塞，专己者孤。故谋及下者无失策，举及众者无顿功。《诗》云：'询于刍荛。'故布衣皆得风议，何况公卿之史乎？《春秋》士不载文，而书咺者，以为宰士也。孔子曰：'虽不吾以，吾其与闻诸。'仆虽不敏，亦尝倾耳下风，摄齐句指，受业径于君子之涂矣。使文学言之而是，仆之言有何害？使文学言之而非，虽微丞相史，孰不非也？"

【译文】

丞相史说："山林不排斥椒桂灌木，才能成就它的高大；君子不排斥樵夫的言论，才能声名广播。所以见识多的人知识广博，多听的人睿智，拒绝劝谏的人闭塞，独断专行的人必然孤立。所以与下属商量不会失策，和众人一起行动不会不成功。《诗经》说：'向割草打柴的人征求意见。'所以平民百姓都可以议论政事，何况是公卿的属官呢？《春秋》一般不记载士人的事迹，但记载了一个叫咺的人，因为他是宰相的属官。孔子说：‘朝廷虽然不用我，我还是知道很多朝政大事。’我虽不聪敏，但也曾倾听下面的言论，恭敬地提起衣摆，接受君子之途的教育。如果文学说得对，我的话又有什么害处呢？如果文学说得不对，即便没有我丞相史，谁不批评你们呢？”

文学曰：“以正辅人谓之忠，以邪导人谓之佞。夫怫(憎恨)过纳善者，君之忠臣，大夫之直士也。孔子曰：‘大夫有争臣三人，虽无道，不失其家。’今子处宰士之列，无忠正之心，枉不能正，邪不能匡，顺流以容身，从风以说上。上所言则苟听，上所行则曲从，若影之随形，响之于声，终无所是非。衣儒衣，冠儒冠，而不能行其道，非其儒也。譬若土龙，文章首目具而非龙也。葶历似菜而味殊，玉石相似而异类。子非孔氏执经守道之儒，乃公卿面从之儒，非吾徒也。冉有为季氏宰而附益(增加，聚敛)之，孔子曰：‘小子鸣鼓而攻之，可也。’故辅桀者不为智，为桀敛者不为仁。”

丞相史默然不对。

【译文】

文学说：“用正道辅佐人叫忠诚，用邪道诱导人叫奸佞。憎恨错误采纳善言的人，是君主的忠臣，大夫门下的耿直之士。孔子说：‘大夫身边有三位谏争的贤人，即使昏庸无道，也不至于丢掉封邑。’现在你们处于宰相属官之列，没有忠诚正直之心，枉曲不能矫正，奸邪不能匡救，随波逐流保全自身，顺从风向取悦上司。上司说的话就苟且听从，上司做什么就曲意跟从，就像影子随身，回响紧随声音，终究不明是非。穿着儒家的礼服，戴着儒家的帽子，不能实行儒道，你不是真的儒生。好比用泥土塑成的龙，花纹、头、眼睛都具备，却不是真龙。葶苈看起来像蔬菜，味道却不一样；美玉和石头相似，却是不同的东西。你不是孔子门下手持经书恪守儒道的儒生，而是看公卿脸色行事的儒生，和我们不是一类人。冉有当了季氏的家臣，为季氏聚敛财富。孔子说：'弟子们可以击鼓讨伐他。'所以辅佐夏桀的人不聪明，为夏桀敛财的人不仁义。"

丞相史默然无声，不做回答。

利议第二十七

【题解】

本篇讨论的是盐铁官营财利的问题，由于文学主张将相关财利归还民众，恢复古代的治国政策，引起了大夫强烈的反感，双方争执的焦点落在了儒生建议的可行性上。大夫认为儒生死守着过时的东西，醉心迂腐不实用的旧术，其实志大才疏，根本没有执政的能力。文学指出，不是儒生不能提出切实可行的建议，也并非不能治国，而是大夫被财利迷乱了心志，不愿听取正确的意见。儒生只有遇到像周公那样的明主才能发挥自己的才能，体现自己的价值。

大夫曰："作世明主，忧劳万民，思念北边之未安，故使使者举贤良、文学高第，详延(聘请)有道之士，将欲观殊议异策，虚心倾耳以听，庶几云得。诸生无能出奇计远图，伐匈奴安边境之策，抱枯竹，守空言，不知趋舍之宜，时世之变，议论无所依，如膝痒而搔背，辩讼(辩论)公门之下，讻讻不可胜听，如品即口以成事，此岂明主所欲闻哉？"

【译文】

大夫说："治世的英明君主，为天下百姓忧虑劳心，考虑到北方边境还没有安定，派遣使者选拔贤良和文学高才，广泛聘请懂治国之道的读书人，想要看到你们提出不同的意见和计策，虚心倾听，希望有些许收获。可是诸位儒生不能提出奇谋妙计和深远的谋略，以讨伐匈奴安定边境，只知道抱着腐朽的竹书，恪守空泛的言论，不知道取舍和时世的变化，言论没有依据，就好比膝盖发痒却搔挠后背，在朝廷辩论，吵吵嚷嚷，让人听不胜听，好像'品'字是由三个'口'构成，多嘴多舌就能成事一样，这难道是圣明君主想听的吗？"

文学曰："诸生对册(回答策问)，殊路同归，指在崇礼义，退财利，复往古之道，匡当世之失，莫不云太平；虽未尽可亶用(切实可用)，宜若有可行者焉。执事暗于明礼，而喻于利末，沮事隋议，计虑筹策，以故至今未决。非儒无成事，公卿欲成利也。"

【译文】

文学说："我们众儒生回答皇帝的策问，途径不同，目的却一致，旨在推崇礼义，要求朝廷退还盐铁财利，恢复古代的治国之道，匡正当世的过失，说的都是关乎天下太平的事；虽然所提的意见不是全部切实可用，但有些应该能实行。你们这些执掌政事的官员看不到宣明礼义的意义，只知道财利的事，败坏政事，否定我们的建议，终日筹谋划策，以至于今天还没做出决定。不是我们儒生不能成事，而是你们公卿想要谋求财利。"

大夫曰："色厉而内荏，乱真者也。文表而枲(泛指麻)里，乱实者也。文学裒衣博带，窃周公之服；鞠躬踧踖(恭敬不安)，窃仲尼之容；议论称颂，窃商、赐之辞；刺讥言治，窃管、晏之才。心卑卿相，志小万乘。及授之政，昏乱不治。故以言举人，若以毛相马。此其所以多不称举。诏策曰：'朕嘉宇内之士，故详延四方豪俊文学博习之士，超迁官禄。'言者不必有德，何者？言之易而行之难。有舍其车而识其牛，贵其不言而多成事也。吴铎以其舌自破，主父偃以其舌自杀。鹖鴠夜鸣，无益于明；主父鸣鸱，无益于死。非有司欲成利，文学桎梏于旧术，牵于间言者也。”

【译文】

大夫说：“外表强硬而内心软弱，这是以假乱真。衣服外表华丽却用麻布做里子，这是以虚乱实。文学穿着宽带袍衣，这是盗用周公的礼服；恭敬不安地弯身行礼，这是盗用孔子的仪容；议论纷纷，称赞颂扬儒家学说，这是盗用子夏、子贡的言辞；批评讽刺朝政，谈论治国之道，这是盗用管仲、晏婴的才能。心里看不起公卿，连皇帝也小看。等把国事交给你们，你们又会使国家昏乱不堪无法治理。所以仅凭言论举荐人才，好比以毛色鉴别马的优劣。这就是你们大都与推举不相称的原因。皇上的文告说：‘我器重国内英才，广泛聘请四方豪杰和博学多才的读书人，破格提拔他们的官位，增加他们的俸禄。’能说会道的人不一定有德。为什么呢？因为说起来容易做起来难。有的人丢掉了车子却记住了拉车的牛，这是因为看重牛不说话干活多。吴地制作的大铃因铃舌长年敲击而自己撞破，主父偃因为鼓噪口舌而自杀。鹖鴠夜间鸣叫，却不能使天提早放亮；主父偃像猫头鹰一样鸣叫，却不能免于一死。不是主管官员想谋取财利，而是你们文学被陈旧的学说束缚，被空话所牵累。”

文学曰：“能言之，能行之者，汤、武也。能言，不能行者，有司也。文学窃周公之服，有司窃周公之位。文学桎梏于旧术，有司桎梏于财利。主父偃以舌自杀，有司以利自困。夫骥之才千里，非造父不能使；禹之知万人，非舜为相不能用。故季桓子听政，柳下惠忽然不见，孔子为司寇，然后悖炽（迅速兴盛）。骥，举之在伯乐，其功在造父。造父摄辔，马无驽良，皆可取道。周公之时，士无贤不肖，皆可与言治。故御之良者善调马，相之贤者善使士。今举异才而使臧驺（奴婢，奴仆）御之，是犹扼骥盐车而责之使疾。此贤良、文学多不称举也。”

【译文】

文学说："能说能做，是商汤和周武王。能说不能做，是你们这些官员。如果说文学盗用了周公的服饰，你们这些官员就窃夺了周公的官位。如果说文学被陈旧的学说束缚，你们这些官员就是被财利束缚。如果说主父偃因为鼓噪唇舌自杀，你们这些官员就是因为财利使自己陷入困境。日行千里的骏马，非造父不能驱使；大禹的才智抵得上一万人，但没有舜做宰相也不能得到重用。所以季桓子执政，柳下惠忽然弃官消失不见，孔子担任司寇，柳下惠才发迹显达。千里马靠伯乐举荐，发挥作用靠的却是造父。造父拉着缰绳驾车，马无论优劣，都可以上路。周公执掌国政时，士人无论是否贤能，都可以与他谈论治国。所以好车夫善于调教马匹，贤能的丞相善于任用士人。现在推荐出与众不同的人才，却让奴仆驾驭他们，就好比把千里马套在盐车上逼迫它快跑。这就是我们贤良文学与称誉举荐不相吻合的原因。"

大夫曰："嘻！诸生阘茸(地位卑微或品行卑鄙)无行，多言而不用，情貌不相副。若穿逾(挖洞穿墙)之盗，自古而患之。是孔丘斥逐于鲁君，曾不用于世也。何者？以其首摄多端，迂时而不要也。故秦王燔去其术而不行，坑之渭中而不用。乃安得鼓口舌，申颜眉，预前论议，是非国家之事也？"

【译文】

大夫说："哼！你们这些儒生地位卑微，没有德行，多言善辩，毫无用处，内心和外表不相符合。就像挖洞穿墙的大盗，自古就是祸患。所以孔子被鲁国国君贬斥驱逐，不曾在当世被任用。为什么呢？因为他首鼠多端，不合时宜，不得要领。所以秦始皇烧掉了他的学说，使儒术不能实行，在咸阳活埋了儒生，永不任用他们。他们又如何能鼓噪口舌，眉飞色舞，参与御前讨论，评论国家大事呢？"

国疾第二十八

【题解】

本篇的议题是国家弊病。丞相史、大夫、文学、贤良都已经意识到国家存在许多弊政，迫切需要做出改变。丞相史和大夫希望文学、贤良不要继续空谈，最好马上拿出实用的治国良方。文学因为出身乡野，言辞犀利，受到鄙薄，大夫不屑与之谈论国家大事，转而向贤良问策。贤良认为，社会风气日益败坏，人心不古的根本原因在于奸臣当道，大臣专权，掌权者推崇奢靡的生活方式。因上行下效的缘故，良民的正常生活被扰乱。也就是说问题在官不在民，想要根除国疾，必须整顿吏治，改变危害国家和民众的政策。

文学曰："国有贤士而不用，非士之过，有国者之耻。孔子大圣也，诸侯莫能用，当小位于鲁，三月，不令而行，不禁而止，沛(丰沛，充沛)若时雨之灌万物，莫不兴起也。况乎位天下之本朝，而施圣主之德音教泽乎？今公卿处尊位，执天下之要，十有余年，功德不施于天下，而勤劳于百姓，百姓贫陋困穷，而私家累万金。此君子所耻，而《伐檀》所刺也。昔者，商鞅相秦，后礼让，先贪鄙，尚首功(斩首之功)，务进取，无德厚于民，而严刑罚于国，俗日坏而民滋怨，故惠王烹葅其身，以谢天下。当此之时，亦不能论事矣。今执政患儒贫贱而多言，儒亦忧执事富贵而多患也。"

【译文】

文学说："国家有贤士不任用，不是贤士的过错，是国君的耻辱。孔子是一个大圣人，诸侯不能任用他，他曾在鲁国当小官，后任相职三个月，不发布命令就能施行，不下达禁令就能制止恶行，丰沛的恩泽就像及时的好雨浇灌万物一样，万物莫不兴旺繁盛。何况你们在当今朝廷为官，施行仁义德政呢？现在你们公卿身处尊位，执掌天下权力，已经十多年了，但功德不能施行于天下，却使百姓劳苦，老百姓穷困不堪，而达官贵人家却积累了万金财富。这是君子深感耻辱的事情，也是《诗经·魏风·伐檀》所讽刺的现象。从前，商鞅在秦国做丞相，以礼让为后，以贪婪卑鄙为先，崇尚斩首之功，一味进攻掠夺，对老百姓没有深厚的恩德，在国内推行严刑酷法，民风日益败坏，百姓怨恨滋长，所以秦惠文王将他烹煮成肉酱，向天下人谢罪。那时，商鞅也不能议论国事了。现在执政者害怕贫贱的儒生多说话，而儒生也担心执政者贪图富贵招来很多祸患。”

大夫视文学，悒悒而不言也。

丞相史曰：“夫辩国家之政事，论执政之得失，何不徐徐道理相喻，何至切切如此乎！大夫难罢盐铁者，非有私也，忧国家之用，边境之费也。诸生訚訚(严肃争辩)争盐铁，亦非为己也，欲反之于古而辅成仁义也。二者各有所宗，时世异务，又安可坚任古术而非今之理也。且夫《小雅》非人，必有以易之。诸生若有能安集国中，怀来远方，使边境无寇虏之灾，租税尽为诸生除之，何况盐铁、均输乎！所以贵术儒者，贵其处谦推让，以道尽人。今辩讼愕愕然(直言争辩)，无赤、赐之辞，而见鄙倍之色，非所闻也。大夫言过，而诸生亦如之，诸生不直谢大夫耳。”

【译文】

大夫看着文学，一副忧愁郁闷的样子，不愿意说话。

丞相史说：“讨论国家政事，议论执政的得失，何不慢慢讲道理互相说服对方，何必急切到这种程度呢！大夫反对废除盐铁官营，并非出于私心，而是担心国家的财用，边境的军费开支。诸位儒生严肃争辩盐铁产业的政策，也不是为了自己，而是想要恢复古代治国之道，帮助朝廷成就仁义。两者各有根据，只是时代不同，事务也不同，怎么能坚守古代的办法而反对当今的道理呢？况且《诗经·小雅》批评朝臣，必定有改进的办法。诸位儒生如果能安定国家，凝聚国内的人心，用怀柔的策略使远方异族前来归附，使边境没有敌寇袭扰的灾祸，租税可以为你们全部免除，何况盐铁、均输呢！我们看重有道术的儒生，他们贵在谦虚礼让，用详尽的道理说服人。现在你们直言争辩，没有公西赤、子贡的言辞，只表现出粗鄙的神色，这是我从来没有听说过的。大夫说话过头，诸位儒生也是如此，你们儒生不应该向大夫道歉吗？”

贤良、文学皆离席曰：“鄙人固陋，希涉大庭(朝廷)，狂言多不称，以逆执事。夫药酒苦于口而利于病，忠言逆于耳而利于行。故愕愕者福也，諓諓(花言巧语，浅薄之言)者贼也。林中多疾风，富贵多谀言。万里之朝，日闻唯唯，而后闻诸生之愕愕，此乃公卿之良药针石。”

【译文】

贤良、文学离开座席说：“我们固然浅陋，很少涉足朝廷，狂妄的言论与读书人的身份不相称，冒犯了公卿大夫。但苦口的药酒对治疗疾病是有利的，逆耳的忠言对纠正行为也是有利的。所以直言争辩的人能给国家带来福气，那些花言巧语的人，是国家的盗贼。森林中多刮大风，富贵的人经常听到阿谀奉承的话。统御万里江山的朝廷，每天听到的都是唯唯诺诺的话，现在听见我们儒生的直言争辩，这正是公卿们的良药针石啊。”

大夫色少宽，面文学而苏(向，朝着)贤良曰：“穷巷多曲辩，而寡见者难喻。文学守死溟涬之语，而终不移。夫往古之事，昔有之语，已可睹矣。今以近世观之，自以目有所见，耳有所闻，世殊而事异。文、景之际，建元之始，民朴而归本，吏廉而自重，殷殷(富实)屯屯(盛多，充盈)，人衍而家富。今政非改而教非易也，何世之弥薄而俗之滋衰也！吏即少廉，民即寡耻，刑非诛恶，而奸犹不止。世人有言：‘鄙儒不如都士。’文学皆出山东，希涉大论。子大夫论京师之日久，愿分明政治得失之事，故所以然者也。”

【译文】

大夫神色稍稍有所缓和，背着文学面向贤良说：“出身穷街陋巷的人大多喜欢诡辩，见识少的人难以开导。文学死守着那些漫无边际又不切实际的话语，始终不肯改变。古代的事情，过去的言论，我们都知道了。从现在这个时代看，有眼睛就能看到，有耳朵就能听到，时世不同了，事务也不一样了。汉文帝、汉景帝时期，建元初年，民风淳朴，百姓乐于务农，官吏清廉自重，国家繁荣，人丁兴旺，家家富裕。现在政策和教化都没有改变，为什么世风日下、风俗日益衰败呢？官吏很少廉洁，老百姓寡廉鲜耻，刑罚为非作歹之徒，诛杀恶人，奸邪的行为仍没有被制止。俗话说：‘乡村儒生不如都市文人。’文学都来自崤山以东，很少涉及国家大事的讨论。贤良在京师议政已久，希望你们分析政治的得失，弄清根本原因。”

贤良曰：“夫山东天下之腹心，贤士之战场也。高皇帝龙飞凤举于宋、楚之间，山东子弟萧、曹、樊、郦、滕、灌之属为辅，虽即异世，亦既闳夭、太颠而已。禹出西羌，文王生北夷，然圣德高世，有万人之才，负迭群之任。出入都市，一旦不知返，数然后终于厮役而已。仆虽不生长京师，才驽下愚，不足与大议。窃以所闻闾里长老之言，往者，常民衣服温暖而不靡，器质朴牢而致用，衣足以蔽体，器足以便事，马足以易步，车足以自载，酒足以合欢而不湛(沉溺)，乐足以理心而不淫，人无宴乐之闻，出无佚游之观，行即负嬴(负担)，止则锄耘，用约而财饶，本修而民富，送死哀而不华，养生适而不奢，大臣正而无欲，执政宽而不苛；故黎民宁其性，百吏保其官。建元之始，崇文修德，天下乂安。

【译文】

贤良说："崤山以东是天下的中心，是贤士彰显才能的战场。汉高祖兴起于宋、楚之间，崤山以东子弟萧何、曹参、樊哙、郦食其、夏侯婴、灌婴等人辅佐他，虽生于不同时代，但他们也称得上是闳夭、太颠那样的风云人物了。大禹出身西羌，周文王出生于北夷，然而他的圣德超越世俗，才能超越万人，肩负超群的重任。有些人出入都市，可一旦不知道返回仁义根本，最终只会沦为奴仆而已。我虽不长在京城，驽钝愚昧，不足以议论国家大事，但私下里听乡里长老说，从前，普通老百姓穿的衣服暖和不奢华，器具质地朴素、坚固实用，衣服足以遮体，器具方便使用，马足以代步，车子足够自己乘坐，美酒足以让自己欢乐而不过于沉溺，音乐足以调适心情而不过分，回家没有宴饮作乐的事情，外出看不到游逸无度的景象，出行就背负肩挑，在家就锄地耕种。国家用度节约，财物丰饶，农业发展良好，百姓富足，送别死者办理丧事气氛哀伤，葬礼不奢华，养生适度不奢侈，大臣正直没有贪欲，执政宽仁不严苛，百姓心性宁和，官吏安于职守。建元初年，朝廷推崇文治，修治德政，天下太平。

"其后，邪臣各以伎艺，亏乱至治，外障山海，内兴诸利。杨可告缗(汉武帝时推行的一种打击商人的政策，旨在揭发富人隐匿财产，逃税漏税)，江充禁服，张大夫革令，杜周治狱，罚赎科适，微细并行，不可胜载。夏兰之属妄搏，王温舒之徒妄杀，残吏萌起，扰乱良民。当此之时，百姓不保其首领，豪富莫必其族姓。圣主觉焉，乃刑戮充等，诛灭残贼，以杀(减轻)死罪之怨，塞天下之责，然居民肆然复安。然其祸累世不复，疮痍至今未息。故百官尚有残贼之政，而强宰尚有强夺之心。大臣擅权而击断，豪猾多党而侵陵，富贵奢侈，贫贱篡杀，女工难成而易弊，车器难就而易败，车不累期，器不终岁，一车千石，一衣十钟。常民文杯画案，机席缉蹯，婢妾衣纨履丝，匹庶粺饭肉食。

【译文】

"后来，奸臣各施手段，扰乱太平治世，对外垄断山林江海的财利，对内兴办牟利的产业。杨可主持推行告缗政策，江充禁止人们穿僭越的衣服，张汤大夫改革法令，杜周治理刑狱，罚款，赎罪，判刑，贬官，细小的罪行也要追究，以至多到记载不完。夏兰之辈随意抓人，王温舒之徒滥杀无辜，残暴的官吏开始涌现，扰乱了良民的生活。那时，百姓保不住自己的脑袋，豪富人家也不能保全家族。武帝察觉了这些事情，动用重刑杀死江充等人，诛灭了残忍的奸贼，以减轻百姓因朝廷杀戮过多产生的怨恨，避免天下人谴责，这样老百姓才恢复了安定。然而他们造成的祸患多年不能消除，创伤至今没有愈合。百官还在执行残忍邪恶的政策，强悍的宰相尚有强取豪夺之心。大臣擅自专权施刑于人，豪强结成朋党欺凌弱者，富贵之人生活奢侈，穷人劫掠杀人。纺织品难以做成衣服且容易损坏，车辆器物难以使用且容易破损，车子用不到两年，器具使用不到一年，都坏掉了。一辆车值千石粮食，一件衣服值十钟米。普通老百姓使用带纹饰的杯子和绘有图画的几案，几案上酒宴丰盛，奴婢穿着绸衣丝鞋，平民吃着精米和肉。

"里有俗，党有场，康庄驰逐，穷巷蹋鞠，秉耒抱臿、躬耕身织者寡，聚要(束腰)敛容、傅白黛青者众。无而为有，贫而强夸，文表无里，纨裤皋装，生不养，死厚送，葬死殚家(倾尽家财)，遣女满车，富者欲过，贫者欲及，富者空减，贫者称贷。是以民年急而岁促，贫即寡耻，乏即少廉，此所以刑非诛恶而奸犹不止也。故国有严急之征，即生散不足之疾矣。"

【译文】

"里巷有自己的风俗，乡党有娱乐场地，宽广的大道上有人纵马驰骋，偏僻小巷里有人踢球，手持农具、亲自耕种和织布的人少，束腰整容、抹粉画眉的人多。没有装作有，贫穷强夸富贵，外表漂亮却没有里子，丝绸裤子里子却是粗麻。老人生前不赡养，死后却要厚葬，安葬死者要倾尽家财，嫁女儿要置办一车嫁妆。富人想超出礼节标准，穷人想达到礼节标准，结果富人财富缩减，穷人要借钱度日。所以百姓过得一年比一年窘迫，穷人不知羞耻，物质匮乏的人不讲廉洁，这就是刑罚惩办恶人而恶行仍然不止的原因。所以国家有严重急迫的征敛，这就是由于过分奢侈浪费造成的多方面弊病啊。”

卷 六

散不足第二十九

【题解】

本篇由国家用度不足的问题引发。篇幅宏大，内容翔实，为我们描绘出了一幅幅波澜壮阔的民俗画卷。贤良用鲜明的对比方式，全面诠释了古今社会世风世俗的变化，内容涵盖衣食住行婚丧嫁娶等多方面，并列举了大量事实，旨在说明古代崇尚简朴，丝毫不见浮夸之风，所以用度充足，而到了汉代，社会开始推崇奢侈之风，造成了许多弊病。国家用度不足的根源在于豪奢之风泛滥。所以，只有恢复古道，回归质朴，才能矫正社会弊病，让国库重新充实起来。通过这番言论，我们可以看出，贤良是典型的复古派，坚定地认为，人心不古是社会混乱的根源，只要恢复古代的治国方式和生产生活方式，现世所有困扰当政者的问题都能得到解决。这个想法虽然有些理想主义色彩，但也具备一定的现实意义。

大夫曰："吾以贤良为少愈，乃反其幽明(黑暗、光明，这里指善恶不分)，若胡车相随而鸣。诸生独不见季夏之蜈(一种蝉，又名蟪蛄)乎？音声入耳，秋至而声无。者生无易由言，不顾其患，患至而后默，晚矣。"

【译文】

大夫说："我原本以为贤良会稍微高明些，谁知你们竟善恶不分，你们对文学随声附和，就像匈奴的车子一辆跟着一辆吱呀作响。你们这些儒生难道看不见夏末的蟪蛄吗？它们夏天的叫声声声入耳，秋天一到就悄无声息了。你们不要由着性子胡说，不考虑后患，等到祸患来了再沉默，那时就晚了。”

贤良曰：“孔子读史记，喟然而叹，伤正德之废，君臣之危也。夫贤人君子，以天下为任者也。任大者思远，思远者忘近。诚心闵悼(哀悼)，恻隐加尔，故忠心独而无累。此诗人所以伤而作，比干、子胥遗身忘祸也。其恶劳人，若斯之急，安能默乎？《诗》云：‘忧心如惔，不敢戏谈。’孔子栖栖(忙碌不安，四处奔走)，疾固也。墨子遑遑，闵世也。”

大夫默然。

【译文】

贤良说：“孔子读史书时，喟然叹息，为正统道德的废弛和君臣之道的危机而哀伤。贤人君子以天下为己任。肩负大任的人思虑长远，考虑长远就会忘记眼前的小事。他们诚心伤悼现实，怀有恻隐之心，因此一片忠心，特立独行，没有牵挂。这就是《诗经》的作者因感伤而创作，比干、伍子胥舍身劝谏忘掉灾祸的原因啊。丑恶的事情令人忧心，我们就像比干、伍子胥一样心情急迫，怎能保持沉默呢？《诗经》说：‘忧心如焚，不敢戏言。’孔子劳碌奔波，是因为痛恨社会弊病。墨子惊惶不安，是因为他忧虑世道混乱啊。”

大夫默然不语。

丞相曰：“愿闻散不足。”

贤良曰：“宫室舆马，衣服器械，丧祭食饮，声色玩好，人情之所不能已也。故圣人为之制度以防之。间者，士大夫务于权利，怠于礼义；故百姓仿效，颇逾制度。今故陈之曰。

【译文】

丞相说："我想听听奢侈浪费导致财用不足的情况。"

贤良说："宫室车马、衣服、用具、丧祭饮食、声色喜好，都是人的性情不能抑制的。圣人为此设立制度防止僭越。近来，士大夫追求权力私利，懈怠礼仪；因此百姓效法，逾越制度。现在特地将古代制度陈述如下。

"古者，谷物菜果，不时(成熟的时候)不食，鸟兽鱼鳖，不中杀不食。故徼罔不入于泽，杂毛不取。今富者逐驱歼罔罝，掩捕麑鷇，耽湎沈酒铺百川。鲜羔䍮，几胎肩，皮黄口(雏鸟)。春鹅秋雏，冬葵温韭，浚茈蓼苏，丰薁耳菜，毛果虫貉。

【译文】

"古时候，粮食蔬菜水果，不成熟不吃，飞鸟走兽和鱼鳖，不到该杀的时候不吃。所以弓箭罗网不入山林湖泽，幼小的鸟兽不去猎取。现在的富人张网驱赶猎杀动物，利用自然物体的掩蔽捕捉小鹿和小鸟，沉迷于酗酒，美酒多得如同百川之水。吃着新鲜的羊羔肉，割杀小猪，剥稚嫩雏鸟的皮。春天吃小鹅，秋天吃雏鸡，冬天吃葵菜和温室的韭菜，还有香菜、子姜、辛菜、紫苏、木耳，连毛虫、倮虫、狐貉都吃。

"古者，采椽茅茨，陶桴(屋梁)复穴，足御寒暑、蔽风雨而已。及其后世，采椽不斫，茅茨不翦，无斫削之事，磨砻之功。大夫达棱楹，士颖首，庶人斧成木构而已。今富者井干增梁，雕文槛楯，垩(白土)幔壁饰。

【译文】

"古时候，用栎树做椽子，用茅草做屋顶，用陶瓦覆盖在屋梁上，挖地洞做窟室，足以抵御严寒酷暑和遮蔽风雨了。到了后来，栎树椽子不砍，茅草不修剪，不去砍削，不费打磨之功。大夫家做成有棱角的柱子，士人家把椽子、屋梁头部砍细，庶人只是用斧子砍伐木材盖屋子而已。现在的富人屋顶上有藻井，门槛和栏杆上有花纹，还用白土粉刷墙壁。

"古者，衣服不中制，器械不中用，不粥(卖)于市。今民间雕琢不中之物，刻画玩好无用之器。玄黄杂青，五色绣衣，戏弄蒲(蒲同'僰'，指西南的少数民族)人杂妇，百兽马戏斗虎，唐锑追人，奇虫胡姐。

【译文】

"古时候，衣服不合规矩，器物不能使用，就不允许拿到市场上售卖。现在民间雕琢不适用的东西，刻画赏玩一些没用的器物。穿着黑色、黄色、杂青色五彩绣衣，模仿僰人的杂剧，模拟各种野兽，玩马戏、斗虎、木偶爬杆，或鱼龙杂技，花旦唱戏等。

"古者，诸侯不秣马，天子有命，以车就牧。庶人之乘马者，足以代其劳而已。故行则服桅，止则就犁。今富者连车列骑，骖贰辎軿(一种有帷幔的车)。中者微舆短毂(小车)，繁髦掌蹄。夫一马伏枥，当中家六口之食，亡丁男一人之事。

【译文】

"古时候，诸侯不喂马，天子下令出征，随车就地放牧。平民乘坐马车出行，足以代步免除自身劳累。所以出行马就套车，不出行就拉犁。现在富人出门车马成行，车子有三匹马拉的，有两匹马拉的，有带帷盖的，有带帷幔的。中等人家也有小车，马鬣上有装饰，蹄子钉有马蹄铁。喂养一匹马要消耗一个中产之家六口人的粮食，搭上一个壮年男人的劳力。

"古者,庶人耋老而后衣丝,其余则麻枲而已,故命曰布衣。及其后,则丝里枲表,直领无袆,袍合不缘。夫罗纨(泛指精美的丝织品)文绣者,人君后妃之服也。茧䌷缣练者,婚姻之嘉饰也。是以文缯薄织,不粥于市。今富者缛绣罗纨,中者素绨(光滑厚实的白色丝织品)冰锦。常民而被后妃之服,亵人而居婚姻之饰。夫纨素之贾倍缣,缣之用倍纨也。

【译文】

"古时候,老百姓到了七十岁才穿丝绸衣服,其余都穿麻衣,因此平民被称作布衣。到了后来,人们用丝绸做里子,麻布做面子,上衣是直领的没有衣带,袍子合缝不修饰边缘。精美的丝绸绣上花纹,是皇帝和后妃的衣服。粗丝绸、细绢、白绢,是结婚的漂亮礼服。所以饰有文采的细薄丝织品,不会在市场上卖。现在富人穿着绣有繁复花纹的丝绸,中等人穿着光滑的白绸衣或洁白如冰的锦衣。平民穿着后妃的服饰,卑贱的妇女穿着结婚的礼服。细绢的价值比粗绢高一倍,而粗绢的使用价值比细绢大一倍。

"古者,椎车无柔(车轮上的边框),栈舆无植。及其后,木軨不衣,长毂数幅,蒲荐苙盖,盖无漆丝之饰。大夫士则单複木具,盘韦柔革。常民漆舆大軨蜀轮。今庶人富者银黄华左搔,结绥韬杠。中者错镳(镶金的马嚼子)涂采,珥靳飞軨。

【译文】

"古时候,独轮车没边框,竹车没有直木。后来,车厢上有了栏杆但不加修饰,只有长长的轮轴和密集的辐条。车轮上绑着蒲草,车盖是用草编的,没有油漆和丝绸的装饰。大夫和士人的车轮边框是木制的,用软熟的兽皮盘绕。平民的车厢刷了油漆,独轮车上装有长横木。现在平民和富人车盖上饰有金银镶嵌的玉瑵,登车拉手用绳,车辕用熟皮子裹着。中等人家的车马的马嚼子镶金画彩，马肚带和车窗都用珠玉装饰。

“古者，鹿裘皮冒，蹄足不去。及其后，大夫士狐貉缝腋(大袖衣)，羔麑豹袪(袖口)。庶人则毛绔衳彤，羝幞皮裤。今富者鼲貂，狐白凫翁。中者罽衣金缕，燕駱代黄。

【译文】

“古时候，人们穿着鹿皮裘衣，戴着皮帽，剥兽皮时蹄子都没去掉。后来，大夫和士人穿着狐貉皮做的大袖衣，用羊羔皮做皮袄，豹皮做袖口。普通人穿着毛套裤、小裤、短袖衣，短袄是用公羊皮和杂兽皮做的。如今富人穿着灰鼠皮和貂皮做的皮袄，或白狐皮和鸭绒做的袄。中等人家穿着金丝衣，燕地鼠皮和代地黄貂做的皮袄。

“古者，庶人贱骑绳控，革鞮皮荐而已。及其后，革鞍牦成，铁镳(勒马的用具)不饰。今富者镇耳银镊韅，黄金琅勒，罽绣弇汗(防汗布)，垂珥胡鲜。中者漆韦绍系，采画暴干。

【译文】

“古时候，普通人骑马只用缰绳控制，脚上穿着皮靴，马背上垫着一块皮子。后来，用皮子和牦牛毛做马鞍，铁做的马嚼子不加装饰。现在富人的马匹耳朵上有皮革做的耳饰，头上有白银做的头饰、黄金做的马镳、绣花毛毡做的防汗布、垂棘美玉做的耳饰，身上有鲜卑腰带做的肚带。中等人家的马具用油漆的皮绳拴结，在马具上作彩绘后在阳光下晒干。

“古者，污尊抔饮，盖无爵觞樽俎。及其后，庶人器用即竹柳陶匏而已。唯瑚琏觞豆而后雕文彤漆。今富者银口黄耳，金罍玉钟。中者野王纻器，金错蜀杯。夫一文杯得铜杯十，贾贱而用不殊。箕子之讥，始在天子，今在匹夫。

【译文】

“古时候，人们掘地为坑当酒樽，用手捧着水喝，没有爵觞之类的酒杯和盛饭的器具。后来，普通人所用的不过是竹子、柳条编的器物和陶器、葫芦瓢而已。只有祭祀用的瑚、琏、觞、豆才染红漆雕花纹。如今富人用白银装饰器物的口沿、金桐装饰它的两耳，用黄金和玉做酒器。中产之家用野王出产的苎麻做漆器，用蜀地的材料制作镶金酒杯。一个绘有花纹的杯子价值十个铜杯，铜杯便宜，用途却一样。箕子讽刺纣王奢侈，讥讽的是天子，现在讽刺的对象变成平民百姓了。

“古者，燔黍食稗，而捭(通‘焷’，煮的意思)豚以相飨。其后，乡人饮酒，老者重豆，少者立食，一酱一肉，旅饮而已。及其后，宾婚相召，则豆羹白饭，綦脍(切细的肉块)熟肉。今民间酒食，殽旅重叠，燔炙满案，臑鳖脍鲤，麑卵鹑鷃橙枸，鲐鳢醯醢，众物杂味。

【译文】

“古时候，人们吃烤黄米和稗子饭，用酒食招待客人时才有煮熟的猪肉。到了后来，乡里人聚会喝酒，老者面前摆着几碗肉，年轻人站着吃，一盘酱一盘肉，按序饮酒而已。再到后来，婚宴上招待客人，则用豆盘盛羹汤，加上白米饭，还有切细的肉块和熟肉。现在民间的酒食，鱼肉重迭，满桌都是烤肉，煮烂的鳖肉、切细的鲤鱼片、鹿胎、鹌鹑、香橙、枸酱、鲐鱼、鳢鱼、肉酱和酸醋，各种味道杂陈。

“古者，庶人春夏耕耘，秋冬收藏，昏晨力作，夜以继日。《诗》云：‘昼尔于茅，宵尔索绹，亟其乘屋，其始播百谷。’非膢腊不休息，非祭祀无酒肉。今宾昏酒食，接连相因，析酲什半，弃事相随，虑无乏日。

【译文】

“古时候，老百姓春夏时节耕地除草，秋冬季节收割庄稼储藏粮食，从清晨到黄昏不间断地劳作，夜以继日地劳动。《诗经》说：‘白天割茅草，晚上编草绳，赶紧盖房子，开始播百谷。’不到膢腊节日不休息，不祭祀就没有酒肉。现在婚宴上招待宾客，一个接着一个醉酒，醉倒大半，人们抛开正事也要相互奉陪，不考虑自己缺吃少穿的日子。

“古者，庶人粝食藜藿，非乡饮酒膢腊祭祀无酒肉。故诸侯无故不杀牛羊，大夫士无故不杀犬豕。今闾巷县佰，阡伯屠沽，无故烹杀，相聚野外。负粟而往，挈肉而归。夫一豕之肉，得中年之收，十五斗粟，当丁男半月之食。

【译文】

“古时候，老百姓吃粗粮野菜，不是乡饮酒礼和膢腊祭祀节日，就没有酒肉。诸侯无事不随意宰杀牛羊，士大夫无事不随意宰杀猪狗。现在里巷的屠户，乡村的屠夫，没事就烹杀牲畜，相聚郊外野餐。他们背着粮食出去，提着肉回来。要知道，一头猪的价值等于中等年景一亩地的收成，相当于十五斗粮食，一个壮年男子半个月的口粮。

“古者，庶人鱼菽(豆类的总称)之祭，春秋修其祖祠。士一庙，大夫三，以时有事于五祀，盖无出门之祭。今富者祈名岳，望山川，椎牛击鼓，戏倡儛像。中者南居当路，水上云台，屠羊杀狗，鼓瑟吹笙。贫者鸡豕五芳，卫保散腊，倾盖社场。

【译文】

“古时候，老百姓用鱼肉和豆类祭祀，春秋时节修葺祖先的祠堂。士人有一座祖庙，大夫有三座祖庙，按时举行五神的祭祀，没有家门以外的祭礼。现在的富人向五岳祈福，向着名山大川祭拜，杀牛击鼓，演戏跳舞，表演木偶。中等人家在大路上面南拜神，在水上搭建高台，屠羊杀狗，吹奏乐器。贫穷人家用鸡猪五味祭祀，祈求神明保佑，祭礼完毕散发祭肉，祭祀时车盖簇拥，遮蔽祭场。

“古者，德行求福，故祭祀而宽。仁义求吉，故卜筮而希。今世俗宽于行而求于鬼，怠于礼而笃于祭，嫚(冷淡，轻侮)亲而贵势，至妄而信日，听訑言(谎言，假话)而幸得，出实物而享虚福。

【译文】

“古时候，人们修养德行求得福报，所以祭祀时心情放松。人们用仁义求得吉利，所以占卜的次数很少。现在世俗之人放纵自己的行为，转而乞求鬼神保佑，怠慢礼义而厚于祭祀，冷淡亲人崇尚权势，极度狂妄而迷信占卜算卦的人，听信假话期望侥幸获得好运，付出的是实物，享受的却是虚无缥缈的福气。

“古者，君子夙夜孳孳思其德；小人晨昏孜孜思其力。故君子不素餐(不劳而食，白吃饭)，小人不空食。今世俗饰伪行诈，为民巫祝，以取厘谢，坚额(厚颜无耻)健舌，或以成业致富，故惮事之人，释本相学。是以街巷有巫，闾里有祝。

【译文】

“古时候，君子从早到晚孜孜不倦地思考，考虑的是如何修养自己的德行；小人从早到晚勤奋思考，想的是如何使用自己的劳力。因此君子不会白吃饭，小人不会不劳而食。现在世人造假诈骗，巫婆神汉替人求福祷告，用剩下的祭肉当报酬。他们厚颜无耻，能说会道，有的以此为业，发家致富。因此不爱劳动的人，放下本业学习巫术。这样，大街小巷都有巫婆和神汉。

“古者，无杠樠(床板)之寝，床移之案。及其后世，庶人即采木之杠，牒桦之樠。士不斤成，大夫苇莞而已。今富者黼绣帷幄，涂屏错跗。中者锦绨(丝织物)高张，采画丹漆。

【译文】

“古时候，床沿没有横木，床上也没有炕桌。到了后世，老百姓用柞木做床沿和床板。士人睡的木床不用斧子加工雕饰，大夫的床只是铺了芦苇和蒲草编的席子而已。现在富贵人家床上挂着绣有黑白花纹的帷帐，床前摆放着绘有画图的屏风，连屏风底座都镶嵌着金边。中等人家床上挂着高大的丝绸帷帐，屏风上有彩色图画，并涂着红漆。

“古者，皮毛草蓐，无茵席之加，旃蒻(蒲草)之美。及其后，大夫士复荐草缘，蒲平单莞。庶人即草蓐索经单蔺籧篨而已。今富者绣茵翟柔(用野鸡毛做成的柔软的褥子)，蒲子露床。中者獏皮代旃，阘坐平莞。

【译文】

“古时候，床上铺的是兽皮和散草，没有席子，更没有漂亮的毡子和蒲草席。到了后来，大夫和士人在床上铺两层边缘粗糙的草席，有的铺香蒲编成的席子，有的铺莞草编成的单席。平民百姓用草绳编成席子，或者用蔺草编成单席，用竹子或苇编成粗席。现在富人用野鸡毛做成柔软的褥子，露床上铺着蒲草编织的席子。中等人家用滩羊皮代替毡子，床前的踏脚板上都铺着莞草垫。

“古者，不粥饪，不市食。及其后，则有屠沽，沽酒市脯鱼盐而已。今熟食遍列，肴施成市，作业堕怠，食必趣时，杨豚韭卵，狗膠马朘，煎鱼切肝，羊淹(腌制的羊肉)鸡寒，挏马酪酒，蹇脯胃脯，胹羔豆赐，彀膹雁羹，臭鲍甘瓠，熟粱貊炙(烤猪)。

【译文】

“古时候，不卖熟食，人们不在市场上吃东西。到了后来，有了屠夫和酒家，也只是售卖酒、干肉、鱼肉和盐罢了。现在到处卖熟食，各色美味摆满市场，人们懒得劳动，吃东西却赶时令，烤猪肉、韭菜炒鸡蛋、切细的狗肉和马肉、煎鱼、切好的肝、腌羊肉、冷酱鸡、马奶酒、驴肉干、胃脯、煮烂的羊羔肉、豆豉、炖小鸟、雁肉汤、臭鲍鱼、甜瓠子，还有精熟的米饭和烤猪，应有尽有。

“古者，土鼓(堆土为鼓)块枹，击木拊石，以尽其欢。及其后，卿大夫有管磬，士有琴瑟。往者，民间酒会，各以党俗，弹筝鼓缶而已。无要妙之音，变羽(曲调，音调)之转。今富者钟鼓五乐，歌儿数曹。中者鸣竽调瑟，郑舞赵讴。

【译文】

“古时候，人们堆土为鼓，敲击土块、木头和石头，尽情欢乐。到了后来，卿大夫用管和磬吹奏、击打。士人用琴和瑟弹奏。以前，民间举办酒会，各有风俗，不过是弹筝鼓缶罢了，没有美妙动听的音乐，也没有音调的转换。现在富人有钟有鼓，五种乐器齐备，歌手排列成队。中等人家吹竽弹瑟，跳着郑地的舞蹈，唱着赵地的歌曲。

“古者，瓦棺容尸，木板堲周(烧土成砖，放在棺木周围)，足以收形骸，藏发齿而已。及其后，桐棺不衣，采椁不斫。今富者绣墙题凑。中者梓棺楩椁，贫者画荒衣袍，缯囊缇橐(口袋)。

【译文】

“古时候，人们用陶土烧制成棺材收敛尸体，把烧成的土砖摆放在木棺周围，足以收敛人的尸骸、头发和牙齿。到了后来，桐木棺材不去皮，柞木外棺不再加工修饰。现在富人灵柩车布帷上绣有花纹，棺材外堆积着木材，木头向内聚拢。中等人家用梓木做棺，黄楩木做椁。穷人棺材上盖着带图画的布罩，或者用丝织成口袋，把尸体放在里面。

“古者，明器(随葬的物品)有形无实，示民不可用也。及其后，则有醯醢之藏，桐马偶人弥祭，其物不备。今厚资多藏，器用如生人。郡国繇吏，素桑楺，偶车橹轮，匹夫无貌领(披肩)，桐人衣纨绨。

【译文】

“古时候，随葬的物品徒有形状却不实用，以此告诉百姓它是不能使用的。到了后来，出现了盛醋和肉酱的容器，还有桐木马和木俑，以此完成祭礼，祭品不齐备。现在花很多钱购买很多东西陪葬，器物就像活人用的一样。郡国管徭役的小吏，生前乘坐桑木车，死后陪葬的车子上面有木偶、土俑，还有可以望远的高楼。老百姓活着的时候没有披肩，死后随葬的桐木俑却穿着丝绸衣服。

“古者，不封(堆土为坟)不树，反虞祭于寝，无坛宇之居，庙堂之位。及其后，则封之，庶人之坟半仞，其高可隐。今富者积土成山，列树成林，台榭连阁，集观增楼。中者祠堂屏合，垣阙罘罳(宫门外的屏风)。

【译文】

“古时候，不堆土为坟，不在墓地旁边种树，回到家里祭祀，没有祭坛，也没有庙宇祠堂。到了后来，人们堆土为坟，老百姓的坟墓有四尺高，可以把手放在坟顶上。现在富人堆的坟地像一座土山，墓地旁种植的树木蔚然成林，高台亭榭连成一片，庙宇成群，又增设高楼。中等人家祠堂外面有月照壁，还有围墙、望楼和屏风。

“古者，邻有丧，舂不相杵，巷不歌谣。孔子食于有丧者之侧，未尝饱也；子于是日哭，则不歌。今俗因人之丧以求酒肉，幸与小坐而责辨(通“办”)，歌舞俳优，连笑(一种滑稽戏)伎戏。

【译文】

“古时候，邻居办丧事，舂米时不唱劳动号子，里巷不唱歌。孔子在有丧事的人旁边吃饭，从来没有吃饱过；他在这一天哭过，就不再唱歌。现在的风俗，借人家办丧事求得酒肉，找机会到人家小坐，就要求人家置办酒席。丧礼上唱歌跳舞演戏，还有滑稽表演和杂技。

“古者，男女之际(结婚)尚矣，嫁娶之服，未之以记。及虞、夏之后，盖表布内丝，骨笄(用兽骨做发簪)象珥，封君夫人加锦尚褧而已。今富者皮衣硃貉，繁露环佩。中者长裾交袆，璧瑞簪珥。

【译文】

“古时候，男女结婚的事已经很久远了，嫁娶的礼服是什么样子，史书没能记载下来。到了虞、夏之后，婚嫁的礼服外面是布的，里面是丝的，发簪是兽骨做的，耳环是象牙做的，诸侯的妻子和贵族女子的婚服，也只是在锦衣外面加上罩衫而已。现在富人结婚穿大红的貉皮衣服，佩戴的珠玉如同露珠。中等人家长襟的下摆与蔽膝相交，头上戴着玉石发簪和耳环。

“古者，事生尽爱，送死尽哀。故圣人为制节(规定礼节)，非虚加之。今生不能致其爱敬，死以奢侈相高(攀比高低)；虽无哀戚之心，而厚葬重币者，则称以为孝，显名立于世，光荣著于俗。故黎民相慕效，至于发屋卖业。

【译文】

“古时候，父母活着的时候敬爱他们，父母去世送葬时极尽哀伤。因此圣人规定礼节，不是凭空强加的。现在父母活着的时候不能爱戴他们，死后安葬时却奢侈攀比；虽然没有悲伤的心情，却花重金厚葬死人，这样的人仍被人们称为孝子，他们在社会上博得了好名声，在世俗面前无比光荣。所以百姓羡慕效仿他们，以至于卖了房屋和产业。”

“古者，夫妇之好，一男一女，而成家室之道。及后，士一妾，大夫二，诸侯有侄娣(侄女、妹妹)九女而已。今诸侯百数，卿大夫十数，中者侍御，富者盈室。是以女或旷怨失时(怨恨失去青春)，男或放死无匹。

【译文】

“古时候，夫妇相好，一个男人和一个女人组建家庭过日子。到了后来，士人有一个妾室，大夫有两个妾室，诸侯的妾室也只有妻子的侄女、妹妹，加起来不过九个女子而已。现在诸侯妻妾上百人，卿大夫妻妾十多个，中等人家有一些婢妾，富人婢妾满屋。所以有的女子怨恨失去青春，有的男人到死也没有娶到妻子。

“古者，凶年不备，丰年补败(把不足的粮食补上)，仍旧贯而不改作。今工异变而吏殊心，坏败成功，以匿厥意。意极乎功业，务存乎面目。积功以市誉，不恤民之急。田野不辟，而饰亭落(村落的房屋)，邑居丘墟，而高其郭。

【译文】

“古时候，凶年不储备粮食，丰年把不足的部分补上，按照老一套办事不加改变。现在工匠变了，官吏也怀有异心，抛开过去成功的做法，藏匿自己的私心。心里想的最多的是自己的功业，却务求保持正人君子的面目。他们积累功业以换取好名声，不体谅老百姓的疾苦。田地不开垦，官府却修饰来往必经村落的房屋，城市住宅荒废，官府却不断加高城郭。

“古者，不以人力徇(伺候)于禽兽，不夺民财以养狗马，是以财衍而力有余。今猛兽奇虫不可以耕耘，而令当耕耘者养食之。百姓或短褐(粗麻布做的短上衣)不完，而犬马衣文绣，黎民或糟糠不接，而禽兽食粱肉。

【译文】

“古时候，不耗费人力伺候禽兽，不掠夺民财饲养狗马，所以财物丰饶，人力也有富余。现在猛兽和奇异的虫鸟不会种地除草，却让辛勤的耕耘者养活喂食它们。有的百姓穿的粗布短衣尚不完备，富贵人家的狗马却穿着绣花衣服，老百姓吃糟糠尚且三餐不济，富贵人家的禽兽却吃着粮食和肉。

“古者，人君敬事爱下，使民以时，天子以天下为家，臣妾各以其时供公职，古今之通义也。今县官多畜奴婢，坐禀(无故享受供给)衣食，私作产业，为奸利，力作不尽，县官失实。百姓或无斗筲之储，官奴累百金；黎民昏晨不释事，奴婢垂拱(垂衣拱手，形容无所事事)遨游也。

【译文】

“古时候，君王恭敬地处理国事，爱护臣民，农闲时使用民力。天子以天下为家，大臣妻妾按照法令规定的时间履行公职，这是古今一贯的道理。现在官府蓄养了很多奴婢，他们坐享衣食，私自经营产业，谋取不当利益，干私活没完没了，官府失去了控制物资的能力。有的百姓连一斗米的储备都没有，官奴却积累了百金的财产；百姓从早到晚不间断地劳动，官府的奴婢却无所事事，到处闲逛。

“古者，亲近而疏远，贵所同而贱非类。不赏无功，不养无用。今蛮、貊无功，县官居肆，广屋大第，坐禀衣食。百姓或旦暮不赡，蛮、夷或厌酒肉。黎民泮汗(流汗)力作，蛮、夷交胫(盘腿)肆踞。

【译文】

“古时候，亲近邻而疏远人，看重本族轻视异族。不嘉奖无功之人，不供养无用之人。现在蛮、貊少数民族没有功劳，却在官府里放肆，他们住在宽敞高大的屋子里，坐享衣食。有的百姓三餐不济，蛮夷却酒足饭饱。老百姓流着汗干活，蛮夷却放肆地盘腿闲坐。

“古者，庶人麁菲草芰，缩丝尚韦而已。及其后，则綦下不借，鞔鞮革舄(皮鞋)。今富者革中名工，轻靡使容，纨里紃下，越端纵缘。中者邓、里闲作蒯苴。蠢竖婢妾，韦沓丝履。走者(仆人，跑腿的人)茸芰绚绾。

【译文】

“古时候，老百姓穿草鞋，用绳子和皮条系着鞋。到了后来，老百姓穿带鞋带的麻鞋或皮鞋。现在的富人雇用有名的鞋匠做皮鞋，鞋子轻软好看，鞋里是用细绢做的，鞋底装饰着丝麻做的绦带，鞋头、后跟和鞋口用绒布加以装饰。中等人家用邓、野的芭草做鞋，把蒯草垫在鞋里。愚蠢的仆人、婢妾都穿着皮鞋或丝鞋。仆人穿着鞋头有装饰的柔软的鞋子。

“古圣人劳躬养神，节欲适情，尊天敬地，履德行仁。是以上天歆(感动)焉，永其世而丰其年。故尧秀眉高彩，享国百载。及秦始皇览怪迂，信禨祥，使卢生求羡门高，徐市等入海求不死之药。当此之时，燕、齐之士，释锄耒，争言神仙。方士于是趣(奔走，奔赴)咸阳者以千数，言仙人食金饮珠，然后寿与天地相保。于是数巡狩五岳、滨海之馆，以求神仙蓬莱之属。数幸之郡县，富人以赀佐，贫者筑道旁。其后，小者亡逃，大者藏匿；吏捕索掣顿，不以道理。名宫之旁，庐舍丘落，无生苗立树；百姓离心，怨思者十有半。《书》曰：‘享多仪，仪不及物曰不享。’故圣人非仁义不载于己，非正道不御于前。是以先帝诛文成、五利等，宣帝建学官，亲近忠良，欲以绝怪恶之端，而昭至德之涂也。

【译文】

“古时候，圣人操练身体，涵养精神，节制欲望，调适心情，尊敬天地，践行美德和仁义。因此感动了上天，得以长久统治，并享有高寿。尧眉目清秀，脸色红润，他的国家国祚长达百年。等到秦始皇执政，他接受怪诞迂腐之说，相信占卜，派卢生寻求仙人羡门高，又派徐市等人到海上寻求长生不死的神药。那时，燕地、齐地的人都丢掉农具，竞相谈论神仙。方士奔赴咸阳的数以千计，他们说仙人吃了金丹和珠丸，就可以与天地同寿。秦始皇于是多次巡视五岳名山和海边的行宫，以寻求蓬莱仙岛的神仙。他屡次驾临郡县，富人提供费用，穷人在他巡游途经的道旁修建驰道和临时宫殿。后来，小户人家逃亡，大户人家藏匿；官吏到处搜捕，强迫他们顺服，完全不讲道理。著名行宫的旁边，民舍破败，没有一棵活着的树苗，也没有一棵挺立的树木；百姓离心，十人当中有五人怨恨。《尚书》说：‘享礼有很多礼节，物品丰盛而礼仪不周到，就算不上遵守礼仪。’所以圣人不是仁义的事不沾身，不是正途不向前走。因此武帝诛杀了文成、五利等恶人，宣帝建立了学官，亲近忠诚正直的大臣，想要断绝怪诞邪恶的根源，彰显至高道德。

“宫室奢侈，林木之蠹也。器械雕琢，财用之蠹也。衣服靡丽，布帛之蠹也。狗马食人之食，五谷之蠹也。口腹从恣(放纵，毫无节制)，鱼肉之蠹也。用费不节，府库之蠹也。漏积不禁，田野之蠹也。丧祭无度，伤生之蠹也。堕成变故伤功，工商上通伤农。故一杯棬用百人之力，一屏风就万人之功，其为害亦多矣！目修于五色，耳营于五音，体极轻薄，口极甘脆，功积于无用，财尽于不急。口腹不可为多。故国病聚不足即政怠，人病聚不足则身危。”

丞相曰：“治聚不足奈何？”

【译文】

“宫室修建得奢侈，就像林木长了蛀虫。器物精雕细琢，好比财用生了蛀虫。衣服奢靡华丽，好比布帛生了蛀虫。狗马吃人的食物，好比粮食生了蛀虫。放纵口腹之欲，好比鱼肉生了蛀虫。用度不节制，好比府库生了蛀虫。虚耗浪费，好比田地里生了蛀虫。丧礼祭祀无节制，就像伤害活人的蛀虫。毁坏规矩变更旧法，损伤功业，工商官营，妨害农业。因此，制作一个杯盘，需要消耗百人的人力，制造一扇屏风，要消耗上万人的劳力，它的危害太多了！眼睛沉迷于绚丽的色彩，耳朵沉醉于美妙的音乐，身上穿着轻柔的薄衣，嘴里吃着又甜又脆的食物，这就是把精力都花在无用的事物上，钱财用在不紧急的事情上。口腹不能贪多。所以，国家有财富聚集不足的弊病，就会导致政务懈怠，人得了聚集不足的疾病，身体就危险了。”

丞相说：“怎么治理聚集不足的弊病呢？”

救匮第三十

【题解】

本篇的议题是如何解决国家的财政问题。贤良认为国家财政空虚是因权贵生活奢侈，消耗无度所致，因此贵族子弟必须改变奢侈浪费的生活方式，衣食住行都要节制，然后罢弃园林，减少良田豪宅，以节俭质朴的形象为天下人做表率。大夫批评贤良从旁议论头头是道，却拿不出有用的方案，并反驳说公孙弘、倪宽节俭，曾被视为万民的榜样，可国家的内忧外患并没有解决，恶行仍然存在。贤良坚持说，国家财政匮乏是权贵阶层和官吏奢侈腐败引起的，权贵奢靡且无廉耻之心，醉心于争权夺利，如不遏制住这股不正之风，即便有伊尹、姜子牙那样的治世能臣，也解决不了财政匮乏的难题。

贤良曰："盖桡枉者以直，救文(虚饰，这里指奢侈)者以质。昔者，晏子相齐，一狐裘三十载。故民奢，示之以俭；民俭，示之以礼。方今公卿大夫子孙，诚能节车舆，适衣服，躬亲节俭，率以敦朴，罢园池，损田宅，内无事乎市列(店铺)，外无事乎山泽，农夫有所施其功，女工有所粥其业；如是，则气脉和平，无聚不足之病矣。"

【译文】

贤良说："矫正歪曲，必须使用矫直的工具，制止奢侈之风，必须倡导质朴的生活作风。从前，晏子在齐国做宰相，一件狐裘大衣穿了三十年。因此，百姓奢侈，就用俭朴的作风示民；百姓俭朴，就用礼仪示民。现在公卿大夫的子孙，如果能节制车辆，衣着适当，亲自践行节俭的生活方式，以淳朴敦厚的品格作为天下表率，罢弃园池，减少田地和房屋，官府对内不限制市场经营，对外不插手山林湖泽的利益，这样，农民有田耕种，女人也能卖出纺织品，社会贫富调匀，就不会有积聚不足的弊病了。"

大夫曰："孤子语孝，躄者(瘸子)语杖，贫者语仁，贱者语治。议不在己者易称，从旁议者易是，其当局则乱。故公孙弘布被，倪宽练袍，衣若仆妾，食若庸夫(雇工)。淮南逆于内，蛮、夷暴于外，盗贼不为禁，奢侈不为节；若疫岁之巫，徒能鼓口耳，何散不足之能治乎？”

【译文】

大夫说：“你们说的，就像孤儿谈论孝道，瘸子谈论拐杖，穷人谈论仁义，贱民谈论治国。议论与自己无关的事容易称道，站在旁边议论，说得头头是道，使当局陷入混乱。所以公孙弘盖粗布被子，倪宽穿朴素的袍子，穿衣如同仆妾，吃的像雇工一样。但境内有淮南王谋逆，境外有蛮夷残暴侵扰，盗贼的强盗行为没有因为他们的节俭就停止，奢侈之风也没有得到节制；你们就像瘟疫之年的巫师，只鼓动唇舌，怎能解决国家奢侈消耗过多、用度不足的问题？”

贤良曰：“高皇帝之时，萧、曹为公，滕、灌之属为卿，济济然斯则贤矣。文、景之际，建元之始，大臣尚有争引守正之义。自此之后，多承意从欲，少敢直言面议而正刺，因公而徇私。故武安丞相讼园田，争曲直人主之前。夫九层之台一倾，公输子不能正；本朝一邪，伊、望不能复。故公孙丞相、倪大夫侧身(反求诸己)行道，分禄以养贤，卑己以下士，功业显立，日力不足，无行人子产之继。而葛绎、彭侯之等，隳坏其绪，纰乱其纪，毁其客馆议堂，以为马厩妇舍，无养士之礼，而尚骄矜之色，廉耻陵迟而争于利矣。故良田广宅，民无所之；不耻为利者满朝市，列田畜者弥郡国，横暴掣顿(硬拉，强夺)，大第巨舍之旁，道路且不通，此固难医而不可为工。”

大夫勃然作色，默而不应。

【译文】

贤良说：“高祖皇帝在位时，萧何、曹参位列三公，夏侯婴、灌婴等人位列九卿，朝廷人才济济，贤人众多。文帝、景帝之际，建元初期，大臣们尚能竞相谏争、坚守正道。建元以后，大臣们大都迎合皇帝的心意，很少有敢于仗义执言指出君主过失的，他们大都凭借公务之便徇私。武安侯田蚡身为一国之相，为了和别人争夺田产，居然到皇帝面前争辩曲直。九层高台一旦倾覆，鲁班也不能扶正；朝政走上邪路，伊尹、姜子牙也不能匡复。所以公孙弘、倪宽反求诸己，践行儒道，拿出一部分俸禄供养贤人，放低姿态礼贤下士，功业显著，可惜他们时间和精力不充足，没有子羽、子产那样的人继承他们的事业。而公孙贺、刘屈氂等人毁坏了他们的功业，扰乱了纲纪，毁掉了他们招待贤人的客馆和议事厅堂，把这些地方变成马厩和奴婢的住房，抛弃了养士的礼节，脸上流露着骄傲的神色，廉耻之心衰减，全都竞相争利。所以权贵有良田广宅，老百姓却没有住处。京城里挤满了不以争利为耻的小人，国内到处都有霸占别人田产和牲畜的人。权贵蛮横，对百姓硬拉拖拽，豪宅建在路边，不准道路通行，这种情况难以治理，不可能做出成效。”

大夫忽然变了脸色，沉默不回应。

箴石第三十一

【题解】

箴石是用来治病的石针。本篇用以比喻治国的方法和手段。丞相希望文学、贤良扮演良医的角色，用药到病除的方式医治国家疾病，可是经过一番探讨非常失望，他被文学、贤良傲慢无礼的态度激怒，忍不住大肆批评攻击，愤怒地指出文学、贤良之辈根本没有革除社会弊病的本事，只知道发表激进的言论。贤良认为，贤士始终处在进退两难的境地，如果针砭社会顽疾，自己可能招来祸难；把良策藏在心里，又被怀疑没有治国才能。所以君子所走的道路十分狭窄，无论怎样都会受到非议。

丞相曰："吾闻诸郑长者曰：'君子正颜色，则远暴嫚；出辞气，则远鄙倍矣。'故言可述，行可则。此有司夙昔所愿睹也。若夫剑客论、博奕(泛指赌博)辩，盛色而相苏，立权以不相假，使有司不能取贤良之议，而贤良、文学被不逊之名，窃为诸生不取也。公孙龙有言：'论之为道辩，故不可以不属意，属意相宽(互相谦让)，相宽其归争，争而不让，则入于鄙。'今有司以不仁，又蒙素餐，无以更责雪耻矣。县官所招举贤良、文学，而及亲民伟仕，亦未见其能用箴石而医百姓之疾也。"

【译文】

丞相说："我听说郑长者说过：'君子神色庄重，就可以避免被别人粗暴轻慢地对待；说话注意口气，就可以避免粗野和错误。'所以他们的言论可以称述，行为可以效仿。这是官员日夜盼望看到的。如果你们像剑客那样争高下，像博弈的赌徒那样狡辩，盛气凌人，互相辩论，试图建立话语霸权不能相容，官员因此无法采纳贤良的意见，贤良也背负了桀骜不驯的名声，我认为这么做是不可取的。公孙龙说过：'讨论问题是为了阐明大道，所以不可以固执己见，坚持自己的意见时要互相谦让考虑对方的意见，这样才能回到正常的辩论上来。争辩不相让，就显得粗野。'现在我们官员被说成不仁，又白吃饭，看来是没办法弥补过失，一雪前耻了。朝廷举荐你们这些贤良、文学，可是即便等到你们亲自治民，也不见得你们能拿出箴石一样的良方医治百姓的疾病。"

贤良曰："贾生有言：'恳言则辞浅而不入，深言则逆耳而失指(宗旨，目的)。'故曰：'谈何容易。'谈且不易，而况行之乎？此胡建所以不得其死，而吴得几不免于患也。语曰：'五盗执一良人，枉木恶直绳。'今欲下箴石，通关鬲，则恐有盛、胡之累，怀箴橐艾，则被不工之名。'狼跋(踩)其胡，载踕其尾。'君子之路，行止之道固狭耳。此子石所以叹息也。"

【译文】

贤良说："贾山说过：'说话恳切，会因为语言浅显让人听不进去；说话深刻，别人听了刺耳，就达不到劝说的目的。'所以说：'言谈何曾容易'。进言尚且不容易，更何况付诸行动呢？这就是胡建不得好死，吴得差点不能免除祸难的原因啊。谚语说：'五个强盗可以制服一个良民，弯曲的木头讨厌笔直的准绳。'现在想要下针石治病，打通胸腹之间，恐怕会遭受成颙、胡建那样的灾祸，把药藏在口袋里，又要背负医术不高的坏名声。《诗经》说：'老狼向前走会踩到脖子下的垂肉，向后退又会踩到自己的尾巴。'君子所走的路，无论是前进还是止步，都很狭窄。这就是公孙龙叹息的原因啊。"

除狭第三十二

【题解】

本篇以君子之途道路狭窄展开辩论。大夫以郡守、国相为例，说他们享有朝廷赋予的权势和地位，可自行处理境内事务，不受中央限制管控，有极大的自主权。道路越走越窄，是自己能力不济的结果，不能怨天尤人。贤良认为朝廷在选贤任能方面存在很大问题，不再以层层选拔的方式任用官员，而是准许买官卖官，导致一些无才无德的官员上位，执掌万民生杀大权，扰乱了政治和纲纪。他进一步提出朝廷选拔人才和封赏必须合乎民意民心，只有唯才是举，奖励人们立功，才能建立清明政治，让君子之途宽广通畅，让更多的贤人发挥治国才能。

大夫曰："贤者处大林，遭风雷而不迷。愚者虽处平敞大路，犹暗惑(迷惑)焉。今守、相亲剖符赞拜，莅(统治)一郡之众，古方伯之位也。受命专制，宰割千里，不御于内；善恶在于己，己不能故耳，道何狭之有哉？"

【译文】

大夫说："贤才身处大山深林，遭遇风雨雷电，也不会迷失方向。愚蠢的人即便走在平坦宽敞的大路上，仍然感到迷惑。现在的郡守、国相亲自接受剖符向天子行礼，从而领受官位，统治一郡的百姓，地位相当于古代诸侯首领。他们受朝廷之命，可以独断专行，管制的领地方圆千里，不受朝廷约束；从善作恶全在自己，自己没能力做好，怎么能说道路狭窄呢？"

贤良曰："古之进士也，乡择而里选，论其才能，然后官之，胜职任然后爵而禄之。故士修之乡曲，升诸朝廷，行之幽隐，明足显著。疏远无失士，小大无遗功。是以贤者进用，不肖者简黜。今吏道杂而不选，富者以财贾官，勇者以死射(追求)功。戏车鼎跃，咸出补吏，累功积日，或至卿相。垂青绳，擐银龟，擅杀生之柄，专万民之命。弱者，犹使羊将狼也，其乱必矣。强者，则是予狂夫利剑也，必妄杀生也。是以往者，郡国黎民相乘而不能理，或至锯颈杀不辜而不能正。执纲纪非其道，盖博乱愈甚。古者，封贤禄能，不过百里；百里之中而为都，疆垂不过五十，犹以为一人之身，明不能照，聪不得达，故立卿、大夫、士以佐之，而政治乃备。今守、相或无古诸侯之贤，而莅千里之政，主一郡之众，施圣主之德，擅生杀之法，至重也。非仁人不能任，非其人不能行。一人之身，治乱在己，千里与之转化，不可不熟择也。故人主有私(恩赐)人以财，不私人以官，悬赏以待功，序爵以俟贤，举善若不足，黜恶若仇雠，固为其非功而残百姓也。夫辅主德，开臣途，在于选贤而器使(重用)之，择练守、相然后任之。"

【译文】

贤良说："古代举荐官员，从乡到里，层层选拔，考察他们的才能，然后给予官职，若能胜任官职再授予爵位和俸禄。所以，读书人在偏僻的乡村修养德行，再通过选拔升到朝廷；在偏远之处修行，做官后扬名于世。朝廷不因关系疏远漏掉贤士；无论功劳大小，论功行赏时都不遗漏。因此贤人得到重用，没有才能的人被检查罢免。现在升官之道非常混乱，朝廷不以才能选拔官员，富人拿钱买官，勇士冒死追求功名。表演车技和举鼎跳跃的人，都出来充任官吏，他们一天天累积功劳，有的都当上卿相了。他们身上佩戴青绶，贯穿银龟官印，独揽生杀大权，控制着老百姓的性命。如果他们孱弱，就好比羊带领狼群，必生祸乱。如果他们强横，相当于把利剑给了暴徒，必然胡乱杀人。因此过去郡国的百姓互相欺凌不能治理，有的锯断别人脖子杀害无罪之人，恶行也不能得到纠正。执掌国家法纪的人不走正道，社会会愈加动乱。古时候，朝廷给贤能封爵授禄，封地方圆不过百里，他们在百里之地的中心建都，边境不超过五十里，还以为凭借诸侯自己，眼睛不能全看到，耳朵不能全听到，所以设立卿、大夫、士来辅佐他，这样政事才算完备。现在的郡守、国相可能没有古代诸侯的贤能，却管理方圆千里的政务，主宰一郡的百姓，要求施行圣主的仁德，独揽生杀大权，任务极其重大啊。不是仁德的人不能担任这样的职务，不是仁德的人就不能施行仁政。一人之身，治乱全在他们自己，方圆千里的领地治乱兴衰随他们而变化，这样的官员不可不深思熟虑地挑选。所以，国君赐人钱财，却不赐人官位，悬赏等待立功之人，设立安排官爵等待贤人，推举善人如恐不足，罢免恶人如同对待敌人一样，这是因为他们无功且残害百姓。辅佐君王施行德政，开辟臣子的仕途，在于选拔贤能重用他们，按此方法选拔郡守、国相然后加以任用。”

疾贪第三十三

【题解】

本篇的议题是官员贪腐。贤良认为汉代政治不清明，官场昏暗，官吏贪腐成风，是薪俸制度出现了问题。古代官员廉洁，在于朝廷懂得高薪养廉，官员依靠俸禄可以过上优渥的生活，没必要通过不正当手段谋求钱财。而当世，官员俸禄微薄，还要受到上级盘剥，为保障自身利益，只能对上行贿对下欺压，由此整个官场从上到下形成了一股贪鄙之风。大夫认为，人贤与不贤，廉洁还是贪婪，皆出自本性，不能怪罪朝廷。贤良进一步指出，贪婪的根源在执政者上层，不在百姓，要解决这个问题，必须加强官员的思想道德教育，并整顿吏治。

大夫曰："然。为医以拙矣，又多求谢(报酬，酬金)。为吏既多不良矣，又侵渔(掠夺，剥削)百姓。长吏厉诸小吏，小吏厉诸百姓。故不患择之不熟，而患求之与得异也；不患其不足也，患其贪而无厌也。"

【译文】

大夫说："是啊。医生的医术已经很拙劣了，还想多要报酬。官吏大多不是好人，又去进一步掠夺百姓。长吏欺压小吏，小吏欺压百姓。所以不怕朝廷没有谨慎选择官吏，就怕所得的官员和我们想要求取的贤才不一样；不怕选拔的官员不够多，就怕他们贪得无厌。"

贤良曰："古之制爵禄也，卿大夫足以润贤厚士，士足以优身及党，庶人为官者，足以代其耕而食其禄。今小吏禄薄，郡国繇役，远至三辅，粟米贵，不足相赡。常居则匮于衣食，有故则卖畜粥业。非徒是也，繇使相遣，官庭摄追(追索)，小计权吏，行施乞贷(宽免)，长吏侵渔，上府下求之县，县求之乡，乡安取之哉？语曰：'货赂下流，犹水之赴下，不竭不止。'今大川江河饮巨海，巨海受之，而欲溪谷之让流潦；百官之廉，不可得也。夫欲影正者端其表，欲下廉者先之身。故贪鄙在率不在下，教训在政不在民也。"

【译文】

贤良说："古时候，朝廷制定官爵俸禄的制度，卿大夫的俸禄足以供养厚待贤士，士人的俸禄足以让自己和家族过上优越的生活，老百姓做了官，足以不去耕种完全靠俸禄养活自己。现在小吏俸禄微薄，郡国徭役出差，要远赴三辅地区，粮食价格昂贵，收入不足以养活自身。日常家庭开销就已经衣食不足，遇到变故就得变卖牲畜和家业。不仅如此，还要充当徭役差使，被官府追索赋税，地方上的小吏只能行贿乞求宽免，大官掠夺盘剥，县以上的衙门向县衙索要财物，县衙向乡索取，乡又到哪里索取呢？谚语说：'贿赂向下传递，就像水流向下流淌，水源不枯竭就不可能停止。'现在大川江河流入大海，大海接纳了，却让小溪不接受路边那点积水，是不可能的；在这种情形下，想让百官廉洁，也是不可能的。想要影子端正，必须端正身体，想要下级廉洁，必须先端正自身。所以贪婪卑鄙的根源在长官不在下级，需要受到教育训诫的是为政者，而不是老百姓。"

大夫曰："贤不肖有质(本性)，而贪鄙有性，君子内洁己而不能纯教于彼。故周公非不正管、蔡之邪，子产非不正邓晳之伪也。夫内不从父兄之教，外不畏刑法之罪，周公、子产不能化(教化)，必也。今一一则责之有司，有司岂能缚其手足而使之无为非哉？"

【译文】

大夫说："人贤与不贤取决于本性，贪婪粗鄙是由性情决定的，君子自己廉洁，却不能教别人同样廉洁。所以，周公并非没有纠正管叔、蔡叔的邪恶行径，子产并非没有纠正邓晳的邪说。但他们在家里不听从父亲和兄长的教导，在外面不怕刑法治罪，周公、子产不能教化他们，是必然的。现在你们什么事都责备官员，官员岂能绑住他们的手脚阻止他们为非作歹呢？"

贤良曰："驷马不驯，御者之过也。百姓不治，有司之罪也。春秋刺讥不及庶人，责其率也。故古者大夫将临刑，声色不御，刑以当矣，犹三巡而嗟叹之。其耻不能以化而伤其不全也。政教暗而不著，百姓颠蹶(跌倒)而不扶，犹赤子临井焉，听其入也。若此，则何以为民父母？故君子急于教，缓于刑。刑一而正百，杀一而慎万。是以周公诛管、蔡，而子产诛邓皙也。刑诛一施，民遵礼义矣。夫上之化下，若风之靡(倒下)草，无不从教。何一一而缚之也？"

【译文】

贤良说："驾车的马不驯服，是马车夫的过错。百姓得不到治理，是官员的罪过。《春秋》讥讽的对象不涉及老百姓，仅仅责问长官。所以古代大夫监督行刑，不接近娱乐女色，刑罚已经得当了，还要再三审查叹息。他们为不能教化百姓感到耻辱，为不能保全百姓身体感到哀伤。政教昏暗不能使其昌明，百姓跌倒不去搀扶，就好比小孩子走到井边，任凭他掉进井里一样。如果是这样，凭什么做老百姓的父母官呢？因此，君子急于教化，缓于动刑。对一人施加刑罚，就能纠正百人的行为，杀掉一个罪犯，就能使上万人谨慎行事。所以周公杀掉了管叔、蔡叔，子产杀死了邓皙。刑罚和死刑一旦实施，老百姓就尊奉礼仪了。上面的官员教化下面的百姓，犹如大风吹倒野草，没有不服从的。何必要将他们逐个捆绑起来呢？"

后刑第三十四

【题解】

本篇的议题是刑罚问题。大夫主张依法治国，提倡凭借严刑峻法威慑臣民，可见他深受法家思想影响。贤良主张"先德后刑"，即先推行德政，然后用刑罚惩恶扬善。他认为，如果刑罚已经起到震慑作用，百姓因此遵纪守法，那么就没有必要杀戮了。由此可见，贤良深受儒家影响，一心想要推行德政、仁政，不愿看到统治者滥施淫威、杀戮过度。从两人的辩论中，我们可以清楚地看到儒家和法家在治国理念上的差异。法家坚定维护统治者的利益和权威，把严刑酷法当作统治工具；而儒家看重教化的作用，希望执政者修正自己，凭借榜样作用安定天下。

大夫曰："古之君子，善善而恶恶。人君不畜(养育)恶民，农夫不畜无用之苗。无用之苗，苗之害也；无用之民，民之贼也。锄一害而众苗成，刑一恶而万民悦。虽周公、孔子不能释刑而用恶。家之有姐子(娇子，指该被诛除的败家子)，器皿不居，况姐民乎！民者敖于爱而听刑。故刑所以正民，锄所以别苗也。"

【译文】

大夫说："古代的君子喜欢好人，厌恶恶人。国君不养育邪恶的百姓，农民不养没用的莠苗。没用的莠苗，是禾苗的祸害；没用的恶人，是百姓的祸害。锄掉一棵有害的莠苗，禾苗就能茁壮生长；惩罚一个恶人，广大百姓就会为之欢悦。即便周公、孔子也不能废弃刑罚任用恶人。家中有败家子，家具用品都不能保存，更何况民间有败类呢！百姓被怜爱就会骄纵，但会服从刑罚。所以刑罚可以矫正民众的行为，锄头可以辨别铲除莠草。"

贤良曰："古者，笃教以导民，明辟(法律)以正刑。刑之于治，犹策之于御也。良工不能无策而御，有策而勿用。圣人假法以成教，教成而刑不施。故威厉而不杀，刑设而不犯。今废其纪纲而不能张，坏其礼义而不能防。民陷于罔从而猎之以刑，是犹开其阑牢，发以毒矢也，不尽不止。曾子曰：'上失其道，民散久矣。如得其情，即哀矜而勿喜。'夫不伤民之不治，而伐己之能得奸，犹弋者睹鸟兽挂罻罗(捕鸟的罗网)而喜也。今天下之被诛者，不必有管、蔡之邪，邓皙之伪，恐苗尽而不别，民欺而不治也。孔子曰：‘人而不仁，疾之已甚，乱也。’故民乱反之政，政乱反之身，身正而天下定。是以君子嘉善而矜不能，恩及刑人，德润穷夫，施惠悦尔，行刑不乐也。”

【译文】

贤良说：“古代，朝廷一心用教化引导百姓，靠申明法令来端正刑罚。刑罚之于治国，就好比马鞭之于驾车。好车夫不能不带鞭子驾车，但有了鞭子也不能轻易使用。圣人利用法令成就教化，教化成功了，就不用施行刑罚了。所以他们威猛严厉但不杀人，刑罚设立了，人们便不敢违反。现在纲纪废弛不能实行，礼义崩坏不能防止人们犯法。百姓陷入法网，官府便用刑猎捕，就好比打开栏圈放出野兽，再用毒箭射杀，杀不完就不停止。曾子说：‘当政的人丧失道义，民心涣散已久。如果知道了罪犯的实际情况，就会哀怜同情他们，而不会沾沾自喜。’不为百姓得不到治理而哀伤，反而夸耀自己能制裁奸恶之人，好比猎手看到鸟兽坠入悬挂的罗网而满心欢喜一样。现在天下被诛杀的犯人，未必有管叔、蔡叔那样的邪恶或邓皙的伪学，怕是把禾苗都铲除干净了还是分辨不出好苗恶苗，老百姓受到欺侮也得不到治理。孔子说：‘对于不仁的人，痛恨他太厉害，将引发祸乱。’所以百姓内乱，要回过头来从朝政上寻找原因，朝政混乱，从政者要反省自身，自己行为端正，天下才能安定。因此君子赞美善良的人，同情不能为善的人，恩惠推广到受刑的犯人，仁德惠及穷人，施加恩惠时感到开心，动用刑罚时心情不悦。”

授时第三十五

【题解】

本篇的议题是如何抓紧农时，发展农业生产，解决农民贫困的问题。大夫认为朝廷在政策上已经给百姓提供了很多帮助和便利，老百姓贫穷完全是由于自己懒惰奢侈造成的，官府没有义务供养他们。贤良认为教化可以治民，先让民众富裕起来，再推行教化，百姓就会知礼义一心向善，又进一步指出农民贫困的根源在官不在民，鼓励农耕必须以不违农时为前提，官府大搞形式主义，没有劝课农桑的诚意，总是敷衍了事，以致百姓不能及时播种和收割作物，所以很多问题得不到解决。可见，大夫不体谅民情，对农业和农民缺乏基本的了解，把所有的问题都归咎于农民身上，态度非常傲慢。相比之下，贤良比较体察民意，且深谙人性，分析问题有理有据，鞭辟入里。

大夫曰："共其地，居是世也，非有灾害疾疫，独以贫穷，非惰则奢也；无奇业(非正业)旁入，而犹以富给，非俭则力也。今曰施惠悦尔，行刑不乐；则是闵(怜悯)无行之人，而养惰奢之民也。故妄予不为惠，惠恶者不为仁。"

【译文】

大夫说："居住在同样的土地上，处在同一个时代，没有灾害、疾病、瘟疫，独自贫穷，那么这样的人不是懒惰就是奢侈；没有副业收入，犹能富足，这样的人不是节俭就是勤劳。今天说什么施惠于人就快乐，动用刑罚就不高兴，这是怜悯品行不良的人，供养懒惰奢侈的恶民。因此，胡乱给予不算恩惠，施惠给恶人不叫仁慈。"

贤良曰："三代之盛无乱萌(通'氓'，即百姓)，教也；夏、商之季世无顺民，俗也。是以王者设庠序(学校)，明教化，以防道其民，及政教之洽，性仁而喻善。故礼义立，则耕者让于野；礼义坏，则君子争于朝。人争则乱，乱则天下不均，故或贫或富。富则仁生，赡则争止。昏暮叩人门户，求水火，贪夫不悋，何则？所饶也。夫为政而使菽粟如水火，民安有不仁者乎！"

【译文】

贤良说："夏、商、周三代昌盛时没有乱民，是教化使然；夏商末世没有顺服的百姓，是风俗败坏的结果。所以君王设立学校，宣明教化，防止百姓作乱，引导民众行事，待政治教化密切结合，人们的心性变得仁慈，就知道什么是善了。所以，礼义确立，耕田的农夫在田野里谦让；礼义崩坏，君子便在朝堂上争斗。人人相争，则社会动乱；社会动乱，则天下财富不均；因此有的穷有的富。富裕了，就会生出仁义之心，物资充足则会停止争夺。傍晚时分敲人家门户，求借水火，即便贪婪的人也不吝啬，为什么呢？这是因为物资充足呀。执政者如果能让粮食像水火那样丰足，百姓哪有不仁义的呢？"

大夫曰："博戏驰逐之徒，皆富人子弟，非不足者也。故民饶则僭侈，富则骄奢，坐而委蛇，起而为非，未见其仁也。夫居事(办事)不力，用财不节，虽有财如水火，穷乏可立而待也。有民不畜(积蓄，储蓄)，有司虽助之耕织，其能足之乎？"

【译文】

大夫说："赌博赛马的人，都是富家子弟，不是那些衣食不足的穷人。所以百姓丰足就会过度奢侈，生活富裕则骄奢，他们坐下来就慵懒地歪曲着身子，站起来便为非作歹，没看见他们的仁义。这些人办事不尽力，花钱不节制，即便家财多得有如水火，过不了多久照样会陷入贫穷匮乏。百姓不储蓄，官员即便帮助他们种地织布，难道他们就能富足吗？”

贤良曰：“周公之相成王也，百姓饶乐，国无穷人，非代之耕织也。易其田畴(田地)，薄其税敛，则民富矣。上以奉君亲，下无饥寒之忧，则教可成也。《语》曰：‘既富矣，又何加焉？曰，教之。’教之以德，齐之以礼，则民徙义而从善，莫不入孝出悌，夫何奢侈暴慢(凶暴傲慢)之有？管子曰：‘仓廪实而知礼节，百姓足而知荣辱。’故富民易与适礼。”

【译文】

贤良说：“周公辅佐成王时，百姓富足快乐，国内没有穷人，朝廷没有代替他们种田织布。让民众修治田地，减轻赋税，百姓就富裕了。他们对上可以侍奉君王和双亲，自己没有挨冻受饿的忧愁，这样教化就可以成功了。《论语》说：‘百姓富足了，又该做些什么呢？孔子说，教化他们。’用美德教化他们，用礼仪规范他们的行为，这样百姓就向往仁义，乐于行善，莫不在家孝顺父母，在外友爱兄弟，哪有奢侈、凶暴、傲慢的现象呢？管子说：‘粮仓粮食充足，百姓知道礼节，百姓丰足则知道荣辱。’所以富裕的百姓容易向往礼义。”

大夫曰：“县官之于百姓，若慈父之于子也：忠焉能勿诲乎？爱之而勿劳乎？故春亲耕以劝农，赈贷以赡不足，通滀水(积水)，出轻系(罪轻的犯人)，使民务时也。蒙恩被泽，而至今犹以贫困，其难与适道若是夫！”

【译文】

大夫说：“朝廷对待百姓，就像慈父对待儿子一样：他们忠心难道就不需要教育吗？爱惜他们，难道就不让他们劳动了吗？因此春天，天子亲自耕种来劝勉百姓务农，朝廷赈济借贷以供给那些衣食不足的人，并疏通积水，释放监狱里的轻罪犯人，为的是让民众及时耕种。他们蒙受恩泽仍然贫穷，让他们走正道为何如此困难啊！”

贤良曰：“古者，春省耕以补不足，秋省敛以助不给。民勤于财则贡赋省，民勤于力则功筑罕。为民爱力，不夺须臾。故召伯听断于甘棠之下，为妨农业之务也。今时雨澍泽，种悬而不得播，秋稼零落乎野而不得收。田畴赤地，而停落成市，发春而后，悬青幡(青色的旗子)而策土牛，殆非明主劝耕稼之意，而春令(春季施行的有关农业生产的政令)之所谓也。”

【译文】

贤良说：“古时候，春天朝廷派官员视察春耕，以补助农具、种子的不足，秋天派官员收税，以帮助不能自给的地方。百姓钱财少，就减轻税赋，百姓缺少劳力，就减少土木工程。为百姓爱惜人力，不侵夺农时。所以召伯在甘棠树下听讼断案，是担心妨碍农事啊。如今雨水及时，滋润了川泽万物，可种子却挂在墙上不能播种，秋天庄稼散落在田地里不能及时收割。田地荒废了，而官府派百姓去建设的村落变成了城市，开春之后，官员们悬挂青旗，驱赶泥土塑成的耕牛，怕不是承明主劝勉耕稼之意，而是为了应付春令才那么做的。”

水旱第三十六

【题解】

本篇讨论的议题是水旱灾害。大夫认为水旱灾害是天灾，并非人为原因造成，不是主管官员的过错。贤良则强调天人感应，坚持认为执政者有德才能感动上天，致使灾害不生。朝廷必须废除盐铁官营，以民为重，才能在消除人祸的同时消除天灾。大夫认为盐铁官营利大于弊,是一项利国利民的好政策,对促进农业生产大有益处。贤良则抨击说,官府统一铸造的铁器都是大件,不便使用。农具是工作积极性不高的役夫、刑徒赶工制出的劣质产品,不仅不锋利且易于损坏,严重耽误正常的生产生活。主管铁器的官员极其腐败又不负责任,给民众增加了很多麻烦和负担。可见,表面上利国利民的政策,一旦在民间执行,可能由于各种各样的原因,完全脱离了最初的预想,唯有深入民间明察秋毫,才能评价一项政策的好坏。

大夫曰:"禹、汤圣主,后稷、伊尹贤相也,而有水旱之灾。水旱,天之所为,饥(歉收)穰(丰收),阴阳之运也,非人力。故太岁之数,在阳为旱,在阴为水。六岁一饥,十二岁一荒。天道然,殆非独有司之罪也。"

【译文】

大夫说:"大禹、商汤是圣主,后稷、伊尹是贤相,但他们执政时期仍然有水灾和旱灾。水旱灾害是自然原因造成的,歉收丰收是阴阳运行的结果,并非人力所为。所以太岁运行的区域,位置在阳就出现旱灾,在阴就出现水灾。六年一次歉收,十二年一次灾荒。天道如此,不是官员们的罪过。"

贤良曰:"古者,政有德,则阴阳调,星辰理,风雨时。故行修于内,声闻于外,为善于下,福应于天。周公载纪而天下太平,国无夭伤,岁无荒年。当此之时,雨不破块,风不鸣条(树枝),旬而一雨,雨必以夜。无丘陵高下皆熟。《诗》曰:'有渰萋萋(阴云密布),兴雨祁祁。'今不省其所以然,而曰'阴阳之运也',非所闻也。《孟子》曰:'野有饿殍,不知收也;狗豕食人食,不知检也;为民父母,民饥而死,则曰,非我也,岁也,何异乎以刃杀之,则曰,非我也,兵也?'方今之务,在除饥寒之患,罢盐铁,退权利,分土地,趣本业,养桑麻,尽地力也。寡功节用，则民自富。如是，则水旱不能忧，凶年不能累也。”

【译文】

贤良说：“古时候，执政者有美德，阴阳调和，星辰运行有序，风调雨顺。所以自己修养德行，名声传播在外，与下民为善，福报就会感应上天。周公修己，天下太平，国内百姓没有夭折伤亡，年年没有灾荒。那时，雨水打不破土块，风吹不响树枝。十天下一场雨，每次都是夜间下雨。无论是丘陵还是高坡洼地，庄稼都能生长成熟。《诗经》说：‘浓云密布，细雨绵绵。’现在不去考察天灾出现的原因，却说是阴阳运行的结果，这是从未听说过的。《孟子》说：‘田野里有饿死的人，不知道收敛尸骨；猪狗吃了人的食物，不知道检查制止；身为百姓父母官，老百姓饿死，却说不是我造成的，是年景不好的缘故，这跟用刀杀人，却说不是我杀的，是兵器杀的，有什么两样？’当今要务，在于消除饥寒祸患，取消盐铁官营，把经营权利归还百姓，分给农民田地，促进农业生产，养蚕种麻，充分发挥地力。减少土木工程，节约用度，百姓自然会富裕。这样，发生水旱灾害也不会忧愁，遇到凶年百姓也不会受苦受难了。”

大夫曰：“议者贵其辞约而指明，可于众人之听，不至繁文稠辞，多言害有司化俗之计，而家人语(家常话)。陶硃(陶朱公，即范蠡)为生，本末异径，一家数事，而治生之道乃备。今县官铸农器，使民务本，不营于末，则无饥寒之累。盐铁何害而罢？”

【译文】

大夫说：“说话贵在简明扼要，让大家听明白，不必使用烦琐的文字和繁重的辞藻，话说太多会妨害官员制定教化民俗的大计，所以不要像家常话那样啰唆。陶朱公经营生计，农业工商业分工明确，一家人干很多事，谋生之道才算完备。现在朝廷铸造农具，让百姓务农，不经营商业，这样他们就能免于饥寒之苦。盐铁官营有什么坏处，为什么要取消呢？”

贤良曰：“农，天下之大业也；铁器，民之大用也。器用便利，则用力少而得作多，农夫乐事劝功。用不具，则田畴荒，谷不殖，用力鲜，功自半。器便与不便，其功相什而倍也。县官鼓铸铁器，大抵多为大器，务应员程(规定数量、期限)，不给民用。民用钝弊，割草不痛，是以农夫作剧(劳动繁重)，得获者少，百姓苦之矣。”

【译文】

贤良说：“农业，是天下大业；铁器，对百姓大有用处。农具使用便利，费力少收获大，农民就乐于耕作。农具不完备，则田地荒芜，谷物不生长，力气用得少，功效自然减半。铁器方便与不方便，功效相差十倍。朝廷铸造的铁器，多为大件，只顾赶工期凑数，不适合百姓使用。百姓使用的农具是容易破损的钝器，割不动草，所以劳动繁重，收获少，大家都很苦恼。”

大夫曰：“卒徒工匠，以县官日作公事，财用饶，器用备。家人合会，褊于日而勤(缺少)于用，铁力不销炼，坚柔不和。故有司请总盐铁，一其用，平其贾(价格)，以便百姓公私。虽虞、夏之为治，不易于此。吏明其教，工致其事，则刚柔和，器用便。此则百姓何苦？而农夫何疾？”

【译文】

大夫说：“役夫、刑徒和工匠，按官府要求每天冶炼劳作，财用充足，器物齐备。以前老百姓几家合作炼铁，时间紧、资金少，铁矿石难以销熔冶炼，炼出的铁刚柔不均。因此官员请求实行盐铁官营，统一规格，降低价格，以便于百姓和公家。即便让虞舜、夏禹治理国家，也不会改变这种做法。官吏讲明铸造铁器的方法，工匠努力冶铸，炼出来的铁刚柔调和，铁器使用方便。这样，老百姓有什么苦恼？农民还痛恨什么呢？”

贤良曰：“卒徒工匠！故民得占租鼓铸、煮盐之时，盐与五谷同贾，器和利而中用。今县官作铁器，多苦恶，用费不省，卒徒烦而力作不尽。家人相一，父子戮力，各务为善器，器不善者不集。农事急，挽运衍之阡陌之间。民相与市买，得以财货五谷新币易货；或时贳(赊账)民，不弃作业。置田器，各得所欲。更繇省约，县官以徒复作，缮治道桥，诸发民便之。今总其原，壹其贾，器多坚䃘，善恶无所择。吏数不在，器难得。家人不能多储，多储则镇生。弃膏腴之日，远市田器，则后良时。盐铁贾贵，百姓不便。贫民或木耕手耨，土耰淡食。铁官卖器不售或颇(不公平)赋与民。卒徒作不中呈，时命助之。发征无限，更繇以均剧，故百姓疾苦之。古者，千室之邑，百乘之家，陶冶工商，四民之求，足以相更。故农民不离畦亩，而足乎田器，工人不斩伐而足乎材木，陶冶不耕田而足乎粟米，百姓各得其便，而上无事焉。是以王者务本不作末，去炫耀，除雕琢，湛民以礼，示民以朴，是以百姓务本而不营于末。”

【译文】

贤良说：“说什么役夫、刑徒和工匠！过去老百姓可以卖酒、冶铁、煮盐的时候，盐和粮食一个价格，铁器便利实用。现在朝廷制造的铁器，大都质量低劣，费用没节省多少，役夫、刑徒心烦气躁，不肯尽力劳作。以前几家一起合作冶铁，父子同心协力，各自都想造出质量好的铁器，铁器不好就不拿到市场上卖。农时紧急时，就用车子载着铁器运输，散布到田间小路上售卖。百姓竞相购买，有用钱币、粮食换的，有用破损的旧铁器换新的，有时还可以赊账，不耽误农业生产。农民购置农具，各得所需。节省了徭役的时间，朝廷征发的刑徒，可以从事修路架桥的劳动，百姓也得到了便利。现在官府管控盐铁资源，统一价格，铁器坚脆低劣，质量好坏没法选择。主管买卖的官吏不在商店，铁器很难买到。家里不能多储备，储存多了铁器会生锈。百姓放弃大好的务农时光，跑远路购买农具，以致耽误了农时。盐铁价格很贵，百姓不方便。贫苦的农民只好用木器耕作，徒手除草，用简易的工具打碎土块，买不起盐就吃淡食。铁官的农具卖不出去，有的便以不公平的价格配售给老百姓。役夫和刑徒没有完成预定的指标，官员有时就命令百姓帮助他们。官府征发没节制，于是让百姓更替服徭役的人，以均衡繁重的劳动，所以百姓非常痛苦。古时候，千户人家的采邑，百辆战车的大夫家，制陶的，冶铁的，做工的，经商的，四类民众需求的，足以互相交换。所以，农夫不离开田地就有足够多的农具，工匠不去砍伐就有足够多的木料，制陶的冶铁的不耕田就有足够多的粮食，百姓各得其便，朝廷没有政务。因此君主致力于农业，而不发展工商业，官员应当除去炫耀的习气，抛弃没用的雕刻之物，用礼义浸润教化民众，以俭朴示民。这样老百姓才愿意务农，不去经商牟利。”

卷 七

崇礼第三十七

【题解】

本篇争论的焦点在于，以什么样的礼仪接待外邦，进而展示中原优越的文化和举足轻重的大国地位，促使外邦异族受到感化，乐于与中原交好。大夫认为，陈列豪华的仪仗和军马，可展示大汉王朝的威仪，奠定自己凛然不可侵犯的地位；展示罕有的珍禽异兽，让外邦人大开眼界，可彰显中原的富有，并展露大国风度。贤良则认为，耀武扬威，展现一些稀奇古怪的东西，严重违背了中原崇礼施德的传统，并不能体现中原礼仪之邦的地位，根本不可能让外邦人心悦诚服。想要让远方异族发自内心地崇敬和向往中原，必须弄清什么是国家之宝。除了礼仪之外，贤才最为紧要。一个国家，既拥有先进的文化和文明，又有贤良涌现，才能被看重和认可。

大夫曰："饰几杖，修樽俎(盛祭品或食品的器具)，为宾，非为主也。炫耀奇怪，所以陈四夷，非为民也。夫家人有客，尚有倡优奇变之乐，而况县官乎？故列羽旄(乐舞时所执的雉羽和旄牛尾，代指旌旗，这里指仪仗)，陈戎马，所以示威武；奇虫珍怪，所以示怀广远、明盛德，远国莫不至也。"

【译文】

大夫说："装饰几案和手杖，摆设酒杯和盛器，是为了招待客人，而不是为了主人。炫耀珍奇异宝，是为了展示给四方少数民族，不是给老百姓看的。家里来了客人，尚且要安排歌曲杂技表演，何况是朝廷呢？因此，陈列仪仗和军马，是用来彰显大国威风。展示珍禽异兽，是为了怀柔远方异族，宣明朝廷盛德，使远方国家都来朝拜。"

贤良曰："王者崇礼施德，上仁义而贱怪力，故圣人绝而不言。孔子曰：'言忠信，行笃敬，虽蛮、貊之邦，不可弃也。'今万方绝国之君奉贽献者，怀天子之盛德，而欲观中国之礼仪，故设明堂、辟雍以示之，扬干戚、昭《雅》《颂》以风之。今乃以玩好不用之器，奇虫不畜之兽，角抵(摔跤、相扑)诸戏，炫耀之物陈夸之，殆与周公之待远方殊。昔周公处谦以卑士，执礼以治天下，辞越裳之贽(见面礼)，见恭让之礼也；既，与入文王之庙，是见大孝之礼也。目睹威仪干戚之容，耳听清歌《雅》《颂》之声，心充至德，欣然以归，此四夷所以慕义内附，非重译狄鞮来观猛兽熊罴也。夫犀象兕虎，南夷之所多也；骡驴馲驼，北狄之常畜也。中国所鲜，外国贱之，南越以孔雀珥(装饰)门户，昆山之旁，以玉璞抵乌鹊。今贵人之所贱，珍人之所饶，非所以厚中国，明盛德也。隋、和，世之名宝也，而不能安危存亡。故喻德示威，惟贤臣良相，不在犬马珍怪。是以圣王以贤为宝，不以珠玉为宝。昔晏子修之樽俎之间，而折冲乎千里；不能者，虽隋、和满箧，无益于存亡。"

【译文】

贤良说："君王崇尚礼仪，施行德政，看重仁义，轻视怪异暴力，所以圣人从不谈论这些东西。孔子说：'讲话忠实诚信，行为笃厚恭敬，即便到了蛮、貊那样落后的地区，也不可以丢弃这些品质。'现在很多远国的君主带着礼物前来进贡，感怀天子盛德，想要看看中原的礼仪。所以朝廷设立明堂和学府展示给他们看，让艺人挥舞盾牌大斧起舞，演唱《雅》《颂》感化他们。现在却把无用的玩赏之物、人们不蓄养的奇兽以及摔跤游戏、光彩夺目的物品，陈列出来夸耀，怕是跟周公招待远方诸侯的方式不一样。从前周公谦和地对待地位卑下的贤士，以礼义治理天下，谢绝了越裳国进献的见面礼，为的是展示恭让之礼，礼毕，和越裳国君一起进入文王祠堂，以此让对方看到大孝之礼。来宾目睹了威仪万方、手执盾斧的武舞，亲耳聆听了《雅》《颂》的清雅之音，心中充满圣德，欣然回到自己的国家，这就是四方少数民族仰慕仁义乐于归附中原的原因，他们并不是通过几重翻译来观赏中原的猛兽熊罴的。犀牛、大象、老虎，南方蛮邦多的是；骡子、毛驴、骆驼，是北方少数民族常见的家畜。中原稀罕的动物，外族却不重视。南越用孔雀翎羽装饰门户，在昆仑山附近居住的人们，用玉石投掷乌鸦和喜鹊。现在我们看重别人轻视的东西，把别人俯拾皆是的东西视为珍宝。这不是提高中原地位，宣明圣德的方法。隋侯之珠、和氏之璧，是世上有名的宝贝，但不能影响国家的安危存亡。所以，宣明圣德，展示大国威仪，只能靠贤臣良相，不能靠狗马和珍禽异兽。因此，圣明的君主把贤人当作珍宝，而不把珠玉当作珍宝。从前晏子在酒宴上展示礼仪，使千里之外的晋军折返退却，如不能以礼服人，即便有满箱的隋侯珠、和氏璧，对国家存亡也是没有任何帮助的。”

大夫曰：“晏子相齐三君，崔、庆(崔杼、庆封)无道，劫其君，乱其国，灵公国围；庄公弑死；景公之时，晋人来攻，取垂都，举(占领)临菑，边邑削，城郭焚，宫室隳，宝器尽，何冲之所能折乎？由此观之：贤良所言，贤人为宝，则损益无轻重也。”

【译文】

大夫说：“晏子辅佐齐国三位国君时，崔杼、庆封不守臣道，劫持君主，扰乱国家，齐灵公时期，国都被敌人包围；齐庄公被大臣弑杀；齐景公时期，晋国军队前来攻打，夺取了垂都，占领了临淄，削割了边城的土地，焚烧了城郭，毁掉了宫室，将宝物抢劫一空，哪有战车折返退却的事呢？由此可见，贤良说的‘贤士为国家珍宝’，其实他们对国家损益无足轻重。”

贤良曰：“管仲去鲁入齐，齐霸鲁削，非持其众而归齐也。伍子胥挟弓干阖闾，破楚入郢，非负其兵而适吴也。故贤者所在国重，所去国轻。楚有子玉得臣，文公侧席(因忧虑而坐不安稳)；虞有宫之奇，晋献不寐。夫贤臣所在，辟除开塞(开疆拓土)者亦远矣。故《春秋》曰：‘山有虎豹，葵藿为之不采；国有贤士，边境为之不害’也。”

【译文】

贤良说：“管仲离开鲁国来到齐国，使齐国称霸鲁国削弱，他并没有率众归附齐国。伍子胥手持弓箭向吴王阖闾求助，后来攻破楚国闯入郢都，他并没有把军队带到吴国。所以，贤士在哪个国家，哪个国家就地位重要；离开哪个国家，哪个国家就无足轻重。楚国有名将子玉，晋文公坐立不安；虞国有大夫宫之奇，晋献公便不能入眠。国家有贤臣，可长久地消除灾难、开疆拓土。因此《春秋》说：‘山上有猛虎猎豹，葵藿野菜没人敢采；国家有贤士，边境不会受到侵害。’”

备胡第三十八

【题解】

本篇的议题是是否要用武力讨伐匈奴。大夫认为，匈奴侵扰中原边境，是对汉家的公然冒犯，出于维护国威和天子颜面的目的，必须发兵讨伐。贤良认为，匈奴久居荒漠，逐水草游牧而生，秉性粗野，中原想要采用武力手段迫使他们臣服改变，是不现实的。打着征讨不义的旗号讨伐蛮夷，没有实际意义。大夫搬出“普天之下莫非王土，率土之滨莫非王臣”的老一套，进一步指出匈奴不肯臣服，必须征讨，随之又分析了汉廷面临的外部环境，三垂边境已经平定，只有北方匈奴没有俯首称臣，依然祸害一方，时不时袭扰边境，因此，只有一举击败匈奴，才能考虑解除军备。贤良则认为，对于远方异族，依靠礼义和仁德使他们归附，远比武力威慑要好。对国内而言，长年征战，徭役兵役不休，将导致无数家庭陷入破碎和悲苦。出于爱惜百姓的需要，最好不要对匈奴用兵。

大夫曰：“鄙语曰：‘贤者容不辱。’以世俗言之，乡曲有桀(凶暴的歹徒)，人尚辟之。今明天子在上，匈奴公为寇，侵扰边境，是仁义犯而藜藿采。昔狄人侵太王，匡人畏孔子，故不仁者，仁之贼(祸害)也。是以县官厉武以讨不义，设机械以备不仁。”

【译文】

大夫说：“俗话说：‘贤士从容不受侮辱。’从世俗的角度说，乡里有恶徒，人们尚且要逐杀他。现在圣明天子在上，匈奴公然为寇，侵扰边境，这是中原仁义被侵犯，连野菜也被采摘了。从前狄人侵扰太王，匡地的人威胁孔子，因此不仁的人，是仁人的祸害。所以朝廷要加强军备讨伐不义，设置兵器以防备不仁之人。”

贤良曰：“匈奴处沙漠之中，生不食之地，天所贱而弃之，无坛宇之居，男女之别，以广野为闾里，以穹庐(毡帐)为家室，衣皮蒙毛，食肉饮血，会市行，牧竖居，如中国之麋鹿耳。好事之臣，求其义，责之礼，使中国干戈至今未息，万里设备，此《兔罝》之所刺，故小人非公侯腹心干城(卫士，捍卫者)也。”

【译文】

贤良说："匈奴处于沙漠之中，出生在不能耕作的不毛之地，是老天轻视他们且抛弃了他们。他们没有祭坛，也没有可居住的屋子，没有男女之别，以广阔的原野为乡里，以毡帐为家，身上穿着兽皮，覆盖着兽毛，吃野兽肉，喝野兽血。像赶集一样追逐水草，像牧童一样随牛羊居住，生活习惯就像中原的麋鹿。好事的大臣要求他们守道义讲求礼仪，使中原大动干戈，战火至今没有平息，朝廷不得不在万里之外设防，这正是《诗经·周南·兔罝》所讽刺的现象，所以小人不是公侯的心腹和卫士。"

大夫曰："天子者，天下之父母也。四方之众，其义莫不愿为臣妾；然犹修城郭，设关梁(关卡和桥梁)，厉武士，备卫于宫室，所以远折难而备万方者也。今匈奴未臣，虽无事，欲释备(解除战备)，如之何？"

【译文】

大夫说："天子是天下人的父母。从道义上说，四方百姓没有不愿意做他的臣仆的。然而仍要修筑城郭，设立关卡，训练士兵，在宫室部署护卫宫廷的禁卫军，这么做是为了远离祸难，防备四方的敌人。现在匈奴没有臣服，虽然没有战事，但要解除战备，怎么行呢？"

贤良曰："吴王所以见禽于越者，以其越近而陵(同'凌'，侵犯，进犯)远也。秦所以亡者，以外备胡、越(百越)而内亡其政也。夫用军于外，政败于内，备为所患，增主所忧。故人主得其道，则遐迩偕行而归之，文王是也；不得其道，则臣妾为寇，秦王是也。夫文衰则武胜，德盛则备寡。"

【译文】

贤良说："吴王夫差之所以被越国人擒获，是因为他越过近处的敌人进犯远方的国家。秦国之所以灭亡，是因为只知道对外防备匈奴、百越，国内德政沦丧。对外用兵，内部政治败坏，为所忧患的敌人做防备，反而给国君增添忧愁烦恼。所以君主得道，远近的百姓都跑来归附，周文王就是这样；君主失道，臣子、仆人都将成为盗寇，秦王就是这样。文治衰败则武力强盛，德政兴盛，军备就可以减少。”

大夫曰：“往者，四夷俱强，并为寇虐：朝鲜逾徼，劫燕之东地；东越越东海，略(夺取，占取)浙江之南；南越内侵，滑(扰乱)服令；氐、僰、冉、駹、嶲唐、昆明之属，扰陇西、巴、蜀。今三垂已平，唯北边未定。夫一举则匈奴震惧，中外释备，而何寡也？”

【译文】

大夫说：“以前，西方蛮夷都很强大，全都侵掠我们的边疆：朝鲜越过边境，劫掠燕国东部的土地；东越越过东海，占取浙江南部；南越向内陆进犯，扰乱服令一带；氐人、僰人、冉人、駹人、嶲唐人和昆明的少数民族，侵扰甘肃西部和重庆、四川。现在三面边陲已经平定，只有北面尚未安定。朝廷一出兵，匈奴惊惧，境内外军备全都可以解除，何谈德政兴盛军备减少呢？”

贤良曰：“古者，君子立仁修义，以绥其民，故迩者习善，远者顺之。是以孔子仕于鲁，前仕三月及齐平(和好，修好)，后仕三月及郑平，务以德安近而绥远。当此之时，鲁无敌国之难，邻境之患。强臣变节而忠顺，故季桓隳其都城。大国畏义而合好，齐人来归郓、讙、龟阴之田。故为政而以德，非独辟害折冲也，所欲不求而自得。今百姓所以嚣嚣(怨恨)，中外不宁者，咎在匈奴。内无室宇之守，外无田畴之积，随美草甘水而驱牧，匈奴不变业，而中国以骚动矣。风合而云解，就之则亡，击之则散，未可一世而举也。”

【译文】

贤良说:"古时候,君子修立仁义道德,以安抚百姓,因此近处的百姓学会了向善,远处的百姓前来归顺。所以孔子在鲁国做官,上任前三个月,鲁国和齐国修好;上任后三个月,鲁国和郑国修好。他一心致力于用仁德安定近国安抚远国。那时鲁国没有敌国的威胁,也没有邻国入侵的外患。三桓权臣改变节操,对公室忠心顺服,因此季桓子拆毁了他的都城。大国敬畏孔子仁义,与鲁国修好,齐国人归还了郓、谨、龟阴的土地。所以要施行德政,不仅仅是免除祸害击溃敌人,想要的东西不去追求也能自然得到。现在百姓怨恨,境内外不安宁,过错在于对匈奴的政策上。匈奴没有要看守的房屋,也没有田地,他们随丰美的水草迁徙放牧,不改变行业,而中原早已骚动了。他们像风一样快速聚合,又像云一样迅速解散,靠近他们,他们就逃跑,攻打他们,他们就四处逃散,短时间内不可能征服他们。"

大夫曰:"古者,明王讨暴卫弱,定倾扶危。卫弱扶危,则小国之君悦;讨暴定倾,则无罪之人附。今不征伐,则暴害(祸害)不息;不备,则是以黎民委(抛弃,丢弃)敌也。《春秋》贬诸侯之后,刺不卒戍。行役戍备,自古有之,非独今也。"

【译文】

大夫说:"古时候,英名的君王讨伐暴虐的国家,护卫弱小的国家,挽救国家于危难之时。护卫弱国扶助危难,小国的君主就高兴;讨伐残暴安定危局,无罪之人都来归附。现在不动兵征讨匈奴,中原将无休止地遭受祸害;不加强军备,等于把百姓抛给敌人。《春秋》讽刺诸侯为他国戍守,出动军队姗姗来迟,谴责他们没有好好防守。兵役制度和戍边防守,是自古以来就有的,不是今天才有。"

贤良曰："匈奴之地广大，而戎马之足轻利，其势易骚动也。利则虎曳，病则鸟折，辟锋锐而取罢极；少发则不足以更适，多发则民不堪其役。役烦则力罢(疲乏)，用多则财乏。二者不息，则民遗怨。此秦之所以失民心、陨社稷也。古者，天子封畿千里，繇役五百里，胜声相闻，疾病相恤。无过时之师，无逾时之役。内节于民心，而事适其力。是以行者劝务，而止者安业。今山东之戎马甲士戍边郡者，绝殊辽远，身在胡、越，心怀老母。老母垂泣，室妇悲恨，推其饥渴，念其寒苦。《诗》云：'昔我往矣，杨柳依依。今我来思，雨雪霏霏。行道迟迟，载渴载饥。我心伤悲，莫之我哀。'故圣人怜其如此，闵其久去父母妻子，暴露中野，居寒苦之地，故春使使者劳赐，举失职者，所以哀远民而慰抚老母也。德惠甚厚，而吏未称(不称职)奉职承诏以存恤，或侵侮士卒，兴之为市，并力兼作，使之不以理。故士卒失职，而老母妻子感恨也。宋伯姬愁思而宋国火，鲁妾不得意而鲁寝灾。今天下不得其意者，非独西宫之女、宋之老母也。《春秋》动众则书，重民也。宋人围长葛，讥久役也。君子之用心必若是。"

大夫默然不对。

【译文】

贤良说："匈奴土地辽阔，军马轻快迅捷，骑兵部队容易骚扰中原。胜利时，他们像老虎一样威猛，战败时像飞鸟一样折回，作战时避开我们的精锐之师，专门攻打我们疲惫的军队。我们出兵太少不足以轮流执行任务，出兵太多百姓又承受不住沉重的兵役。兵役繁重，人们疲乏，军费太多，则国家财用匮乏。这两件事不制止，则民怨沸腾。这就是秦王失去民心、社稷覆灭的原因啊。古时候，天子管辖的领地方圆千里，服徭役的地方在五百里之内，胜利的消息能传到家里，生了病家人也能相互关心照顾。那时，没有超期服役的军队，也没有超期的徭役。朝廷深谙民心，行事有节制，徭役符合百姓的承受能力。征夫勉励完成任务，留守家中的人安居乐业。如今，崤山以东戍边的战士，离家遥远，他们身在胡、越，心里挂念着老母亲。老母亲在家中流泪，妻子悲伤怨恨，牵挂着他们的饥渴寒苦。《诗经》上说：‘从前我服役离家，道旁杨柳依依。如今回到家乡，天上雨雪霏霏。我徐徐前行，又饥又渴。内心伤悲，谁来怜惜。’因此，圣明的君主同情征人悲苦，怜悯他们久离父母妻儿，身体暴露于原野，住在寒冷艰苦的地方，所以每到春天派遣使者前去慰劳赏赐，救助流离失所的人，这么做是为了关怀远方戍边的战士，抚慰他们的老母亲。朝廷的仁德恩惠虽然丰厚，但不称职的官吏没按照皇上的旨意体恤爱护士兵，有的侵犯侮辱士兵，叫他们做买卖并从中勒索，强迫他们一人干几个人的活，随意使唤他们，不讲道理。因此，士兵不堪疾苦，家中的老母妻儿也心怀怨恨。当年，宋国伯姬悲愁哀怨，导致宋国失火，鲁国楚妾不如意，导致西宫被焚毁。现在天下不得意的人，不仅仅是西宫楚妾和宋国老妇了。只要国家动用了民力，《春秋》便记载，这是因为国家重视百姓。《春秋》记载了宋人围困长葛的事，就是讽刺宋国过久地延长兵役时间。君子的用心必是这般良苦。”

大夫沉默不回答。

执务第三十九

【题解】

本篇围绕着当今要务展开。丞相认为古代的王道距离当世太过遥远，几乎不能施行，希望儒生抛弃过去的旧思想，着眼当下，提出操作性强的治国方案。贤良则认为，先王之道不遥远，只要用心寻求，真心思慕贤能，积累德行，完全有可能再现上古时期美好古朴的风俗，成就唐尧、虞舜的功业。他生动地描述了上古时代政治清明、百姓丰衣足食、岁年风调雨顺的美好画面，并言辞犀利地指出当代底层民众饱受徭役之苦，都是官员们无德失职造成的。所以，当今要务，要以恢复先王之道、改变官场不正之风为核心，这些都是现实迫切的事情，一点都不脱离现实。

丞相曰："先王之道，轶久而难复，贤良、文学之言，深远而难行。夫称上圣之高行，道至德之美言，非当世之所能及也。愿闻方今之急务，可复行于政：使百姓咸足于衣食，无乏困之忧；风雨时，五谷熟，螟螣(害虫)不生；天下安乐，盗贼不起；流人还归，各反其田里；吏皆廉正，敬以奉职，元元(平民，百姓)各得其理也。"

【译文】

丞相说："古代的先王之道，失传已久很难恢复，贤良、文学的主张语意深远，但难以施行。你们称颂上古圣人行为高尚，谈论至高道德的美好言辞，不是当世能做到的。愿听一听现在紧急待办的事务，可以实施的政策：比如，使百姓全都丰衣足食，没有穷困的忧愁；风调雨顺，五谷丰登，害虫不生；天下百姓安定快乐，盗贼不兴起；流亡的人返回家乡，各自回到田里耕作；官吏都廉洁正直，恭敬地履行职责，老百姓各安其业。"

贤良曰："孟子曰：'尧、舜之道，非远人也，而人不思之耳。'《诗》云：'求之不得，寤寐(醒和睡，指日和夜)思服。'有求如《关雎》，好德如《河广》，何不济不得之有？故高山仰止，景行行止，虽不能及，离道不远也。颜渊曰：'舜独何人也，回何人也？'夫思贤慕能，从善不休，则成、康之俗可致，而唐、虞之道可及。公卿未思也，先王之道，何远之有？齐桓公以诸侯思王政，忧周室，匡诸夏之难，平夷、狄之乱，存亡接绝，信义大行，著于天下。邵陵之会，予之为主。《传》曰：'予积也。'故土积而成山阜，水积而成江海，行积而成君子。孔子曰：'吾于《河广》，知德之至也。'而欲得之，各反其本，复诸古而已。古者，行役不逾时，春行秋反，秋行春来，寒暑未变，衣服不易，固已还矣。夫妇不失时，人安和如适。狱讼平，刑罚得，则阴阳调，风雨时。上不苛扰，下不烦劳，各修其业，安其性，则螟螣不生，而水旱不起。赋敛省而农不失时，则百姓足，而流人归其田里。上清静而不欲，则下廉而不贪。若今则繇役极远，尽寒苦之地，危难之处，涉胡、越之域，今兹往而来岁旋，父母延颈而西望，男女怨旷而相思，身在东楚，志在西河，故一人行而乡曲恨，一人死而万人悲。《诗》云：'王事靡盬，不能艺稷黍，父母何怙(依靠)？''念彼恭人，涕零如雨。岂不怀归？畏此罪罟(法网)。'吏不奉法以存抚，倍公任私，各以其权充其嗜欲，人愁苦而怨思，上不恤理，则恶政行而邪气作；邪气作，则虫螟生而水旱起。若此，虽祷祀雩祝，用事百神无时，岂能调阴阳而息盗贼矣？"

【译文】

贤良说："孟子说：'尧、舜的王道，不是离常人太远，只是人们不去思考罢了。'《诗经》上说：'求而不得，日夜思念。'追求王道如同《诗经·周南·关雎》写得那样倾心，崇尚美德如同《诗经·卫风·河广》写得那样执着迫切，哪有不成功得不到的道理？所以高山可以仰望，大道可以行走，即便攀不上顶峰，距离大道也不远了。颜渊说：'舜是什么样的人？我颜回又是什么样的人？'思慕贤能，不断行善，那么周成王、周康王时期的美好风俗就可以呈现，尧、舜的王道也可以企及。公卿不思先王之道，先王的治国方法哪有那么遥远呢？齐桓公以诸侯的身份考虑王室政务，为周室忧心，匡救华夏各诸侯国的危难，平定南方、北方少数民族挑起的战乱，使灭亡的国家得以存留，使血脉断绝的宗室得以承续，信义广播，名扬天下。齐国和楚国在召陵会盟，楚国承认齐国的霸主地位。《春秋》上说：'齐桓公称霸是功德积累的结果。'积土可成高山，水流汇集可成江海，行善积德可成君子。孔子说：'我从《诗经·卫风·河广》这首诗，知道了什么是道德的最高境界。'想要达到那种境界，就要返回仁义根本，恢复古道。古时候，服役不超期，春天出发秋天返回，秋天出发春天归来，寒暑没改变，衣服不用换，人就回家了。夫妻不长久分离，人们生活安定舒适。断案公平，刑罚得当，阴阳调和，风调雨顺。朝廷不苛责烦扰百姓，百姓不厌烦劳役，人们各司其职，心性安定，害虫不生，水旱灾害不出现。国家赋税减少，农民不误农时，则百姓丰足，流亡的人也会回到田里劳动。上位的执政者清心寡欲，下位的官员就廉洁不贪婪。现在服徭役的地方十分遥远，都是一些苦寒危险的地方，有的地处胡、越一带，今年出征，明年才能回来。父母伸长脖子向西眺望，男女怨恨离别互相思念。人在东楚，心在西河。所以一人出征全村怨恨，一人战死，万人悲伤。《诗经》说：'徭役无休止，不能种庄稼，父母靠谁供养？''思念远方亲人，涕泪零落如雨，难道不想回家？只是害怕触犯法网。'官吏不按国法安抚百姓，背着公家徇私，各自利用职务之便满足私欲，百姓愁苦怨恨，朝廷不体恤理会，则恶政横行，邪气兴起。邪气兴起，就会发生虫害和水旱灾害。如果这样，即便祈求祷告，祭祀求雨，时时侍奉各路神明，又怎么能调和阴阳、平息盗贼呢？"

能言第四十

【题解】

本篇讨论的是"说"与"做"的问题，即"能言"与"能行"的问题。大夫认为文学、贤良只会口若悬河地谈论德政和治国，却没有任何行动力，这样空口说大话不是君子所为，且为君子所不齿。文学贤良认为，说到做到固然好，"言"与"行"之间两者取其一，对国家仍有价值。希望大夫摒弃偏见，认真倾听并采纳儒生的良言良策，把权利和盐铁经营的利益还给民众，这样国家才能实现大治。客观来说，文学、贤良出自民间，对国家弊政和民间疾苦有着较为深刻清醒的认识，他们的言论虽总打着复古的旗帜，用辞也比较高古，给人以不切实际的印象，但所谈论的内容和列举的事都是真实的，提出的意见也有一定的可取之处。

大夫曰："盲者口能言白黑，而无目以别之。儒者口能言治乱，而无能以行之。夫坐言不行，则牧童兼乌获之力，蓬头苞尧、舜之德。故使言而近(说话合乎实际)，则儒者何患于治乱，而盲人何患于白黑哉？言之不出，耻躬之不逮(及，到)。故卑而言高，能言而不能行者，君子耻之矣。"

【译文】

大夫说："盲人能说黑白，却没有眼睛辨别颜色。儒生能谈论国家治乱兴衰，却不能施行主张。坐着空谈不去行动，那么牧童也可以说他有乌获那样的力气，蓬头垢面的人也能说他兼具尧、舜的美德。假如说话合乎实际，儒生何必担心国家的治乱，盲人何必担心辨不清黑白？君子不轻易出口，怕说了自己做不到。所以地位卑微的人高谈阔论，能说不能做，这是君子引以为耻的事。"

贤良曰："能言而不能行者，国之宝也。能行而不能言者，国之用也。兼此二者，君子也。无一者，牧童、蓬头也。言满天下，德覆四海，周公是也。口言之，躬行之，岂若默然载施(同'尸'，指死尸)其行而已。则执事亦何患何耻之有？今道不举而务小利，慕(考虑)于不急以乱群意，君子虽贫，勿为可也。药酒，病之利也；正言，治之药也。公卿诚能自强自忍，食文学之至言，去权诡，罢利官，一归之于民，亲以周公之道，则天下治而颂声作。儒者安得治乱而患之乎？"

【译文】

贤良说："能说不能做的人，是国家的宝贝。能做不能说的人，是对国家有用的人。能说又能做的人，是君子。一样也没有，就是牧童和蓬头垢面的人。言论被天下人传颂，恩德遍及四海的人，是周公。嘴上说的话，要亲自践行，怎么能像拿着俸禄不尽职的死尸那样闷不吭声呢？这样的话，还有什么可忧虑和羞耻的？现在大道不施行而追求小利，考虑不紧急的事扰乱众人意志，君子即便贫贱，也不能那么做。药酒，对治病有好处，正确的言论是治国良方。公卿如果真能自我克制和忍耐，采纳文学的恳切之言，去除权变诡诈，罢免牟利的官吏，把权利归还给百姓，以周公之道亲近民众，那么天下就能得到治理，颂扬的歌声就会兴起。儒生哪里还需要为国家治乱担心呢？"

取下第四十一

【题解】

本篇的议题是如何征用民力。大夫站在封建统治者的立场上，指责刁民损公肥私，妄图占有山泽资源，严厉批评文学、贤良不遵臣道，为迎合臣民而薄待君主。贤良认为，古时候，君臣相互礼让，谁也不争利，共同缔造了太平盛世，可到了王朝末期，掌权者欲壑难平，赋税徭役增多，把老百姓推向了贫困悲惨的境地。同时进一步指出，权贵的奢靡生活是用老百姓的血泪换来的。他采用对比的表现手法，将权贵安逸、奢侈、尊贵的生活日常与平民饥寒交迫、朝不保夕的困境反复映照，愤懑中发出了一声声悲叹。傲慢的大夫们也被触动了，虽然对文学、贤良不认可，最终却选择上奏皇帝，暂停酒类专卖，罢免关内铁官。文学和贤良费尽口舌为民请命，终于取得了阶段性的胜利。

大夫曰："不轨之民，困桡(扰乱，侵害)公利，而欲擅山泽。从文学、贤良之意，则利归于下，而县官无可为者。上之所行则非之，上之所言则讥之，专欲损上徇(屈从)下，亏主而适臣，尚安得上下之义，君臣之礼？而何颂声能作也？"

【译文】

大夫说："不守国法的平民，侵害国家利益，想要独自占有山林湖泽的财富。如果依从文学、贤良的意见，那么财利就会归于下民，朝廷就无所作为了。朝廷施行政策你们非议，朝廷命官说话你们讽刺，一心想要损害朝廷利益屈从下民，亏待君主迎合臣下，哪还有尊卑上下的区别和君臣之礼呢？颂扬的歌声又怎么能够兴起？"

贤良曰："古者，上取有量，自养有度，乐岁不盗，年饥则肆(延缓征税)，用民之力，不过岁三日，籍敛，不过十一。君笃爱，臣尽力，上下交让，天下平。'浚发尔私'，上让下也。'遂及我私'，先公职也。《孟子》曰：'未有仁而遗其亲，义而后其君也。'君君臣臣，何为其无礼义乎？及周之末途，德惠塞而嗜欲众，君奢侈而上求多，民困于下，怠于上公，是以有履亩(实地考察，丈量田亩)之税，《硕鼠》之诗作也。卫灵公当隆冬兴众穿池，海春谏曰：'天寒，百姓冻馁，愿公之罢役也。'公曰：'天寒哉？我何不寒哉？'人之言曰：'安者不能恤危，饱者不能食饥。'故余粱肉者难为言隐约，处佚乐者难为言勤苦。

【译文】

贤良说："古时候，朝廷按照一定数额征税，花费是有限度的，年景好的时候不多征收，遇到荒年则延缓征税，征用民力，一年不超过三天。征收田税，不超过十分之一。君主仁爱，臣民尽责，上下互相礼让，天下太平。《诗经》上说：'赶快开垦私田'，说的是朝廷礼让下民。'雨水先浇灌公田，再浇灌我的私田’，说明百姓首先考虑的是公家。孟子说：‘没有讲仁义的人遗弃父母的，没有讲忠义的人把君主放在私事之后的。’做君主的像君主，做臣子的像臣子，怎么没有礼义呢？到了周朝末期，仁德恩惠受阻，上位的统治者欲望过多，君主奢侈，朝廷对百姓征税太多，百姓在下层困苦不堪，于是怠慢了上边的公事，所以朝廷要实行按田亩征税的政策，《硕鼠》一诗就这样创作出来了。卫灵公在隆冬时节兴师动众修建池苑，宛春进谏说：‘天气寒冷，百姓又冷又饿，请停止这项工程吧。’卫灵公问：‘天冷吗？我为什么没有感到冷呢？’有人说：‘安全的人不能体恤身处危险的人，吃饱的人不能把粮食分给饥饿的人吃。’所以，有余粮剩肉的人，很难跟他谈论饥渴；安逸快乐的人，很难跟他谈论辛劳困苦。

“夫高堂邃宇、广厦洞房者，不知专屋狭庐、上漏下湿者之瘤也。系马百驷、货财充内、储陈纳新者，不知有旦无暮、称贷者之急也。广第唐园、良田连比者，不知无运踵之业、窜头宅者之役也。原马被山、牛羊满谷者，不知无孤豚瘠犊(瘦牛)者之窭也。高枕谈卧、无叫号者，不知忧私责与吏正戚者之愁也。被纨蹑韦、搏粱啮肥者，不知短褐之寒、糠粝之苦也。从容房闱之间、垂拱持案食者，不知蹠耒躬耕者之勤也。乘坚驱良、列骑成行者，不知负檐步行者之劳也。匡床旃席、侍御满侧者，不知负辂挽舩、登高绝流者之难也。衣轻暖、被美裘、处温室、载安车者，不知乘边城、飘胡、代、乡清风者之危寒也。妻子好合、子孙保之者，不知老母之憔悴、匹妇之悲恨也。耳听五音、目视弄优者，不知蒙流矢、距敌方外者之死也。东向伏几、振笔如调文者，不知木索之急、棰楚(鞭子，荆条)者之痛也。坐旃茵之上，安图籍之言若易然，亦不知步涉者之难也。昔商鞅之任秦也，刑人若刈(割)菅茅，用师若弹丸；从军者暴骨长城，戍漕者辇车相望，生而往，死而旋，彼独非人子耶？故君子仁以恕，义以度，所好恶与天下共之，所不施不仁者。公刘好货，居者有积，行者有囊。大王好色，内无怨女，外无旷夫(成年未娶妻的男子)。文王作刑，国无怨狱。

盐铁论　卷七

武王行师，士乐为之死，民乐为之用。若斯，则民何苦而怨，何求而讥？”

【译文】

“住在大堂深宅、高楼宽屋的人，不知道住在狭小逼仄、漏雨潮湿的茅屋是什么处境。拥有四百辆马车、满屋财物，储有旧粮又纳新粮的人，不知道朝不保夕、靠借贷过日子的人的燃眉之急。拥有广阔房屋、菜园，良田成片的人，不知道没有立锥之地、流离失所的人多么困苦。骏马遍山、牛羊满谷的人，不知道一头小猪或一头瘦牛都没有的人多么穷困。高枕而卧、谈笑风生，不被啼饥号寒的声音打扰的人，不知道为债务担忧被官府催逼的人多么愁苦。身穿绸衣脚登皮鞋，吃着抓饭咀嚼肉食的人，不知道穿着粗布短衣的人多么寒冷，不知道吃糟糠野菜的人多么痛苦。在房间里悠闲行走，垂衣拱手等着仆人端着食案的人，不知道手持农具耕田的人有多么勤苦。乘坚车驱良马，身后跟着成群随从的人，不知道挑着担子走路的人多么劳累。躺在铺着毛毡的安稳的床上，身边站满侍从的人，不知道拉车推船、登高渡河的人多么艰难。穿着轻便暖和的衣服，身披漂亮貂裘，居于温室之中，乘坐安适轩车的人，不知道在边城防守，漂泊在胡代之地顶着寒风戍守的战士承受的寒冷和危险。能够和妻子儿女和好团圆，守护子孙的人，不知道征人家中老母亲的憔悴和思妇的悲伤怨恨。耳听美妙音乐，观赏杂技表演的人，不知道那些冒着飞箭冲锋，抵御远方敌人的将士的死难与牺牲。向东伏案，提笔写公文的人，不知道犯人身披枷锁的焦急和遭受鞭子、荆条抽打的痛苦。坐在车内毛毡上，按照图书上指示行进，好像很容易，却不知道步行跋涉多么艰难。从前商鞅在秦国做官，杀人如割草，用兵像抛弹丸，从军的将士尸骨暴露于长城，运送粮食的车船遥遥相望，人们活着出征，死了回来，他们难道不是父母生养的儿子吗？因此君子用仁爱之心宽恕别人，用正义之心揣度别人，好恶和天下人一样，只对不仁的人不施行仁政。公刘喜好财货，结果百姓在家时有积蓄，出行时口袋里有干粮。大王喜欢女色，结果国内没有嫁不出去的怨女，也没有娶不到妻子的男人。文王制定刑法，国内没有怨恨。武王兴师，士兵愿意为他战死，百姓愿意被他征用。如果是这样，老百姓又有什么痛苦和怨恨，还要求什么，讽刺什么？”

公卿愀然(神色变得严肃或不愉快)，寂若无人。于是遂罢议止词。

奏曰：“贤良、文学不明县官事，猥(终究)以盐铁为不便。请且罢郡国榷沽、关内铁官。”

奏：“可。”

【译文】

公卿们神色严肃，一脸不快，整个厅堂安静得好像没有人一样。于是宣布散会，停止讨论。

公卿上奏说：“贤良、文学不了解朝廷大事，终究认为盐铁官营对百姓来说不方便。请求暂时废除各郡国的酒类专卖和函谷关以内的铁官。”

皇帝批示说：“可以。”

击之第四十二

【题解】

本篇争论的焦点在对待匈奴的政策上。匈奴问题由来已久，秦朝时期，中原以守代攻，依靠长城阻挡匈奴的军事侵犯。汉初时期，中原王朝为了休养生息，不得不采用和亲政策，应对外部威胁。到了汉武帝时期，中原国力强盛，兵强马壮，所以采取了反攻策略。可是由于匈奴地域辽阔，骑兵作战机动灵活，很难将他们彻底消灭。大夫认为，伐胡大业不能功败垂成，必须继续先帝未竟的事业，才能换取中原的长治久安。文学则认为，连年征战劳民伤财，为筹措军费朝廷兴办牟利的产业，给百姓造成了极大伤害。与其不顾百姓的疲敝与苦难，继续讨伐匈奴，还不如重新和亲，与民休息。是战是和，大夫和文学各有主张，他们都从不同的角度诠释了自己的立场，代表着汉廷对外军事策略的两种倾向。

贤良、文学既拜，咸取列大夫，辞丞相、御史。

大夫曰："前议公事，贤良、文学称引往古，颇乖(违背，不符)世务。论者不必相反，期于可行。往者，县官未事胡、越之时，边城四面受敌，北边尤被其苦。先帝绝三方之难，抚从方国，以为蕃蔽，穷极郡国，以讨匈奴。匈奴壤界兽圈，孤弱无与，此困亡之时也。辽远不遂，使得复喘息，休养士马，负给(欺负)西域。西域迫近胡寇，沮心内解，必为巨患。是以主上欲扫除，烦仓廪之费也。终日逐禽，罢而释之，则非计也。盖舜绍绪，禹成功。今欲以《军兴》击之，何如？"

【译文】

贤良、文学拜过皇帝，都获得了列大夫的官位，一起向丞相、御史辞别。

大夫说："以前讨论公事，贤良、文学称颂引用古人的东西，与当世事务不符。发表议论不要互相反驳，朝廷期待你们拿出可行的方案。过去，朝廷没有对匈奴、百越动兵，边城四面受敌，北边边境尤其遭受侵扰之苦。武帝消除东、南、西三面边境的祸难，安抚周围国家，使它们成为汉家屏障，然后倾尽各郡国兵力征讨匈奴。匈奴边境被四面包围，如同被圈住的困兽，孤立无援又很孱弱，而今正是他们困难重重即将灭亡的时刻。可惜匈奴地处遥远，没法彻底征服，使得他们又得到喘息的机会，他们休养兵士和战马，欺负西域各国。西域邻近匈奴贼寇，归附汉家之心受到干扰破坏，内部人心离散瓦解，必然成为朝廷的心腹大患。所以皇上想要扫除匈奴，动用国库财富。过去整天追逐飞禽，现在停止猎捕放走它们，不是个好主意。从前舜继承尧的功业，等到大禹时才成功。现在朝廷想以《军兴》兵法攻打匈奴，你们认为如何？”

文学曰：“异时，县官修轻赋，公用饶，人富给。其后，保胡、越，通四夷，费用不足。于是兴利害，算车舡(船)，以訾助边，赎罪告缗，与人以患矣。甲士死于军旅，中士罢于转漕，仍之以科适(依法贬谪，流徙戍边)，吏征发极矣。夫劳而息之，极而反本，古之道也，虽舜、禹兴，不能易也。”

【译文】

文学说：“过去，朝廷修正并减轻赋税，国家财用充足，百姓富裕。后来，朝廷防卫胡、越，开通通往四方少数民族的道路，费用就不足了，于是兴办牟利的产业，征收车船税，以资助边疆，允许犯人花钱赎罪，鼓励民间揭发偷税漏税，这些政策都给百姓带来了灾难。将士死于军队之中，后方士兵疲于水陆运输，加上贬谪后的犯人要依法流徙戍边，官吏征兵和发送物资频繁到了极点。疲劳了要休息，事物到达极点就要返回根本，这是自古以来的道理，即便舜、禹再生，也不能改变。”

大夫曰：“昔夏后(夏禹)底洪水之灾，百姓孔勤，罢于笼臿，及至其后，咸享其功。先帝之时，郡国颇烦于戎事，然亦宽三陲之役。语曰：‘见机不遂者陨功。’一日违敌，累世为患。休劳用供，因弊乘时。帝王之道，圣贤之所不能失也。功业有绪，恶劳而不卒，犹耕者倦休而困止也。夫事辍(中止，停止)者无功，耕怠者无获也。”

【译文】

大夫说：“从前夏禹治理洪灾，百姓很勤劳，大家疲于抬筐挖土，后来，都享受治水的功效。先帝在位时，各郡国频繁参战，后来放宽了三面边境的徭役。谚语说：‘见到机会不行动，就会丧失事功。’一日放走敌人，就造成数代祸患。让劳者休养是为了日后行动，以期他日趁敌人疲惫时动兵。帝王之道，是圣贤不能丢弃的。先人的功业要继承，厌恶劳苦而不完成伐胡大业，好比耕田的农夫因为倦怠停止劳动一样。半途而废的人没有功绩，种地懈怠的人没有收获。”

文学曰：“地广而不德者国危，兵强而凌敌者身亡。虎兕(犀牛)相据，而蝼蚁得志。两敌相抗，而匹夫乘闲。是以圣王见利虑害，见远存近。方今为县官计者，莫若偃兵休士，厚币结和亲，修文德而已。若不恤人之急，不计其难，弊所恃(依仗)以穷无用之地，亡十获一，非文学之所知也。”

【译文】

文学说：“国土广阔不仁德，国家就危险；兵力强盛欺凌敌人，自己就会灭亡。老虎和犀牛相持不下，蝼蛄蚂蚁得志。两个强敌相抗衡，匹夫就会趁虚而入。所以，圣明的君王见到利益会考虑危害，看到远方会考虑眼前。现在为朝廷考虑，不如休兵罢战，用重金和匈奴和亲，施行礼乐教化。如果不体恤民众的危急，不考虑他们遭受的灾难，把国家依仗的人力物力消耗在讨伐无用的土地上，就是丢十分得一分，得不偿失，这是我们文学无法理解的。”

卷 八

结和第四十三

【题解】

本篇围绕着汉家的和亲政策展开。大夫认为，用重金和和亲的方式安抚匈奴，根本解决不了边患问题。匈奴贪婪，不讲诚信，汉廷和亲是一种示弱的表现，不仅没有换来长久安宁，还促使匈奴更加残暴地侵扰中原，导致子孙后代永无宁日。只有继续执行武帝时的伐胡政策，才能树立大国威信，保护当世和后世子孙的利益。文学则认为，汉家和匈奴和亲，用怀柔的方式感化匈奴，可避免战争，让疲敝的军民得以休养生息，这样，大汉王朝就不会重蹈秦朝覆辙。客观来说，两方的观点都有一定的道理，但考虑问题都不全面。大夫只看到了武帝伐胡的功绩以及伐胡的正当性，却没有看到汉家举全国之力长期讨伐匈奴，犯下了穷兵黩武的错误，给国家的财政造成了巨大的压力，也给大汉子民带来了深重的苦难。文学只看到了伐胡的不良后果，却认识不到伐胡的必然性和必要性，天真地认为匈奴一定会被中原儒家文化折服，以后必不会犯境。

大夫曰："汉兴以来，修好结和亲，所聘遗单于者甚厚；然不纪重质厚赂(财物)之故改节，而暴害滋甚。先帝睹其可以武折，而不可以德怀，故广将帅，招奋击，以诛厥罪；功勋粲然，著于海内，藏于记府(收藏史册的地方)，何命'亡十获一'乎？夫偷安者后危，虑近者忧迩，贤者离俗，智士权行，君子所虑，众庶疑焉。故民可与观成，不可与图始。此有司所独见，而文学所不睹。”

【译文】

大夫说：“大汉王朝自兴起以来，与匈奴修好，实行和亲政策，派遣使者赠送的礼物非常丰厚，但匈奴不因顾念贵重礼品和丰厚财物而改变本性，反而加剧了对边境的暴力侵害。武帝看到匈奴可以用武力征服，不能用仁德怀柔的办法安抚，所以广泛派遣将帅，招募勇敢的战士，以征讨匈奴的罪恶；其功绩光辉灿烂，扬名四海，战绩载入史册，怎么能说得不偿失呢？苟且偷安的人日后将陷入危险，只考虑眼前的人必有近忧，贤士脱离世俗，智者随机应变，君子所忧虑的事情，众人总是怀疑。所以普通人可以和他们一起看到事情的成功，但不能和他们事前谋划。这是主管官员的独到见解，是你们文学认识不到的。”

文学曰：“往者，匈奴结和亲，诸夷纳贡，即君臣外内相信，无胡、越之患。当此之时，上求寡而易赡，民安乐而无事，耕田而食，桑麻而衣，家有数年之稸(同“蓄”，积蓄)，县官余货财，闾里耆老，咸及其泽。自是之后，退文任武，苦师劳众，以略无用之地，立郡沙石之间，民不能自守，发屯乘城，挽辇而赡之。愚窃见其亡，不睹其成。”

【译文】

文学说：“以前，汉朝和匈奴和亲，四方少数民族向汉朝进贡，君主和臣子，境内和境外的人都彼此相信，汉家没有胡、越侵扰的祸患。那时，朝廷向民间征税很少且易于满足，老百姓安适快乐，相安无事，他们靠种地吃饭，靠养蚕种麻穿衣，家中有数年积蓄，朝廷有剩余的财物，乡里老人都蒙受恩泽。从那以后，朝廷摒弃文治动用武功，劳师动众，征伐无用的土地。在沙漠乱石间设立郡县，百姓不能自己守卫，只能屯田戍边，运输粮食供应边疆。我私下只看到军事策略造成的损失，没有看到成功。”

大夫曰：“匈奴以虚名市于汉，而实不从；数为蛮、貊所绐(欺骗)，不痛之，何故也？高皇帝仗剑定九州；今以九州而不行于匈奴。闾里常民，尚有枭散，况万里之主与小国之匈奴乎？夫以天下之力勤何不摧？以天下之士民何不服？今有帝名，而威不信于长城之外，反赂遗而尚踞敖(傲慢)，此五帝所不忍，三王所毕怒也。”

【译文】

大夫说：“匈奴以虚假的名义和汉朝做交易，可实际上不归顺汉朝；我们多次被蛮夷欺骗，却不痛恨，为什么呢？从前高祖皇帝手持宝剑平定九州；现在朝廷的政令在九州施行，却不能在匈奴推行。乡里的平民百姓尚有贵贱之分，何况是万里疆域的君主和小国匈奴呢？动用全国人力去征讨，什么敌人不可以摧毁？以天下士人和民众力量去征服，何人不臣服？现在皇上有帝王之名，威信却不能到达长城之外，反而给匈奴送财物助长他们的傲慢，这是五帝不能容忍，三王必定愤怒的事情。”

文学曰：“汤事夏而卒服之，周事殷而卒灭之。故以大御小者王，以强凌弱者亡。圣人不困其众以兼国，良御不困其马以兼道(加倍赶路)。故造父之御不失和，圣人之治不倍德。秦摄利衔以御宇内，执修棰(长鞭)以笞八极，骖服以罢，而鞭策愈加，故有倾衔遗棰之变。士民非不众，力勤非不多也，皆内倍外附而莫为用。此高皇帝所以仗剑而取天下也。夫两主好合，内外交通，天下安宁，世世无患，士民何事？三王何怒焉？”

【译文】

文学说：“商汤侍奉夏朝最终征服了夏朝，周朝侍奉殷朝最后灭亡了殷

盐铁论 卷八

朝。所以以强大的身份侍奉小国就能称王，以强凌弱就会走向灭亡。圣人不吞并他国使其百姓困乏，好车夫不因加倍赶路使马疲乏。因此，造父驾车不失和谐，圣人治理国家不违背仁德。秦朝抓紧坚利的马嚼子统御国家，手持长鞭抽打八方，驾车的马早已精疲力竭，却更加用力地鞭打它，因而出现了嚼毁鞭丢的事故。秦朝并非臣民不够多，也并非力量不强大，但老百姓都背叛秦朝归附外部势力，没有人为它所用。这就是高祖皇帝执剑取得天下的原因啊。如果皇上和匈奴单于修好，两国互通有无，天下安宁，世世代代没有外患，这样军民还有什么战事，三王又有什么愤怒呢？”

大夫曰：“伯翳之始封秦，地为七十里。穆公开霸，孝公广业。自卑至上，自小至大。故先祖基之，子孙成之。轩辕战涿鹿，杀两皞、蚩尤而为帝，汤、武伐夏、商，诛桀、纣而为王。黄帝以战成功，汤、武以伐成孝(继承祖先遗志，这里指完成祖先的事业)。故手足之勤，腹肠之养也。当世之务，后世之利也。今四夷内侵，不攘，万世必有长患。先帝兴义兵以诛强暴，东灭朝鲜，西定冉、駹，南擒百越，北挫强胡，追匈奴以广北州，汤、武之举，蚩尤之兵也。故圣主斥(开辟)地，非私其利，用兵，非徒奋怒也，所以匡难辟害，以为黎民远虑。”

【译文】

大夫说：“伯翳最初受封于秦地时，封地只有七十里。此后秦穆公开创霸业，秦孝公扩大发展了他的家业。秦国的地位由卑微到尊贵，国家由小到大。所以祖先奠定基业，子孙获得成就。轩辕黄帝在涿鹿大战，杀死太皞、少皞、蚩尤，成为一代帝王，商汤讨伐夏朝诛杀夏桀，周武王讨伐商朝诛杀商纣，最终都成为王者。黄帝凭借战功获得成功，商汤、周武王靠征伐完成祖先遗业。所以手脚勤快，是为了填饱肚子，供养肠腹。现在我们做的事情，是为了后代的利益。而今四方少数民族不断侵扰内陆，不攘除他们，后世子孙必然要遭受长久的祸患。武帝发动正义之师征讨强大残暴的敌人，东面灭亡了朝鲜，西面平定了冉駹，南面攻取了百越，北面挫败了强大的匈奴。汉廷追击匈奴拓广北部疆域，就像商汤、周武王讨伐暴君的举动，类似黄帝讨伐蚩尤的军队。所以圣明君主开辟疆域，不是出于私利，用兵不仅仅是因为一时愤怒，而是为了匡救危难、消除灾祸，为百姓做长远打算。”

文学曰：“秦南禽劲越，北却强胡，竭中国以役四夷，人罢极而主不恤，国内溃而上不知；是以一夫倡而天下和，兵破陈涉，地夺诸侯，何嗣之所利？《诗》云：‘雍雍鸣鳱(大雁)，旭日始旦。’登得前利，不念后咎。故吴王知伐齐之便，不知干遂(地名)之患。秦知进取之利，而不知鸿门之难。是知一而不知十也。周谨小而得大，秦欲大而亡小。语曰：‘前车覆，后车戒。’‘殷鉴不远，在夏后之世’矣。”

【译文】

文学说：“秦朝向南攻取强大的百越，向北打退强悍的匈奴，倾尽中国兵力征讨四方少数民族，民众疲惫到了极点国君却不体恤，国内已然溃乱皇上却不知情；所以一人号召反秦天下人响应，官军被陈胜击破，土地被诸侯侵夺，这对秦朝的宗室子孙有什么好处呢？《诗经》说：‘鸿雁欢叫，旭日东升。’不可贪求眼前利益，不考虑后来的灾难。所以吴王只知道讨伐齐国的便利，不知道干遂的祸患。秦国只知道进攻的好处，不知道鸿门的灾难。这就是只知其一，不知其十啊。周朝谨慎小心得以壮大，秦朝欲望太大被小民灭亡。谚语说：‘前面的车子倾覆了，后面的车子要引以为戒。’‘商朝的借鉴不远，就在夏桀的末世时代啊。’”

诛秦第四十四

【题解】

本篇讨论的是秦朝的功过问题，实际上是以古鉴今，探讨的是中原王朝的边防问题以及如何应对少数民族的军事威胁。大夫以史为鉴，观点鲜明地指出一味空谈礼义德政，对国家的安全和发展没有半点好处，一个国家只讲文治不讲武功，在凶险的环境中将不可避免地走向衰落和灭亡。只有像秦始皇那样凭借强大的武力征讨四方，才能威震天下，让各方畏惧臣服。文学认为秦始皇无论修筑长城还是大举伐胡，都是因小失大的表现，全面否定了秦始皇的功业，强调只有对少数民族施行德治，采用王道改变他们，才能平息一切纷争。从历史的角度看，每一个历史阶段，中原对待少数民族的策略都是不同的，处理问题只能根据现阶段国情考虑。

大夫曰："秦、楚、燕、齐，周之封国也；三晋之君，齐之田氏，诸侯家臣也；内守其国，外伐不义，地广壤进，故立号万乘，而为诸侯。宗周修礼长文，然国翦弱(削弱)，不能自存，东摄六国，西畏于秦，身以放迁，宗庙绝祀。赖先帝大惠，绍兴其后(指周室的后代又振兴起来)，封嘉颍川，号周子男君。秦既并天下，东绝沛水，并灭朝鲜，南取陆梁，北却胡、狄，西略氐、羌，立帝号，朝四夷。舟车所通，足迹所及，靡不毕至。非服其德，畏其威也。力多则人朝，力寡则朝于人矣。"

【译文】

大夫说："秦、楚、燕、齐都是周室的封国；赵、魏、韩三国君主和齐国田氏，原来都是诸侯的臣属；他们对内守护国家，对外讨伐不义，国土宽广，疆土扩张，所以号称拥有万辆兵车，成为诸侯。西周讲究礼义，提倡仁德，但国家虚弱，不能生存，东面畏惧六国，西面害怕秦国，周天子被放逐，宗庙就这样断了香火。依仗武帝的盛大恩惠，周室后裔才得以振兴，姬嘉被封于颍川，号称周子男君。秦国吞并天下，向东渡过沛水，兼并消灭朝鲜，向南攻取陆梁，向北击退匈奴，向西攻占氐羌，自立帝号，接受四方少数民族朝贡。凡是车船能到达的地方，足迹所及之处，没有不来朝拜的。人们不是佩服秦朝的仁德，而是害怕秦朝的淫威。力量强大就接受别人的朝贡，力量弱小就得向别人朝贡。”

文学曰：“禹、舜，尧之佐也，汤、文，夏、商之臣也，其所以从八极而朝海内者，非以陆梁之地、兵革之威也。秦、楚、三晋号万乘，不务积德而务相侵，构兵争强而卒俱亡。虽以进壤广地，如食荝(一种有毒的植物)之充肠也，欲其安存，何可得也？夫礼让为国者若江、海，流弥久不竭，其本美也。苟为无本，若蒿火暴怒而无继(无以为继，不能持久)，其亡可立而待，战国是也。周德衰，然后列于诸侯，至今不绝。秦力尽而灭其族，安得朝人也？”

【译文】

文学说：“禹和舜是尧的辅佐大臣，商汤和周文王分别是夏桀和商纣的臣子，他们之所以能使八方归顺，四海之内前来朝拜，不是仰仗陆梁的土地和军队的威力。秦、楚、赵、魏、韩号称万乘之国，他们不积累仁德而是互相侵犯，彼此攻伐争强，最后都灭亡了。虽然扩张了领土，但这样做好比用毒草充饥，想要安全生存，又怎么可能呢？用礼让治国就像滔滔江海，长久流淌也不至于枯竭，这是因为江海本身水源充足啊。倘若失去根本，就像燃烧的蒿草火势旺盛一时，不能持久，很快就会熄灭一样，国家灭亡为期不远了。战国就是这样啊。周室德行衰微，但后裔仍身处诸侯之列，至今血脉没有断绝。秦国势力散尽之后，宗族被诛灭，又怎么能向别人朝贡呢？”

盐铁论　卷八

大夫曰："中国与边境，犹支体与腹心也。夫肌肤寒于外，腹心疾于内，内外之相劳，非相为赐也！唇亡则齿寒，支体伤而心憯怛(伤痛)。故无手足则支体废，无边境则内国害。昔者，戎狄攻太王于邠，逾岐、梁而与秦界于泾、渭，东至晋之陆浑，侵暴中国，中国疾之。今匈奴蚕食内侵，远者不离其苦，独边境蒙其败。《诗》云：'忧心惨惨，念国之为虐。'不征备，则暴害不息。故先帝兴义兵以征厥罪，遂破祁连、天山，散其聚党，北略至龙城，大围匈奴，单于失魂，仅以身免，乘奔逐北，斩首捕虏十余万。控弦之民，旃裘之长，莫不沮胆(丧胆，吓破胆)，挫折远遁，遂乃振旅。浑耶率其众以降，置五属国以距胡，则长城之内，河、山之外，罕被寇灾。于是下诏令，减戍漕，宽徭役。初虽劳苦，卒获其庆。"

【译文】

大夫说："中原和边境的关系，就像肢体和内脏一样。外部肌肤受到寒气侵袭，内部的胃肠和心脏就要生病，人体内外相互效劳，不也是彼此相助的吗？嘴唇没有了，暴露在外的牙齿就会感到寒冷，肢体受伤，心里就感到伤痛。所以没有手脚，肢体残废，没有边境，国内受害。从前，戎狄攻打邠地的太王，太王越过梁山迁居到岐山脚下，泾水、渭水成为周室和秦国的边界，戎狄向东深入晋国的陆浑地区，侵犯残害中原，中原人非常痛恨。现在匈奴不断蚕食进犯内陆，距离较远的地区可以免除苦难，唯独边境一带要蒙受灾祸。《诗经》上说：'忧心悲伤，想到国家遭殃。'如果朝廷不征伐备战，匈奴残酷的侵害就不会休止。所以武帝动用正义之师征讨匈奴的罪恶，攻破祁连山、天山，驱散他们聚集的党羽，向北打到龙城，合围匈奴，单于吓得魂不附体，只身逃跑，汉军乘胜追击败军，斩杀和俘虏的匈奴兵超过十万。引弓射箭的匈奴兵，穿着毡袍的首长，全吓破了胆，受到挫败后逃得远远的，汉军这才全部凯旋。浑邪王率众归降汉朝，朝廷设置了五个郡国安置他们，并以此抵御匈奴。从此长城以内，黄河以外，很少遭受匈奴敌寇的侵害。武帝于是颁布诏令，减少边防粮食运输，放宽徭役。起初人们很劳苦，但最终获得了安定幸福。”

文学曰：“周累世积德，天下莫不愿以为君，故不劳而王，恩施由近而远，而蛮、貊自至。秦任战胜以并天下，小海内而贪胡、越之地，使蒙恬击胡，取河南(黄河以南)以为新秦，而忘其故秦，筑长城以守胡，而亡其所守。往者，兵革亟动，师旅数起，长城之北，旋车遗镞(遗落的箭头)相望。及李广利等轻计——计还马足，莫不寒心；虽得浑耶，不能更所亡。此非社稷之至计也。”

【译文】

文学说：“周室世代积德，天下人没有不愿意让周天子做君王的，所以周室不必费力就能称王，施行的恩惠由近及远，蛮邦国家自动归附。秦朝凭借战争胜利吞并天下，嫌中原太小贪图匈奴、百越的土地，派遣蒙恬攻打匈奴，夺取黄河以南的地区建立新秦，却丢掉了秦国原有的国土，秦人修筑长城防御匈奴，却把本该守住的地方丢掉了。以前，多次发兵征伐，屡次动用军队，长城以北，到处都是翻倒的战车和遗落的箭头。等到李广利等人轻率谋划进攻大宛，只统计夺回的马匹，人们莫不寒心；虽有浑邪王投降，但不能抵偿蒙受的损失。这不是为社稷考虑的上策啊。”

伐功第四十五

【题解】

本篇争议的焦点是汉家伐胡的意义和成效。大夫认为，战国时期，诸如燕、赵这样的小国全力伐胡，尚能取得胜利，强秦伐胡更是轻而易举，大将蒙恬曾经令匈奴闻风丧胆。汉家经过旷日持久的战争，之所以没能征服匈奴，是因为人心不齐，不能形成一股势不可当的力量。文学则认为，以前中原王朝屡屡取胜，是因为匈奴势力分散，容易被击破。到了汉朝，匈奴统一强盛，汉廷无论倾注多少兵马财力都难以取得预期成效。主战派不考虑实际情况，不断消耗国库，造成了国困民穷的后果，却不知反省。客观来说，武帝初期伐胡，确实有力保障了边民的人身和财产安全，功绩不可抹杀。但随着时间的推移，伐胡渐渐力不从心，汉朝无论从财力还是人力方面都不允许朝廷持续发动战争，伐胡应当适可而止。

大夫曰："齐桓公越燕伐山戎，破孤竹，残令支。赵武灵王逾句注，过代谷，略灭林胡、楼烦。燕袭走东胡，辟地千里，度辽东而攻朝鲜。蒙公(蒙恬)为秦击走匈奴，若鸷鸟之追群雀。匈奴势慑(害怕)，不敢南面而望十余年。及其后，蒙公死而诸侯叛秦，中国扰乱，匈奴纷纷，乃敢复为边寇。夫以小国燕、赵，尚犹却寇虏以广地，今以汉国之大，士民之力，非特齐桓之众，燕、赵之师也；然匈奴久未服者，群臣不并力，上下未谐故也。"

【译文】

大夫说："齐桓公带领军队越过燕国征伐山戎，攻破孤竹，消灭令支。赵武灵王率军越过句注，穿过代谷，攻占消灭林胡和楼烦。燕国发动袭击赶跑东胡，开辟千里土地，跨过辽东攻打朝鲜。蒙恬为秦朝追击匈奴，就像猛禽追赶一群燕雀一样。匈奴畏惧蒙恬的气势，十多年不敢朝南方眺望。到了后来，蒙恬死了，诸侯背叛秦朝，中原陷入内乱，匈奴纷纷南下，才敢再次侵犯边境。燕国、赵国这样的小国，尚能打退敌人，开疆拓土，汉朝地域这么广阔，军民力量这么强大，已经不仅仅是齐桓公的兵力和燕、赵的军队了；可匈奴久久不肯臣服，是因为群臣不肯通力合作，朝野上下配合不得当的缘故啊。"

文学曰："古之用师，非贪壤土之利，救民之患也。民思之，若旱之望雨，箪食壶浆，以逆王师。故忧人之患者，民一心而归之，汤、武是也。不爱民之死，力尽而溃叛者，秦王是也。孟子曰：'君不乡道，不由仁义，而为之强战，虽克必亡。'此中国所以扰乱，非蒙恬死而诸侯叛秦。昔周室之盛也，越裳氏来献，百蛮致贡。其后周衰，诸侯力征，蛮、貊分散，各有聚党，莫能相一(互相统一)，是以燕、赵能得意焉。其后，匈奴稍强，蚕食诸侯，故破走月氏，因兵威，徙小国，引弓之民，并为一家，一意同力，故难制也。前君为先帝画匈奴之策：'兵据西域，夺之便势之地，以候其变。以汉之强，攻于匈奴之众，若以强弩溃痈疽(化脓的毒疮)；越之禽吴，岂足道哉！'上以为然。用君之义，听君之计，虽越王之任种、蠡不过。以搜粟都尉为御史大夫，持政十有余年，未见种、蠡之功，而见靡弊之效，匈奴不为加俛，而百姓黎民以敝矣。是君之策不能弱匈奴，而反衰中国也。善为计者，固若此乎？"

【译文】

文学说："古代用兵，不是贪求土地的利益，而是为了拯救黎民于苦难。百姓思念王师，就像久旱天气盼望下雨一样，他们纷纷用竹篮盛着饭菜，用壶装着汤水迎接王师。所以，为人们的祸难忧虑，百姓必一心归附他，商汤和周武王就是这样的人。不管百姓死活，民众被折腾得筋疲力尽，崩溃反叛，秦王就是这样的人啊。孟子说：'君主不向往王道，不以仁义治国，强迫人们为他作战，即便得胜了最后也会走向灭亡。'这就是中原混乱的原因，并非因为蒙恬去世，诸侯背叛秦朝。从前周朝兴盛，越裳国前来进献礼物，南方少数民族纷纷前来朝贡。后来周室衰微，诸侯互相攻伐，蛮邦分散，各自组成部落，不能统一，因此燕、赵得以取胜。后来，匈奴渐渐强大起来，开始蚕食诸侯国，赶走了月氏，凭借兵马的威力，迫使小国迁移，将善于搭弓射箭的游牧民族合并为一家，他们同心协力，因此难以制服。以前您为武帝筹划了应对匈奴的计策：'派兵拒守西域，夺取有利地势，静观其变。凭借汉军的强悍，攻打匈奴的乌合之众，好比用强弓射击溃烂化脓的毒疮；又如越国击败吴国，哪里值得一提呢？'武帝认为您说得对。先帝采纳您的建议，听从您的计策，即使是当年越王勾践任用文种、范蠡也不过如此。您从搜粟都尉晋升为御史大夫，主政有十多年了，却没看到文种、范蠡那样的功业，只看到国家衰败的结果，匈奴没被降服，百姓却更加贫困了。说明您的计策不能使匈奴衰弱，反而使中原衰败。善于谋划的人，难道是这样吗？"

西域第四十六

【题解】

本篇仍然围绕着汉家的对外政策展开，重点讨论的是朝廷在西域的政策以及这些政策对抑制匈奴势力的功效。大夫认为，朝廷在西域屯田、设立郡县，取得了经济和军事方面的实效。不仅为国家增加了财利，还阻断了匈奴和外援的联系，等同于断其右臂，使其陷入孤立无援的境地。文学则认为匈奴地域广袤，汉军无论是寻找还是追击目标，都有相当大的困难，尚未开战就损失惨重，根本不可能彻底征服匈奴。同时批评已故武帝为争夺汗血宝马兴师动众，非常不得人心，并进一步指出汉廷无休止地伐胡，已经造成了盗贼四起、农民反叛的可怕后果，如果不能及时悬崖勒马，只会让国家陷入更大的内乱。

大夫曰："往者，匈奴据河、山之险，擅田牧之利，民富兵强，行入为寇，则句注之内惊动，而上郡以南咸城。文帝时，虏入萧关，烽火通甘泉，群臣惧不知所出，乃请屯京师以备胡。胡西役大宛、康居之属，南与群羌通。先帝推让斥夺广饶之地，建张掖以西，隔绝羌、胡，瓜分其援。是以西域之国，皆内拒匈奴，断其右臂，曳剑而走，故募人田畜以广用，长城以南，滨(靠近)塞之郡，马牛放纵，蓄积布野，未睹其计之所过。夫以弱越而遂意强吴，才地计众非钧(同‘均’)也，主思臣谋，其往必矣。”

【译文】

大夫说：“从前，匈奴拒守黄河、阴山的险要之地，独占田猎、放牧的财利，民富兵强，不时侵入边境劫掠，句注山以内为之惊动，上郡以南筑城防备。文帝在位时期，匈奴侵入萧关，烽火烧到甘泉，大臣们都很害怕，不知道该怎么办，于是请求屯兵京师以防备匈奴贼寇。匈奴在西边奴役大宛、康居等小国，南面与各路羌人勾结。武帝追击匈奴，开辟夺取了大片丰饶的土地，在张掖以西建立郡县，把羌人和匈奴隔开，阻断了匈奴的外援。所以西域各国都抗拒匈奴，相当于斩断匈奴右臂，迫使匈奴拖着剑逃跑。朝廷招募百姓到边疆垦田放牧，以增加国家财用，长城以南，边塞附近的郡县，牧民可以随意放牧牛马，畜积的物资遍布原野，没看到我们的策略有什么过错。当年弱小的越国征服强大的吴国，两国的土地和人口相差很大，但越国君主苦思灭吴大计，臣子精心谋划，征伐吴国就势在必行了。”

文学曰：“吴、越迫(靠近，逼近)于江、海，三川循环之，处于五湖之间，地相迫，壤相次，其势易以相禽也。金鼓未闻，旌旗未舒，行军未定，兵以接矣。师无辎重之费，士无乏绝之劳，此所谓食于厨仓而战于门郊者也。今匈奴牧于无穷之泽，东西南北，不可穷极，虽轻车利马，不能得也，况负重羸兵以求之乎？其势不相及也。茫茫乎若行九皋未知所止，皓皓乎若无网罗而渔江、海，虽及之，三军罢弊，适遗之饵也。故明王知其无所利，以为役不可数行，而权不可久张也，故诏公卿大夫、贤良、文学，所以复枉兴微(使衰落的王朝振兴起来)之路。公卿宜思百姓之急，匈奴之害，缘圣主之心，定安平之业。今乃留心于末计，摧本议，不顺上意，未为尽于忠也。”

【译文】

文学说："吴国、越国靠近江海，被三条大江环绕，地处五湖之间，国土相连，边境接壤，因为这种形势两国容易发生冲突。还没听到金鼓声敲响，旌旗还没舒展，行军部署尚未决定，双方已经短兵相接了。军队没有运输器械、粮草的费用，士兵没有跋涉的劳苦，这就是所谓的在厨房粮库吃饭，吃饱了到国门附近作战一样。现在匈奴在广袤无边的水泽草地上放牧，东西南北，一望无际，即便有轻便的车子飞快的骏马，也找不到他们，更何况让士兵背着沉重的军需物资去追赶呢？从形势上看，肯定追不上。就像在苍茫辽阔的沼泽上行走，不知何处止步，又好像在浩瀚的江海上徒手捕鱼，即使追上匈奴，三军已经疲惫至极，等于给人家送上香饵。所以圣明的君主知道伐胡没有好处，认为不能频繁发动战争，权势不可长久扩张，因此征召公卿大夫、贤良、文学商议，以纠正错误，找到振兴汉家的道路。公卿应当考虑百姓的危急，匈奴的害处，遵循圣主的心意，奠定天下太平的基业。现在你们仍留心于伐胡的下策，虽不出本议范围，但不顺从皇上的旨意，不能说是尽忠。"

大夫曰："初，贰师不克宛而还也，议者欲使人主不遂忿(发泄愤恨)，则西域皆瓦解而附于胡，胡得众国而益强。先帝绝奇听，行武威，还袭宛，宛举国以降，效其器物，致其宝马。乌孙之属骇胆，请为臣妾。匈奴失魄，奔走遁逃，虽未尽服，远处寒苦硗埆(贫瘠)之地，壮者死于祁连、天山，其孤未复。故群臣议以为匈奴困于汉兵，折翅伤翼，可遂击服。会先帝弃群臣，以故匈奴不革。譬如为山，未成一篑而止，度功业而无继成之理，是弃与胡而资强敌也。辍几沮成，为主计若斯，亦未可谓尽忠也。"

【译文】

大夫说："当初，贰师将军没有攻克大宛就回兵，议事的大臣想让皇帝不发兵雪恨，如果这么做西域各国将人心瓦解纷纷归附匈奴。匈奴得到那些国家的兵力将愈加强大。武帝拒绝听从那些奇谈怪论，动用武力回过头来又一次袭击大宛，大宛举国投降，献上珍贵的器物，奉上宝马。乌孙等国吓破了胆，请求成为汉家臣仆。匈奴失魂落魄，败走遁逃，虽没有彻底臣服，但也远远地躲到了贫瘠苦寒之地。壮年男子战死在祁连山、天山，他们的遗孤还没有恢复元气。所以群臣讨论后认为，匈奴被汉军所困，羽翼损伤，可以马上征服。恰好赶上武帝弃群臣离世，因而匈奴没有被彻底扫除。好比积土成山，只差一筐土就停止了。你们却认为建功立业没有绝对成功的道理。这相当于把功业丢给匈奴资助强敌。中止、败坏几近成功的伐胡大业，这样为君主谋划，也不能说是尽忠。”

文学曰：“有司言外国之事，议者皆徼一时之权，不虑其后。张骞言大宛之天马汗血，安息之真玉大鸟(鸵鸟)，县官既闻如甘心焉，乃大兴师伐宛，历数期而后克之。夫万里而攻人之国，兵未战而物故(死亡)过半，虽破宛得宝马，非计也。当此之时，将卒方赤面而事四夷，师旅相望，郡国并发，黎人困苦，奸伪萌生，盗贼并起，守尉不能禁，城邑不能止。然后遣上大夫衣绣衣以兴击之。当此时，百姓元元，莫必其命，故山东豪杰，颇有异心。赖先帝圣灵斐然。其咎皆在于欲毕匈奴而远几也。为主计若此，可谓忠乎？”

【译文】

文学说：“你们这些官员讨论外国之事，都想侥幸求得一时的权宜之计，不考虑后果。张骞说大宛有汗血宝马，安息有鸵鸟，朝廷听了很想得到这些以快其意，于是大举兴师讨伐大宛，打了几年仗才攻克。跋涉万里去攻打他国，士卒尚未交战便死亡过半，虽然攻破大宛获得宝马，但这么做绝不是什么好计策。那时，战士们涨红脸与四方蛮夷激烈地战斗，道路上都是遥遥相望的军队，各郡国都在征兵，百姓困苦不堪，奸诈之徒开始涌现，盗贼四起，郡守都尉不能禁止，城镇也制止不了。随后，朝廷派上大夫穿着绣花衣，用军兴之法征讨镇压。那时，老百姓的生命得不到保障，所以山东豪杰产生了异心。有赖武帝在天之灵，局势才安定下来。过错在于你们这些官员一心要完成伐胡大业不考虑休战。这样为君主谋划，称得上忠心吗？”

世务第四十七

【题解】

本篇的议题是当世要务。大夫认为，如果不果断采取军事行动，匈奴对边境的侵扰只会变本加厉，所以必须像消灭蛀虫一样彻底扫除匈奴。他们不认同怀柔的策略，认为所谓的以德服人的想法只是嘴上说说而已，并不能应用到应对外敌侵扰上面。匈奴贪婪狡诈，不可与之讲德行信义，其军队行动迅捷，具有风驰电掣的速度，朝廷必须加强军备，才能保障边境安全。文学却要废除武力和一切军事设施，还要消除边防、关卡，一心考虑用文德感召匈奴，想法过于不切实际。客观来说，国家想要立于民族之林，处于不败之地，必须文治武功皆备，两者不可偏废，废除国防根本不能保家存国，只会招致灾难性的后果。

大夫曰："诸生妄言！议者令可详用，无徒守椎车之语，滑稽(圆转自如)而不可循。夫汉之有匈奴，譬若木之有蠹，如人有疾，不治则浸(逐渐)以深。故谋臣以为击夺以困极之。诸生言以德怀之，此有其语而不可行也。诸生上无以似三王，下无以似近秦，令有司可举而行当世，安蒸庶而宁边境者乎？”

【译文】

大夫说："你们这些儒生胡说八道！议政的人提出的意见应该周详有用，不要只是说一些过时无用的话，圆转自如却不可遵循。大汉有匈奴这个敌人，就好比树木有蛀虫，人体有疾病，不治疗情况会逐渐恶化。所以谋臣认为应当抢夺匈奴地盘，使其陷入极端困境。你们说用仁德怀柔匈奴，这只能嘴上说说，并不可行。你们远点说没有三王那样的美好德行，近点讲没有秦朝那样的辉煌功业，却想让官员举荐你们，并在当代施行你们倡导的主张，可是你们能安定百姓让边境安宁吗？”

文学曰：“昔齐桓公内附百姓，外绥诸侯，存亡接绝，而天下从风(迅速服从)。其后，德亏行衰，葵丘之会，振而矜之，叛者九国。《春秋》刺其不崇德而崇力也。故任德，则强楚告服(表示服从)，远国不召而自至；任力，则近者不亲，小国不附。此其效也。诚上观三王之所以昌，下论秦之所以亡，中述齐桓所以兴，去武行文，废力尚德，罢关梁，除障塞，以仁义导之，则北垂无寇虏之忧，中国无干戈之事矣。”

【译文】

文学说：“从前，齐桓公对内亲附百姓，对外安抚诸侯，使将要灭亡的国家得以留存，使倾覆的国家国祚得以延续，所以天下臣民很快就归顺了他。后来，他德行衰微，在葵丘和诸侯会盟时，趾高气扬，骄傲自大，各路诸侯都背叛了他。《春秋》讽刺他不崇尚仁德而崇尚武力。所以齐桓公施行德政时，强大的楚国也表示服从，远方的国家不召自来；对外采用武力，近处的国家不亲近，小国也不肯归附。这就是施行德政和动用武力的不同效果。如果我们真的向上追溯，观察三王因何昌盛，近代秦朝为何灭亡，中间阐述齐桓公因何兴起，就应该放弃武力施行文治，废除暴力崇尚仁德，撤销关卡，去除边境要塞，用仁义引导异族，那么北部边境就没有敌寇侵扰的忧患了，中原也就没有战事了。”

大夫曰：“事不豫辨，不可以应卒。内无备，不可以御敌。《诗》云：‘诰尔民人，谨尔侯度，用戒不虞(意外，意想不到的事情)。’故有文事，必有武备。昔宋襄公信楚而不备，以取大辱焉，身执囚而国几亡。故虽有诚信之心，不知权变，危亡之道也。《春秋》不与夷、狄之执中国，为其无信也。匈奴贪狼，因时而动，乘可而发，飙(狂风)举电至。而欲以诚信之心，金帛之宝，而信无义之诈，是犹亲跖、跻而扶猛虎也。”

【译文】

大夫说：“事情不预先做准备，就不能应付突如其来的变化。国内没有军备，便不可以抵御敌人。《诗经》说：‘告诉你们的百姓，谨慎地遵守诸侯的法度，防备意外发生。’所以国家有文治，必然也有军备。从前宋襄公相信楚国不加防备，蒙受奇耻大辱，沦为阶下囚，还差点亡国。所以纵然有诚信之心，不知随机应变，也会走上危险灭亡的道路。《春秋》不认同夷、狄俘虏中原诸侯王的行为，是因为他们不讲信用。匈奴犹如贪婪的恶狼，伺机而动，乘机出击，像狂风闪电一样迅速发动袭击。你们想要以诚信之心和金帛宝物打动他们，相信毫无仁义的诈骗，就好比亲近盗跖、庄跻那样的江洋大盗和扶助猛虎一样。”

文学曰：“《春秋》‘王者无敌’。言其仁厚，其德美，天下宾服，莫敢交(较量)也。德行延及方外，舟车所臻(到)，足迹所及，莫不被泽。蛮、貊异国，重译自至。方此之时，天下和同，君臣一德，外内相信，上下辑睦。兵设而不试，干戈闭藏而不用。老子曰：‘兕无所用其角’，‘螫虫无所输其毒’。故君仁莫不仁，君义莫不义。世安得跖、跻而亲之乎？”

【译文】

文学说：“《春秋》说：‘施行王道的君主是无敌的。’是说他为人仁厚，品德美好，天下归从，没有人敢跟他较量。其德行延伸到境外，车船所到的地方，足迹所及之处，没有不蒙受恩泽的。蛮、貊那样落后的国家，通过几次翻译自己前来归附。那时，天下和睦同心，君臣同心同德，国内国外彼此信任，上下相处融洽。国家虽有军队而不动用，兵器收藏在府库而不使用。老子说：'犀牛没有地方用它的牛角'，'毒虫没有地方释放它的毒液'。所以，君主仁慈，没有人不仁，君主讲道义，没有人不讲道义。世上哪有盗跖、庄跻那样的人让我们去亲近呢？"

大夫曰："布心腹，质情素，信诚内感，义形乎色。宋华元、楚司马子反之相睹也，符契内合，诚有以相信也。今匈奴挟不信之心，怀不测之诈，见利如前，乘便而起，潜进市侧(偷偷潜藏到市场旁边)，以袭无备。是犹措(放置)重宝于道路而莫之守也。求其不亡，何可得乎？"

【译文】

大夫说："开诚布公说心里话，须表达真实的情感，满怀着真实诚恳之心，脸上就会显露出正义的神色。从前宋国大夫华元、楚国司马子反在战场上相见，内心像符和契一样契合，确实是因为他们互相信任啊。现在匈奴怀揣着不讲信用的坏心和不可推测的阴谋诡计，见到利益就上前，找到机会就进攻，偷偷潜入边境市场窥探，想要趁我们毫无防备时发动袭击。这就好比把贵重的宝物放在道路上无人看守，想要宝贝不丢失，又怎么可能呢？"

文学曰："诚信著乎天下，醇德流乎四海，则近者哥讴(歌颂)而乐之，远者执禽而朝之。故正近者不以威，来远者不以武，德义修而任贤良也。故民之于事也，辞佚(不图安逸)而就劳，于财也，辞多而就寡。上下交让，道路雁行。方此之时，贱货而贵德，重义而轻利，赏之不窃，何宝之守也！"

【译文】

文学说："如果君主以诚信著称于天下，纯厚的美德遍布四海，那么近处的国家就会歌颂赞美他，表示心悦诚服，远方的国家则会带着礼物前来朝拜。所以不用淫威纠正近邻的行为，不用武力征召远方的客人，依仗的是施行仁义道德，任用贤良。因此，百姓对于朝廷事务，不图安逸乐于辛劳，对于财物，不求多而求少。上下相互谦让，路上行人像排队的大雁一样井然有序。那时，人们都看轻财物崇尚道德，重视道义看轻利益，即使官府悬赏偷窃的行为，人们也不肯去做，还有什么宝物要看守呢！"

和亲第四十八

【题解】

本篇的议题为和亲政策，但讨论的内容更为广泛，争论的焦点在于究竟该用文德还是武功对付匈奴。大夫认为，匈奴狡诈贪婪，本性难改，且毫无信用可言，礼义仁德是不可能感化他们的，所以必须加强防备以抵御侵犯。文学认为，古代的贤王曾经凭借中原礼义教化四夷，这说明居于蛮邦的远人并非不可教化。汉初，匈奴曾因和亲政策与汉家通好，后来汉家采取了错误的策略，才使和亲中断。继续执行以往的对外政策，才能使百姓免受战乱之苦。

大夫曰："昔徐偃王行义而灭，鲁哀公好儒而削。知文而不知武，知一而不知二。故君子笃仁以行，然必筑城以自守，设械以自备，为不仁者之害己也。是以古者，蒐狝振旅(整顿军队)而数军实焉，恐民之愉佚而亡戒难。故兵革者国之用，城垒者国之固也；而欲罢之，是去表见里，示匈奴心腹也。匈奴轻举潜进，以袭空虚，是犹不介(盔甲)而当矢石之蹊，祸必不振。此边境之所惧，而有司之所忧也。”

【译文】

大夫说：“从前徐偃王施行仁义导致国家覆灭，鲁哀公爱好儒学导致国家虚弱。他们只知道文治而不知道武功，只知其一不知其二。所以君子用仁义行事，必须修筑城墙守卫自己，设置兵器防备外患，这是为了防备不仁之人危害自己。因此古人春秋打猎整顿军队，检查军备，怕的是人们贪图安逸忘了警惕祸难。兵器、甲胄对国家是大有用处的，城池堡垒是巩固国防的；你们想要把这些都取消，这么做无异于去除外边的屏障，暴露内陆，好比把自己的心脏和腹肠展示给匈奴。匈奴轻装潜入边境，偷袭边防空虚之处，我们的处境就像不穿盔甲站在箭矢如雨的路上，灾祸必然不可避免。这是边境军民害怕的事，也是官员忧虑的事。”

文学曰：“往者，通关梁，交有无，自单于以下，皆亲汉内附，往来长城之下。其后，王恢误谋马邑，匈奴绝和亲，攻当路塞，祸纷拏而不解，兵连而不息，边民不解甲弛弩，行数十年，介胄而耕耘，鉏耰(除草和弄碎土块的农具，借指耕作)而候望，燧燔烽举，丁壮弧弦而出斗，老者超越而入葆(堡垒)。言之足以流涕寒心，则仁者不忍也。《诗》云：‘投我以桃，报之以李。’未闻善往而有恶来者。故君子敬而无失，与人恭而有礼，四海之内，皆为兄弟也。故内省不疚，夫何忧何惧！”

【译文】

文学说：“从前，我们对匈奴开放关卡桥梁，互通有无，自单于以下的匈奴人，都亲附大汉，与我们往来于长城之下。后来，王恢错误地谋划马邑之计，匈奴和我们断绝和亲，发兵攻打交通要塞，祸事纷争接连不断，战争连年不息，边疆军民不脱战甲，手持弓弩不敢松懈。几十年来，他们身披甲胄耕种，一边手持农具劳作，一边侦察敌情，一旦烽火燃起，壮年男子就拿起弓箭出去战斗，老人则逃往堡垒躲藏起来。说这些话，足以让人寒心落泪，这是仁人不忍心看到的。《诗经》说：‘人家送我桃子，我便以李子回赠他。’从没听说过以善待人招来恶报的。所以君子对人恭敬没有过失，与人恭谨彬彬有礼，那么四海之内，都是兄弟。所以自我反省无悔于心，还有什么可担忧的，又有什么可害怕的！”

大夫曰：“自春秋诸夏之君，会聚相结，三会之后，乖疑相从，伐战不止；六国从亲(合纵)，冠带相接，然未尝有坚约。况禽兽之国乎！《春秋》存君在楚，诘鼬之会书公，绐夷、狄也。匈奴数和亲，而常先犯约，贪侵盗驱，长诈之国也。反复无信，百约百叛，若硃、象之不移，商均之不化。而欲信其用兵之备，亲之以德，亦难矣。”

【译文】

大夫说：“自春秋以来，中原各诸侯国国君聚会结交，经过多次会盟之后，出现了隔阂和猜忌，随之互相攻伐不止；六国合纵抗击秦国，各国使者头顶冠帽、束着腰带相望于道，然而不曾有过坚定的盟约。中原如此，更何况是禽兽般的国家呢？《春秋》慰问滞留在南蛮楚国的鲁襄公，记载了鲁定公在诘鼬会盟的事件，都认为夷、狄危险。匈奴和我们多次和亲，常率先违背盟约，贪婪地侵犯边境，掠夺后便撤走，是擅长欺诈的国家。他们反复无常不讲信用，无数次订立盟约无数次背叛，就像丹朱和象一样本性难移，又像商均那样不可教化。如果听任匈奴做用兵的准备，又想依靠仁德亲近他们，那也太难了。”

文学曰：“王者中立而听乎天下，德施方外，绝国殊俗，臻于阙廷，凤皇在列树，麒麟在郊薮，群生庶物，莫不被泽。非足行而仁办之也，推其仁恩而皇之，诚也。范蠡出于越，由余长于胡，皆为霸王贤佐。故政有不从之教，而世无不可化之民。《诗》云：‘酌彼行潦(路上的积水)，挹(舀)彼注兹。’故公刘处戎、狄，戎、狄化之。太王去豳，豳民随之。周公修德，而越裳氏来。其从善如影响。为政务以德亲近，何忧于彼之不改？”

【译文】

文学说：“帝王居于天下之中统御天下，仁德施于境外，不同风俗的遥远邦国纷纷来到朝廷朝拜。凤凰栖息在树丛，麒麟生活在郊野，芸芸众生，莫不蒙受他的恩泽。这些不是他亲自经办的，而是仁义传播的结果，仁德恩惠广为布施，是出于一片诚心啊。范蠡出生在越国，由余长于胡地，他们都是辅佐霸王的贤臣。所以世上有不顺民心的教令，但没有不可教化的百姓。《诗经》说：‘取来路边积水，舀来注到这里。’所以公刘在戎狄之间居住，戎狄被感化了。太王离开豳地，豳地百姓追随他迁居。周公修养德行，越裳氏前来朝拜。人们从善如流，好比影之随形，响之应声。主持政务要以仁德亲近他们，为什么担心他们本性不改呢？”

卷 九

繇役第四十九

【题解】

本篇讨论的议题是兵役和徭役。汉武帝时期，多次发动征讨匈奴的战争，为此朝廷频繁征兵，并征用民力。大夫认为，征兵打仗自古有之，兵役、徭役不可避免，汉武帝外伐四夷是为了安定边疆保卫百姓，没有任何过错，为了支援边防，武帝乐于慷慨解囊，捐出皇家经费，减少车马饮食的用度，已经做得无可挑剔了。文学则认为，中原自古就有用仁德礼义怀柔远方异族的传统，用文治代替武力讨伐，才是解决边患问题的正确途径。一味对外征战，百姓必不堪其苦。

大夫曰："屠者解分中理，可横以手而离也；至其抽筋凿骨，非行金斧不能决。圣主循性而化，有不从者，亦将举兵而征之，是以汤诛葛伯，文王诛犬夷。及后戎、狄猾(扰乱)夏，中国不宁，周宣王、仲山甫式遏寇虐。《诗》云：'薄伐猃狁，至于太原。''出车彭彭，城彼朔方。'自古明王不能无征伐而服不义，不能无城垒而御强暴也。"

【译文】

大夫说："屠夫解剖只要合乎肌肉纹理，就可以从旁侧用手撕开；至于抽筋剥骨，不用斧头是砍不断的。圣明的君主遵循人的本性实行教化，有不服从的，也要出兵讨伐，所以商汤杀了葛伯，文王征讨犬戎。后来戎狄扰乱中原，中原不得安宁，周宣王、仲山甫出兵阻止敌寇侵扰。《诗经》说：‘征讨猃狁，奔赴太原。’‘战车浩荡，筑城朔方。’自古以来，英名的君王不能不出兵讨伐，征服不义的敌人，不能不修筑城堡抵御强暴。”

文学曰：“舜执干戚而有苗服，文王底德而怀四夷。《诗》云：‘镐京辟雍，自西自东，自南自北，无思不服。’普天之下，惟人面之伦，莫不引领而归其义。故画地为境，人莫之犯。子曰：‘白刃可冒，中庸(儒家思想，指待人处事中正平和，不偏不倚)不可入。’至德之谓也。故善攻不待坚甲而克，善守不待渠梁而固。武王之伐殷也，执黄钺，誓牧之野，天下之士莫不愿为之用。既而偃兵，搢(插)笏而朝，天下之民莫不愿为之臣。既以义取之，以德守之。秦以力取之，以法守之，本末不得，故亡。夫文犹可长用，而武难久行也。”

【译文】

文学说：“舜让人挥舞盾牌大斧跳舞，有苗臣服，文王修养仁德怀柔四方少数民族。《诗经》说：‘镐京设立学宫，从西方到东方，从南方到北方，没人想到不服。’普天之下，只要是人类，没有不伸长脖子翘首以盼乐于归顺道义的。所以他画地为界，无人敢冒犯。孔子说：‘刀刃可冒犯，中庸不可侵入。’因为中庸是最高的道德。因此善于攻城的人不穿坚固的铠甲也能攻克城池，善于守城的人不挖护城沟渠也能使城池固若金汤。周武王讨伐商纣，手持黄钺，在牧野誓师，天下士卒没有不愿意被他征用的。不久休兵，臣子们插笏上朝，天下百姓没有不愿意做他臣民的。这就是用仁义取得政权，用德政守护社稷。秦朝用武力取得天下，用严峻的刑法守卫政权，本末倒置，所以灭亡了。文治可以长期实行，国家靠武力统治难以持久生存。”

大夫曰：“《诗》云：‘猃狁孔炽，我是用戒(着急，紧急)。’‘武夫潢潢，经营四方。’故守御征伐，所由来久矣。《春秋》大戎未至而豫御之。故四支强而躬体固，华叶茂而本根据。故饬四境所以安中国也，发戍漕所以审劳佚也。主忧者臣劳，上危者下死。先帝忧百姓不赡，出禁钱(皇家府库中的私钱)，解乘舆骖，贬乐损膳，以赈穷备边费。未见报施之义，而见沮成之理，非所闻也。”

【译文】

大夫说：“《诗经》上说：‘猃狁来势凶猛，我军紧急出征。’‘壮士威武，转战四方。’所以守卫边疆讨伐敌人，由来已久。《春秋》记载，戎狄还没有来侵犯，鲁国就事先做好了御敌的准备。因此，人四肢强壮身体就结实，植物花叶繁茂根部就粗壮坚固。因而，整治四方边境是为了安定中原，让老百姓水运军需物资是为了求得安逸。君主忧虑，臣子理应多操劳；主上有危险，臣下应当冒死相救。武帝担忧百姓用度不足，拿出私家钱财，削减御驾车马，减少音乐娱乐和伙食费用，以赈济贫困资助边防。先帝的恩德没看到你们报答，却听到你们发表歪理邪说诋毁他的成就，这是以前闻所未闻的。”

文学曰：“周道衰，王迹熄，诸侯争强，大小相凌。是以强国务侵，弱国设备。甲士劳战阵，役于兵革，故君劳而民困苦也。今中国为一统，而方内(境内)不安，徭役远而外内烦也。古者，无过年之繇，无逾时之役。今近者数千里，远者过万里，历二期。长子不还，父母愁忧，妻子咏叹(长叹)，愤懑之恨发动于心，慕思之积痛于骨髓。此《杕杜》《采薇》之所为作也。”

【译文】

文学说：“周朝王道衰微，圣王事迹的影响消失了，诸侯争强，大小诸侯互相欺凌。所以强国致力于侵犯他国，弱国就加强防备。战士在战场上艰苦战斗，为战争所役使，所以国君操劳，百姓困苦。如今中原已经统一，境内却不安宁，百姓要到很远的地方服徭役，境内外都很烦心。古时候，没有超过一年的徭役，也没有逾期的兵役。现在服徭役的地方近的有好几千里，远的超过一万里，需要历时两年。长子不回来，父母忧愁，妻子长叹，内心充满愤懑之情，思念之痛深入骨髓。这就是《杕杜》《采薇》创作出来的原因啊。”

险固第五十

【题解】

本篇的议题是拒险固守能否保证国家安全。大夫认为，险要的地利因素是御敌的法宝。秦国之所以能吞并天下，凭借的是优越的地理环境，可见拒险固守，修建严密的防御工事，完全可以成功防范外敌。文学指出，秦朝固然有天险可以凭借，可无名小卒陈胜毫不费力地突破了防线，说明地利不如人和重要，仁义才是保障国家内部外部安全的不二法宝。综合双方观点，守卫国家，既要倚仗地利，又不能忽视人和，两者不可偏废。一味迷信天然和人工的防御，忽视人心的力量，是不可取的；一味强调仁义和民心，丝毫不做国防工作，同样会使国家陷入巨大的危险。

大夫曰：“虎兕所以能执熊罴、服群兽者，爪牙利而攫便也。秦所以超诸侯、吞天下、并敌国者，险阻固而势居然也。故龟猖有介，狐貉不能禽；蝮蛇有螫，人忌而不轻。故有备则制人，无备则制于人。故仲山甫补衮职(天子)之阙，蒙公筑长城之固，所以备寇难，而折冲万里之外也。今不固其外，欲安其内，犹家人不坚垣墙，狗吠夜惊，而暗昧(糊里糊涂)妄行也。”

【译文】

大夫说：“老虎、犀牛之所以能捕捉熊罴，征服百兽，是因为它们爪牙锋利便于猎取。秦朝之所以能超越诸侯，吞并天下，兼并敌国，是因为它占据艰险的有利地势，地理位置得天独厚。所以乌龟、玳瑁有甲壳，狐貉不能捉住它们；蝮蛇有毒牙，人忌惮它不敢轻视它。因此，有军事防备就能制服别人，没有军备则受制于人。因而仲山甫能弥补天子履职的过失，蒙恬修筑长城加固防御工事，是为了防备敌寇入侵，退敌于千里之外，如今不在境外加强国防，却想安定境内，犹如百姓不去加固院墙，听到狗叫声夜里惊醒，糊里糊涂乱跑。"

文学曰："秦左殽、函，右陇阺，前蜀、汉，后山、河，四塞以为固，金城千里，良将勇士，设利器而守陉隧(山口要道)，墨子守云梯之械也。以为虽汤、武复生，蚩尤复起，不轻攻也。然戍卒陈胜无将帅之任，师旅之众，奋空拳而破百万之师，无墙篱之难。故在德不在固。诚以仁义为阻，道德为塞，贤人为兵，圣人为守，则莫能入。如此则中国无狗吠之警，而边境无鹿骇狼顾(形容人惊恐不安)之忧矣。夫何妄行而之乎？"

【译文】

文学说："秦朝左面有崤山和函谷关，西面有陇山，前面有蜀郡和汉中，后面是华山和黄河，四方边塞坚固无比，千里城池犹如金属铸造的一般，全都牢不可破，加上良将勇士，手执利器把守山口要道，就像墨子防备敌人用云梯攻城一样。秦国人认为即便商汤、周武王再生，蚩尤卷土重来，也不敢轻易攻打自己的国家。然而戍卒陈胜没有将帅的职位，也没有率领众多士兵，只凭赤手空拳就击破了官军的百万雄师，就像越过围墙、篱笆那样毫不费力。所以保障国家安全在于施行德政，不在于边塞险固。如果真能以仁义为险阻，以道德为边塞，以贤人为兵力，让圣人守卫，那么没有人能侵入这个国家。这样中原就没有狗吠报警，边境也没有惊恐不安的忧虑了。怎么会在黑夜里乱跑呢？"

大夫曰："古者，为国必察土地、山陵阻险、天时地利，然后可以王霸。故制地城郭，饬沟垒，以御寇固国。《春秋》曰：'冬浚洙。'修地利也。三军顺天时，以实击虚，然困于阻险，敌于金城。楚庄之围宋，秦师败崤嶔崟(山势高大险峻)，是也。故曰：'天时不如地利。'羌、胡固，近于边，今不取，必为四境长患。此季孙之所以忧颛臾，有句贱(勾践)之变，而为强吴之所悔也。"

【译文】

大夫说："古时候，创建国家的人必须考察土地，山岳险阻、气候条件和有利的地理环境，然后才能成就王霸基业。所以要因地制宜建造城郭，修整沟渠堡垒，以抵御敌寇，巩固国防。《春秋》说：'冬天疏浚洙水。'这是在加强地利优势啊。三军顺应天时，用强兵攻打敌人的虚弱疲惫之处，然而也会被险阻所困，被敌人坚固的城防阻挡。这就是楚庄王围攻宋国没有得胜、秦军在险峻的崤山被打败的原因啊。所以说：'天时不如有利的地形地势。'西羌和匈奴顽固，两国靠近边境，现在不攻取，日后必成为四方边境的长久祸患。这就是季孙氏忧虑颛臾，勾践壮大之后，强悍的吴王懊悔不已的原因啊。"

文学曰："地利不如人和，武力不如文德。周之致远，不以地利，以人和也。百世不夺，非以险，以德也。吴有三江、五湖之难，而兼于越。楚有汝渊、两堂之固，而灭于秦。秦有陇阺、崤塞，而亡于诸侯。晋有河、华、九阿，而夺于六卿。齐有泰山、巨海，而胁于田常。桀、纣有天下，兼于滈亳。秦王以六合(天下)困于陈涉。非地利不固，无术以守之也。释迩忧远，犹吴不内定其国，而西绝淮水与齐、晋争强也；越因其罢，击其虚。使吴王用申胥(伍子胥)，修德，无恃极其众，则句践不免为藩臣海崖，何谋之敢虑也？"

【译文】

文学说："有利的地形不如人心归一、上下齐心，依靠武力不如讲求仁义道德。周朝之所以能招抚远方国家，靠的不是地利条件，而是人和。江山百代不被侵夺，凭借的不是天然险阻，而是仁德。吴国有三江、五湖做屏障，却被越国兼并。楚国有汝渊、两堂的险固地势，却被秦国消灭。秦国有龙山、崤山做边塞，却被六国诸侯所灭。晋国有黄河、华山、九阿，政权却被六卿侵夺。齐国有泰山、大海做天险，却被权臣田常胁迫。夏桀、商纣享有天下，国都却被攻占。秦王拥有天下，却被陈胜围困。这不是地形不险固，而是没有好的防守办法。不看近处只顾远处，就像吴国不安定国内，西渡淮河，跟齐国、晋国争强争霸一样。越国趁吴国疲惫，攻击它的虚弱之处。如果吴王夫差能任用伍子胥，修治德政，不依仗兵强人多去征战，那么勾践免不了要成为吴国海边属国的臣子，怎么敢图谋什么呢？"

大夫曰："楚自巫山起方城，属巫、黔中，设扞关以拒秦。秦包商、洛、崤、函，以御诸侯。韩阻宜阳、伊阙，要成皋、太行，以安周、郑。魏滨洛筑城、阻山带河，以保晋国。赵结飞狐、句注、孟门，以存邢、代。燕塞碣石，绝邪谷，绕援辽。齐抚阿、甄，关荣、历，倚太山，负海、河。关梁者，邦国之固，而山川者，社稷之宝也。徐人灭舒，《春秋》谓之'取'，恶其无备，得物之易也。故恤来兵，仁伤刑(损害法治)。君子为国，必有不可犯之难。《易》曰：'重门击柝，以待暴客(强盗)。'言备之素修也。"

【译文】

大夫说："楚国从巫山修筑方城，连接巫郡和黔中郡，设立扞关抗拒秦国。秦国占据商山、洛水、崤山和函谷关地利，以此抵御诸侯。韩国以宜阳、伊阙为险阻，以成皋、太行山为要塞，以保卫安定周、郑故地。魏国在洛水边修筑城池，以华山、黄河为险阻，以保卫其占有的晋国领土。赵国连接飞狐口、句注山和孟门山，是为了保卫它占有的邢地、代地。燕国有碣石山做边塞，有险绝的斜谷做天险，且有辽河环绕。齐国镇抚东阿、甄城，在荣成山、历山设立关塞，背靠泰山，依仗大海、黄河。关塞是国家的坚固屏障，山河是社稷的珍宝。徐国灭亡舒国，《春秋》称之为'取'，是憎恨舒国没有防备，徐国得到它易如反掌。所以体恤敌人会招致侵犯，实行仁政会损害法治。君子治理国家，一定要修筑不可侵犯的防御工事。《易经》说：'在城门上敲梆巡更，为的是防范强盗。'说的是平时要加强防备啊。"

文学曰："阻险不如阻义，昔汤以七十里，为政于天下，舒以百里，亡于敌国。此其所以见恶也。使关梁足恃(依赖，依仗)，六国不兼于秦；河、山足保，秦不亡于楚、汉。由此观之：冲隆(兵车)不足为强，高城不足为固。行善则昌，行恶则亡。王者博爱远施，外内合同，四海各以其职来祭，何击拓而待？《传》曰：'诸侯之有关梁，庶人之有爵禄，非升平之兴，盖自战国始也。'"

【译文】

文学说："依仗险要的地利条件阻挡敌兵，不如靠仁义阻挡。从前商汤的封地只有七十里，却凭借这些土地执掌天下。舒国的领土足有百里，却被敌国消灭。这就是不实行仁政造成的恶果。如果关口要道可以依赖，六国就不会被秦国吞并；假使高山大河足以保全国家，秦国就不会被楚、汉灭国。由此可见：拥有高大的兵车称不上强大，城墙高耸也不足以成为坚固屏障。行善，国家就昌盛；作恶，国家就灭亡。天子博爱，恩泽遍及远方，朝野内外和睦，四海诸侯都会以臣子身份前来祭祀，哪里还用敲梆巡更防备强盗呢？《传记》上说：'诸侯有关塞，平民享有爵位和俸禄，这种现象并非出现在太平时代，而是从纷乱的战国时期开始的。'"

论勇第五十一

【题解】

本篇讨论的是勇力和武力。大夫坚信坚固的城池、锐利的武器和强大的军备是捍卫国家安全最有力的保障。文学以楚国、郑国、秦国的灭亡为例，反驳了大夫的观点，坚持认为仁义是立国的基础，也是维护国家安全最有用的工具，指出仁义之君无往而不胜，仁义之国外敌不敢入侵。关于是否应该派遣刺客刺杀匈奴单于，双方各自发表了自己的观点。大夫本着擒贼先擒王的观点，赞同行刺。文学则认为刺杀行动不符合大义，有违大国风范。由此可见，大夫是不折不扣的务实派，而文学始终是高举仁义大旗的理想主义者。

大夫曰："荆轲怀数年之谋而事不就者，尺八匕首不足恃也。秦王惮于不意，列断(斩断)贲、育者，介七尺之利也。使专诸空拳，不免于为禽；要离无水，不能遂其功。世言强楚劲郑，有犀兕之甲，棠溪之铤(剑)也。内据金城，外任利兵，是以威行诸夏，强服敌国。故孟贲奋臂，众人轻之；怯夫有备，其气自倍。况以吴、楚之士，舞利剑，蹶强弩，以与貉虏骋于中原？一人当百，不足道也！夫如此，则貉无交兵，力不支汉，其势必降。此商君之走魏，而孙膑之破梁也。"

【译文】

大夫说："荆轲怀揣数年刺秦大计，却没有成功，因为仅凭一尺八寸的匕首是不行的。秦王害怕是因为刺杀行动出其不意，但他最终斩杀了像孟贲、夏育一样英勇的荆轲，凭借的是锋利的七尺长剑。假如专诸赤手空拳，免不了被活捉；如果要离没有水上行船的便利，不能刺杀成功。人们都说楚国强大、郑国强劲，这是因为两国有犀牛皮做的战甲和棠溪铸造的宝剑。在境内据守铜墙铁壁般坚固的城池，对外仰仗锐利的兵器，因此威震中原各国，强横地征服了敌国。所以勇士孟贲空手振臂一挥，人们也会轻视他；懦夫有武器在身，勇气自然倍增。何况吴地、楚地的勇士，挥舞着利剑，踏着强弩，跟匈奴在中原驰骋厮杀呢？以一当百，不足挂齿！如果是这样，匈奴就没有可交战的士兵，力量不足以和汉家抗衡，按照形势发展必然会投降。正如当年商鞅迫使魏国迁都、孙膑大破梁军一样。”

文学曰：“楚、郑之棠溪、墨阳，非不利也，犀胄兕甲，非不坚也，然而不能存者，利不足恃也。秦兼六国之师，据崤、函而御宇内，金石之固，莫耶之利也。然陈胜无士民之资，甲兵之用，钼櫌棘橿(锄柄)，以破冲隆。武昭不击，乌号(良弓名)不发。所谓金城者，非谓筑壤而高土，凿地而深池也。所谓利兵者，非谓吴、越之铤，干将之剑也。言以道德为城，以仁义为郭，莫之敢攻，莫之敢入。文王是也。以道德为胄，以仁义为剑，莫之敢当，莫之敢御，汤、武是也。今不建不可攻之城，不可当之兵，而欲任匹夫之役，而行三尺之刃，亦细矣！”

【译文】

文学说：“楚国、郑国在棠溪和墨阳铸造的宝剑，不是不够锋利，用犀牛皮做的战甲，不是不够坚固，但国家没有生存下来，说明锐利的兵器不足以依赖。秦国兼并了六国的军队，据守崤山、函谷关统御天下，城池坚如金石，兵器如莫耶宝剑一般锋利。然而陈胜没有军队，也没有甲胄装备，仅仅凭借锄头、木櫌和锄柄，就击破了秦军的战车阵型。秦军军容盛大却不出击，良弓也不起作用。所谓的坚城，不是用土铸造高城，也不是挖很深的护城河。所谓的锐利的兵器，说的不是吴地、越地的利剑和干将宝剑，而是以道德为坚城，以仁义为城郭，无人敢进攻，无人敢侵入。文王就是这样啊。以道德为甲胄，以仁义为利剑，无人敢抵挡，无人敢防御，商汤、周武王就是这样啊。现在不修建不可攻打的城池，不建立不可抵挡的仁义之师，却想靠刺客用三尺兵刃解决问题，这种谋略格局也太小了！”

大夫曰：“荆轲提匕首入不测之强秦；秦王惶恐失守备，卫者皆惧。专诸手剑摩万乘，刺吴王，尸(埋葬)孽(庶子)立正，镐冠千里。聂政自卫，由韩廷刺其主，功成求得，退自刑于朝，暴尸于市。今诚得勇士，乘强汉之威，凌无义之匈奴，制其死命，责以其过，若曹刿之胁齐桓公，遂其求。推锋折锐，穹庐扰乱，上下相遁，因以轻锐随其后。匈奴必交臂不敢格也。”

【译文】

大夫说：“荆轲带着匕首进入凶吉难测的强大秦国；秦始皇惊恐不安，毫无防备，卫士们都很害怕。专诸手持宝剑来到万乘之国吴国，刺杀吴王僚，自己也被杀。吴国人埋葬了庶子吴王僚，立嫡子公子光为国君，方圆千里之内，人们都穿着丧服为专诸戴孝。聂政从卫国来到韩国丞相府，刺死韩傀，达成目的后退下来，在朝堂上当场自杀，尸体被陈列于街市。现在如果真能得到勇士，凭借强大汉朝的国威，打败不讲道义的匈奴，置其于死地，惩罚他们的罪过，就像曹刿胁迫齐桓公，满足自己的要求一样。摧折匈奴的锋芒，挫败他们的锐气，这样普天之下的匈奴人就会乱作一团，朝野上下纷纷逃跑，我们以轻装精锐军队紧追其后，匈奴必定束手就擒不敢抵抗。”

文学曰：“汤得伊尹，以区区之亳兼臣海内，文王得太公，廓(扩大)酆、鄗以为天下，齐桓公得管仲以霸诸侯，秦穆公得由余，西戎八国服。闻得贤圣而蛮、貊来享(进贡)，未闻劫杀人主以怀远也。《诗》云：‘惠此中国，以绥四方。’故‘自彼氐、羌，莫不来王’。非畏其威，畏其德也。故义之服无义，疾于原马良弓；以之召远，疾于驰传重驿。”

【译文】

文学说："商汤得到伊尹，凭借小小的亳都统御海内；周文王得到姜子牙，国土由酆、鄗扩展到整个天下；齐桓公得到管仲，得以成为诸侯霸主；秦穆公得到由余，西戎八个国家臣服。听说中原国家有圣贤，落后的蛮邦前来进贡，没听说过通过劫杀人家国君怀柔远国的。《诗经》说：'赐予中原百姓恩惠，以此安抚四方。''远自氐羌，没有人来朝拜我王的。'不是畏惧中原国威，而是畏惧中原的仁德。所以以仁义征服不义，比骏马奔驰和良弓射箭的速度还要快；以仁义招来远人，比飞奔的驿马传车还要迅捷。"

论功第五十二

【题解】

本篇讨论的是征讨匈奴的战功。大夫认为匈奴野蛮落后，既无防守，又无坚甲利兵，不遵礼义，缺乏谋略，汉朝作为泱泱大国，战胜他们简直易如反掌。文学认为匈奴有自己的优势，比如，他们全民皆兵，以天然水草为粮仓，器械坚固耐用，上下团结，民风淳朴。强大的秦朝没有能力灭亡他们，汉朝执意征讨，实在没有胜算。大夫指出，汉武帝屡次讨伐匈奴大获成功，说明以正义之师征伐不义，必然取得胜利。汉廷继续动兵，是为了给后世子孙解除外患。文学主张停止战争，用仁德招抚感化远方异族，并以灭亡的秦朝举例，警示汉廷不修仁义崇尚武功，可能付出国破家亡的代价。

大夫曰："匈奴无城廓之守，沟池之固，修戟强弩之用，仓廪府库之积，上无义法，下无文理，君臣嫚易(轻慢)，上下无礼，织柳为室，旃廗为盖。素弧(不涂漆的木弓)骨镞，马不粟食。内则备不足畏，外则礼不足称。夫中国天下腹心，贤士之所总，礼义之所集，财用之所殖也。夫以智谋愚，以义伐不义，若因秋霜而振落叶。《春秋》曰：'桓公之与戎、狄，驱之尔。'况以天下之力乎？"

【译文】

大夫说："匈奴没有城郭防守，没有护城河做坚固屏障，没有长戟强弩，也没有粮仓府库的积蓄，他们上无合乎道义的法律，下无礼义，君臣互相轻侮，从上到下都不讲礼节，家家用柳条编织房屋，用毛毡做屋顶。他们的木弓不涂漆修饰，箭头是兽骨做的，马不喂粮食。其内部的防守不足畏惧，对外的礼节不足称道。中原是天下的中心，是贤士聚集之地，礼义汇聚之所，也是财富增长的地方。我们凭借智慧谋取愚蠢的匈奴，以仁义讨伐不义，就像秋霜扫落叶一般。《春秋》说：'齐桓公攻打戎、狄，不过是驱逐他们而已。'更何况是汉家以举国之力讨伐匈奴呢？"

文学曰："匈奴车器无银黄丝漆之饰，素成而务坚，丝无文采裙袆曲襟之制，都成而务完。男无刻镂奇巧之事，宫室城郭之功。女无绮绣淫巧之贡，纤绮罗纨之作。事省而致用，易成而难弊。虽无修戟强弩，戎马良弓；家有其备，人有其用，一旦有急，贯弓上马而已。资粮不见案首(装粮食的器具)，而支数十日之食，因山谷为城郭，因水草为仓廪。法约而易辨，求寡而易供。是以刑省而不犯，指麾(指挥)而令从。嫚于礼而笃于信，略于文而敏于事。故虽无礼义之书，刻骨卷木，百官有以相记，而君臣上下有以相使。群臣为县官计者，皆言其易，而实难，是以秦欲驱之而反更亡也。故兵者凶器，不可轻用也。其以强为弱，以存为亡，一朝尔也。"

【译文】

文学说："匈奴的车辆和器物没有使用金银、丝绸、油漆修饰，看起来质朴坚固。衣服没有花纹、色彩、上下衣的区分，用整块布制成，务求完好。男子不雕刻奇巧的东西，也不去建造宫室城郭。女子不绣精美的花纹图案进贡，也不制作质地细腻的绫罗绸缎。做东西费力少却实用，器具易于制作而难以损坏。他们虽然没有长戟强弩，却有骏马良弓，家家有准备，人人可征用，一旦出现紧急情况，便可持弓上马。粮食没有容器装，但足以支撑士兵几十天的伙食。他们以山谷为城郭，以水草为粮库，法令简单，易于辨别，征税很少，容易供给。所以即便很少动用刑罚，人们也不违反法令，长官指挥，大家就听从命令。他们看轻礼节，却重视信用，文书简约，却办事迅速。因此他们虽然没有有关礼义的书籍，只在兽骨和卷起的木简上记事，但百官都能记住，君臣上下可以传达信息。群臣当中为朝廷献策的人，都说讨伐匈奴看起来容易实际上很困难，因而秦朝想要驱逐他们，反而招致了自己的灭亡。所以兵革是凶器，不可轻易使用。轻易用兵，将使国家由强变弱，由存续变为灭亡，这是顷刻之间的事情。”

大夫曰：“鲁连有言：‘秦权使其士，虏使其民。’故政急而不长。高皇帝受命平暴乱，功德巍巍，惟天同大焉。而文、景承绪(继承未竟事业)润色之。及先帝征不义，攘无德，以昭仁圣之路，纯至德之基，圣王累年仁义之积也。今文学引亡国失政之治，而况(比拟)之于今，其谓匈奴难图，宜矣！”

【译文】

大夫说：“鲁仲连说过：‘秦国用强权役使士兵，驱使百姓就像对待奴隶一样。’因此为政苛急，统治必不长久。高祖皇帝接受天命平息暴乱，功德巍巍，与天同齐。文帝、景帝继承发展了他的功业。到了武帝时期，朝廷讨伐不义，击退无德的蛮夷，彰显仁德圣明的道路，使至高道德的基业更加纯净，这是圣明君王多年施行仁义的结果。现在你们拿已经亡国丧失政权的秦朝和当今的我朝相比，说匈奴难以战胜，那是当然的了！”

文学曰："有虞氏之时，三苗不服，禹欲伐之，舜曰：'是吾德未喻也。'退而修政，而三苗服。不牧之地，不羁之民，圣王不加兵，不事力焉，以为不足烦百姓而劳中国也。今明主修圣绪，宣德化，而朝有权使之谋，尚首功(斩首多则记为头功)之事，臣固(坚决)怪之。夫人臣席天下之势，奋国家之用，身享其利而不顾其主，此尉佗、章邯所以成王，秦失其政也。孙子曰：'今夫国家之事，一日更百变，然而不亡者，可得而革也。逮出兵乎平原广牧，鼓鸣矢流，虽有尧、舜之知，不能更也。'战而胜之，退修礼义，继三代之迹，仁义附矣。战胜而不休，身死国亡者，吴王是也。"

【译文】

文学说："舜帝在位时期，三苗不臣服，大禹想要发兵讨伐，舜帝说：'这是我的仁德没能感化他们。'于是退而修治德政教化，三苗归顺。不能放牧的地方，不受约束的百姓，圣明的君王不会用兵，也不会使用武力讨伐，认为用不着劳烦境内的百姓。现在圣明君主继承圣王事业，宣明道德教化，可朝廷权臣献计，要大力推行斩首记功的政策，我对此感到奇怪。作为人臣，本该依仗国家权势，为国家发挥作用，可有的人享有俸禄却不顾君主，这就是尉佗、章邯称王，秦朝丧失政权的原因啊。孙子说：'现在国家的事务，一天之内变更多次，却不会亡国，这是因为它有变革的机会。一旦叛军出兵，军队遍布平原旷野，战鼓齐鸣，箭矢如雨，此时即便有尧、舜的智慧，也不能改变什么了。'打仗得胜后，应退兵修治礼义，继承夏、商、周三代的道统，仁义便随之而来了。打仗取胜后不肯罢兵，以至身死国亡，这就是吴王夫差的下场啊。"

大夫曰："顺风而呼者易为气(声气)，因时而行者易为力。文、武怀余力，不为后嗣计，故三世而德衰，昭王南征，死而不还。凡伯囚执，而使不通，晋取郊、沛，王师败于茅戎。今西南诸夷，楚庄之后；朝鲜之王，燕之亡民也。南越尉佗起中国，自立为王，德至薄，然皆亡(忘记)天下之大，各自以为一州，倔强倨敖，自称老夫。先帝为万世度，恐有冀州之累，南荆之患，于是遣左将军楼船平之，兵不血刃，咸为县官也。七国之时，皆据万乘，南面称王，提珩为敌国累世，然终不免俛首系虏于秦。今匈奴不当汉家之巨郡，非有六国之用，贤士之谋。由此观难易，察然可见也。”

【译文】

大夫说：“顺风呼喊的人，容易运用声气，伺机行动的人容易借力发挥。周文王、周武王怀有余力，但他们不为后世子孙考虑，所以到了第三代周室德行衰微，周昭王南征，死在江中，没有回来。大夫凡伯出使途中被狄人俘虏囚禁，结果夷夏信使不能通行。晋国攻取了周室的郊地、柳地，周天子的军队被茅戎打败。现在西南各少数民族，是楚庄王的后代，朝鲜君王都是燕国流亡的遗民。南越的尉佗来自中原，到了异邦自立为王，德行最为浅薄。他们忘记了天下之大，各自占据一州，倔强傲慢，自称老夫。先帝为万世子孙考虑，害怕再有凡伯被囚和昭王南征不还之类的灾难，于是派遣左将军、楼船将军出兵讨伐蛮夷。官军兵不血刃地占领了城池，那些地方都变成朝廷的州县了。战国时期，七个国家都有万辆兵车，七国国君都南面称王，各方势均力敌，世代将彼此视为敌国，然而六国国君最终都免不了向秦国俯首称臣，为秦国所俘虏。现在匈奴势力比不上汉朝的一个大郡，他们没有六国的财力，也没有贤士为其出谋划策。从这个角度来看，战胜匈奴的难易，是显而易见的。”

文学曰：“秦灭六国，虏七王，沛然有余力，自以为蚩尤不能害，黄帝不能斥(驱逐，打退)。及二世弑死望夷，子婴系颈降楚，曾不得七王之俯首。使六国并存，秦尚为战国，固未亡也。何以明之？自孝公以至于始皇，世世为诸侯雄，百有余年。及兼天下，十四岁而亡。何则？外无敌国之忧，而内自纵恣也。自非圣人，得志而不骄佚(骄奢淫逸)者，未之有也。”

【译文】

文学说："秦王消灭六国，俘虏七国君王，精力充沛有余，自以为蚩尤不能加害他，黄帝不能打退他。等到秦二世被杀死在望夷宫，秦王子婴自套绳索投降楚国，连战国七位国君俯首称臣的待遇也没有了。如果六国并存，那么秦国还是战国七雄之一，本来不会亡国。怎么知道呢？从秦孝公到秦始皇，世代在诸侯中称雄，时间超过百年。等到秦国吞并天下，十四年就亡国了。为什么呢？秦国外面没有敌国侵扰的忧患，自己就肆意放纵了。自己不是圣人，得志后不骄奢淫逸的，是从来没有过的。"

论邹第五十三

【题解】

本篇讨论的是邹衍的"大九州"学说。邹衍是五行说创始人，阴阳家代表人物，曾周游列国，在读万卷书行万里路的前提下，提出了"大九州"的地理学说。大夫对他盛赞有加，认为此人目光远大、境界开阔，那些心胸狭隘、抱残守缺的儒生永远无法与之相比。文学、贤良丝毫不认同邹衍和他的学说，认为此人的理论完全是迷惑诸侯的异端邪说，对于治国毫无用处。抛弃正统道德，迷信这种学说，只会因小失大。关于邹衍和"大九州"学说的争论，实际上反映了双方对于国家内政外交政策的态度。大夫称赞邹衍的学说，是因为他们支持汉廷对外开疆拓土；文学反对邹衍的学说，是因为他们更看重国家的内政，认为治国的根本在于妥善处理好内部事务。

大夫曰："邹子疾晚世之儒墨，不知天地之弘，昭旷之道，将一曲而欲道九折，守一隅而欲知万方，犹无准平（测量水平的仪器）而欲知高下，无规矩而欲知方圆也。于是推大圣终始之运，以喻王公，先列中国名山通谷，以至海外。所谓中国者，天下八十一分之一，名曰赤县神州，而分为九州。绝陵陆不通，乃为一州，有大瀛海圜其外。此所谓八极，而天地际焉。《禹贡》亦著山川高下原隰(低湿之地)，而不知大道之径。故秦欲达九州而方瀛海，牧胡而朝万国。诸生守畦亩之虑，闾巷之固，未知天下之义也。”

【译文】

大夫说：“邹衍厌恶近代的儒生和墨家子弟，认为他们不知天地之辽阔，不了解宇宙的广博，看到一个河湾就想到达所有河湾，守着一隅之地就想知道所有方向，这就像没有水平仪器想要测量高低，没有圆规曲尺想要知道方圆一样。于是邹衍推论五德终始说，以开导王公贵族，他率先排列了中国的名山和往来无阻的山谷，一直排到海外。所谓的中国，只占天下八十一分之一，被称为赤县神州，疆域划分为九个大州。凡是山陵陆地隔绝不通，就算一个大州，每个州外面都有大海环绕。这就是所谓的八极，天地交界的地方。《禹贡》虽然记载了高山大河平原湿地的地貌，但不知道通往九州的道路在哪儿。所以秦始皇想要到达九州，渡过大海，征服匈奴，使万国来朝。你们儒生的思想拘泥于田亩之间，固守着乡里小民的陋见，不知道天下大义。”

文学曰：“尧使禹为司空，平水土，随山刊木，定高下而序九州。邹衍非圣人，作怪误，荧惑六国之君，以纳其说。此《春秋》所谓‘匹夫荧惑诸侯’者也。孔子曰：‘未能事人，焉能事鬼神？’近者不达，焉能知瀛海？故无补于用者，君子不为；无益于治者，君子不由(不用)。三王信经道，而德光于四海；战国信嘉言，而破亡如丘山。昔秦始皇已吞天下，欲并万国，亡其三十六郡；欲达瀛海(大海)，而失其州县。知大义如斯，不如守小计也。”

【译文】

文学说："尧任用禹做司空，让他平治水土，随山形山势砍伐树木做标记，确定地形高低，划分九州。邹衍并非圣人，他发表怪诞的言论，迷惑六国君主，是为了使自己的学说被采纳。这就是《春秋》所说的'匹夫迷惑诸侯'。孔子说：'不能侍奉活人，怎么能侍奉鬼神呢？'近处尚且到达不了，怎么能知道远方的大海呢？所以，于事无补的事，君子不做；对治理国家没有好处的建议，君子不用。夏、商、周三王相信正统道德，恩德遍及四海；战国国君相信花言巧语，国破家亡犹如丘山崩塌。从前秦始皇吞并天下，还想兼并万国，结果丢掉了自己的三十六个郡；想要到达大海，结果失去了自己州县的国土。如果知道大义是这样，还不如固守小计。"

论菑第五十四

【题解】

本篇讨论的议题是天灾。董仲舒改造儒学时，在阴阳五行的基础上提出了天人感应学说，在神话儒学的同时，强调君权神授，为君主统治国家的合法性提供了理论基础。然而这套理论并不完备，在当时和后世都遭受过质疑。大夫不明白，按照五行相生相克的理论，金遇火而亡，但依照五行与十二地支相配的学说，代表秋天的申金生于代表夏季的巳火，即金生于火。两种说法完全相反。对此，文学无从解释。大夫又指出，按照春生、夏长、秋收、冬藏的那套理论，秋冬季节施行仁政就是违背天道，文学一味地提倡仁政，企图废除刑罚，是极其不合理的。文学认为上天有好生之德，素来珍爱生命、讨厌杀戮，想要顺从天道，必须以德政为主导，刑罚为辅助，两者不能颠倒。

大夫曰："巫祝不可与并祀，诸生不可与逐语，信往疑今，非人自是。夫道古者稽(考察)之今，言远者合之近。日月在天，其征在人，灾异之变，夭寿之期，阴阳之化，四时之叙，水火金木，妖祥(凶兆和吉兆)之应，鬼神之灵，祭祀之福，日月之行，星辰之纪，曲言之故，何所本始？不知则默，无苟乱耳。"

【译文】

大夫说："不能和巫婆神汉一起祭祀，不能附和你们这群儒生的言论，你们相信古代怀疑当世，非议别人，自以为是。谈论古代必须考察当代的情况，谈论遥远的事情必须契合眼前的实际。太阳和月亮在天上运行，它们的征兆却在人间。异常的自然灾害的变化，人类寿命的长短，阴阳的变化，四季的次序，水火金木，凶兆与吉兆的感应，鬼神的灵异，祭祀的福佑，日月的运行，星辰的运转，请详细说明这些现象出现的原因，它们是怎么产生的？不知道就别说话，不要随便扰乱视听。"

文学曰："始江都相董生推言阴阳，四时相继，父生之，子养之，母成之，子藏之。故春生，仁；夏长，德；秋成，义；冬藏，礼。此四时之序，圣人之所则也。刑不可任以成化，故广德教。言远必考之迩，故内恕(设身处地为别人考虑)以行，是以刑罚若加于己，勤劳若施于身。又安能忍杀其赤子，以事无用，罢弊所恃，而达瀛海乎？盖越人美蠃蚌而简太牢，鄙夫乐咋唶而怪韶濩。故不知味者，以芬香为臭；不知道者，以美言为乱耳。人无夭寿，各以其好恶为命。羿、敖以巧力不得其死，智伯以贪狠亡其身。天灾之证，祯祥之应，犹施与之望报，各以其类及。故好行善者，天助以福，符瑞是也。《易》曰：'自天佑之，吉无不利。'好行恶者，天报以祸，妖灾是也。《春秋》曰：'应是而有天灾。'周文、武尊贤受谏，敬戒不殆，纯德上休，神祇相况。《诗》云：'降福穰穰(众多，很多)，降福简简。'日者阳，阳道明；月者阴，阴道冥：君尊臣卑之义。故阳光盛于上，众阴之类消于下；月望于天，蚌蛤盛于渊。故臣不臣，则阴阳不调，日月有变；政教不均，则水旱不时，螟螣生。此灾异之应也。四时代叙，而人则其功，星列于天，而人象其行。常星(恒星)犹公卿也，众星犹万民也。列星正则众星齐，常星乱则众星坠矣。”

【译文】

文学说：“起初江都国相董仲舒推论阴阳变化，四季相继，它们之间的关系就像父亲生育儿子，儿子赡养父亲，母亲成就儿子，儿子胸怀孝道一样。因此春天万物萌生，象征着仁的产生；夏天植物茂盛生长，象征着德的滋长；秋天果实和庄稼成熟，象征着义的形成；冬天万物收藏，象征着礼的确立。四季的次序，是圣人遵循的。刑罚不能用来形成教化，所以要推广道德教育。谈论远处的事必须考察眼前的情况，行动时要设身处地为别人考虑，倘若刑罚施加到自己身上，身体分外劳苦，该怎么办。如果是这样的话，又怎么忍心杀害赤子般的百姓，从事无用的征伐，耗尽所依仗的财力人力，将势力拓展到海边呢？南方越人认为螺蚌味道鲜美，不用牛羊猪祭祀，粗鄙的人喜欢吆喝和大声呼喊，视汤乐韶濩为怪音。所以不懂气味的人，把香气当成恶臭；不懂大道的人，把美好的言辞当成扰乱视听的怪谈。人寿命的长短，是由他们行为的善恶决定的。后羿和敖因善射、力气大而凶蛮，所以不得好死。智伯因为贪婪残暴葬送了自己。天灾的验证，吉兆的感应，就像施恩得到回报一样，会根据各自的情况得到报偿。因此喜欢行善的人，老天会降下福报帮助他，这就是符瑞。《易经》说：‘上苍保佑，只有吉祥，没有不利。’喜欢作恶的人，老天降下灾难报应他，就会出现反常的天时物象。《春秋》说：‘上天对此有感应，故而有天灾发生。’周文王、周武王尊重贤人，接纳进谏，侍奉神明恭敬谨慎不懈怠，道德纯粹，无上美好，天地之神便赐福给他们。《诗经》说：‘上天降福很多，天帝降福盛大。’太阳为阳，阳代表光明；月亮为阴，阴代表昏暗：日月象征着君尊臣卑的道理。因而阳光在天上大放光芒，所有阴晦的东西就在下面消亡；圆月悬挂在天上，水里的蚌蛤就丰实。所以臣子不像臣子，阴阳就不调和，日月运行也会发生变化；政令教化不协调，水旱灾害便不时发生，害虫也会出现。这就是天灾感应啊。四季按照次序更替，人们效法四时做事，就会有所成就，星辰在天上排列、运行，人们就模拟它行动。恒星好比公卿，众星好比天下百姓。恒星端正，众星就会整齐；恒星运行紊乱，众星就会坠落。”

大夫曰：“文学言刚柔之类，五胜相代生。《易》明于阴阳，《书》长于五行。春生夏长，故火生于寅木，阳类也；秋生冬死，故水生于申金，阴物也。四时五行，迭废迭兴，阴阳异类，水火不同器。金得土而成，得火而死，金生于巳，何说何言然乎？”

【译文】

大夫说：“文学谈到阴阳刚柔和五行相生相克的事情。《周易》清晰地阐明了阴阳变化，《尚书》把五行说诠释得很好。春天草木萌生，夏天万物生长，故代表夏季的巳火生于代表春季的寅木，火属于阳类；秋天庄稼成熟，冬天植物枯死；所以代表冬季的水生于代表秋季的申金，水属于阴类。四季和五行按照次序更替，阴阳是对立的，正如水火不能装进同一个容器。金遇到土才能生成，遇到火会消亡，但代表秋季的金偏偏生于代表夏季的巳火，哪种说法是对的？”

文学曰：“兵者，凶器也。甲坚兵利，为天下殃。以母(仁德之根本)制子，故能久长。圣人法之，厌而不阳。《诗》云：‘载戢(收藏兵器)干戈，载橐弓矢，我求懿德，肆于时夏。’衰世不然。逆天道以快暴心，僵尸血流，以争壤土。牢人之君，灭人之祀，杀人之子，若绝草木，刑者肩靡于道。以己之所恶而施于人。是以国家破灭，身受其殃，秦王是也。”

【译文】

文学说："兵器是凶器。结实的战甲，锋利的兵器，是天下人的祸殃。用仁德抑制武力，统治才能长久。圣人效法这个法则，压制武力，不让它发展。《诗经》说：'把盾戟收起来，把弓箭装入箭袋，我追求的是美德，要让这美德遍布华夏。'衰落的朝代不是这样。他们违背天道，满足自己的残暴之心，为争夺土地，酿成荒野横尸、血流成河的惨剧。他们囚禁别人的国君，灭绝人家的祖庙祭祀，杀害人家的儿子就像砍伐草木一样，使得道路上受刑的人接踵摩肩、络绎不绝。他们将自己厌恶的施加给别人。所以国家灭亡，自己遭殃，秦王就是这样的人啊。"

大夫曰："金生于巳，刑罚小加，故荠麦夏死。《易》曰：'履霜，坚冰至。'秋始降霜，草木陨零，合冬行诛，万物毕藏。春夏生长，利以行仁。秋冬杀藏，利以施刑。故非其时而树(种植)，虽生不成。秋冬行德，是谓逆天道。《月令》：'凉风至，杀气动，蜻蛚鸣，衣裘成。天子行微刑，始貙蒌，以顺天令。'文学同四时，合阴阳，尚德而除刑。如此，则鹰隼不鸷(凶猛)，猛兽不攫，秋不搜狝，冬不田狩者也。"

【译文】

大夫说："代表秋季的申金生于代表夏季的巳火，此时刑罚逐渐增加，所以荠菜和麦子到了夏天都死了。《周易》说：'脚踏寒霜时，坚冰时节就快来了。'秋天开始下霜，草木凋零，入冬适合执行死刑，收获的东西要全部储藏起来。春夏是万物生长的季节，有利于施行仁政。秋冬是肃杀储备的季节，有利于施加刑罚。因此不按季节种东西，即便植物的幼苗能生出来，日后也不能长成。秋冬季节施行德政，就是违背天道。《月令》上说：'凉风吹来，杀气萌动，蟋蟀鸣叫，裘衣做成。天子推行轻刑，举行秋祭，以顺应自然节令。'文学混淆四时行事，不分阴阳，崇尚德政，主张废除刑罚。这样的话，鹰隼就不凶猛了，猛兽也不会捕猎了，秋天和冬天都不用打猎了。”

文学曰：“天道好生恶杀，好赏恶罪。故使阳居于实而宣德施，阴藏于虚而为阳佐辅。阳刚阴柔，季(末尾)不能加孟。此天贱冬而贵春，申阳屈阴。故王者南面而听天下，背阴向阳，前德而后刑也。霜雪晚至，五谷犹成。雹雾夏陨，万物皆伤。由此观之：严刑以治国，犹任秋冬以成谷也。故法令者，治恶之具也，而非至治之风也。是以古者，明王茂其德教，而缓其刑罚也。网漏吞舟之鱼，而刑审于绳墨(法令)之外，及臻其末，而民莫犯禁也。”

【译文】

文学说：“老天爱惜生命讨厌杀戮，喜欢奖励厌恶惩罚。所以让阳居于实处而宣扬仁德，让阴藏于虚处而作为阳的辅佐。阳为刚，阴为柔，末尾不能放在开头前面。这就是上天看轻冬天看重春天，助长阳抑制阴的原因。因而君王面向南方治理天下，背靠阴，面向阳，这代表把德政放在前面，把刑罚放在后面。霜雪来得晚些，五谷也能成熟。夏天降下冰雹和大雾，万物都会受到伤害。由此可见，用严酷的刑罚治理国家，就像在秋冬季节种植庄稼令五谷成熟一样。因而，法令是惩治恶行的工具，不是实现天下大治的办法。所以古时候，圣明的君王都强化道德教化，宽缓刑罚。法网会漏掉吞船的大鱼，判刑时往往要比法律条文宽松，到了后来，民众没有人违犯禁令。”

卷 十

刑德第五十五

【题解】

本篇的议题是刑法与德治，围绕着法治和德治展开。大夫主张以严明的法律治理国家，原因在于法令过于宽松，必产生很多漏网之鱼，人们会怀着侥幸的心理触犯法律。对于犯法的民众，不依法惩办，就等于姑息养奸。文学则认为繁苛的法律和残酷的刑罚无益于国家治理。朝廷推行暴政，道德教化废弃，奸诈虚伪之风就会盛行，到时官员更加残暴地打压残害百姓，犯法的人就越来越多，国家必将步秦朝后尘。因此，法令宽简，以道德教化感化百姓，使之安守本分，才是真正的治国之道。

大夫曰："令者所以教民也，法者所以督奸也。令严而民慎，法设而奸禁。网疏则兽失，法疏则罪漏。罪漏则民放佚而轻犯禁。故禁不必(果断)，怯夫徼幸；诛诚(惩罚坚决)，跖、蹻不犯。是以古者作五刑，刻肌肤而民不逾矩。"

【译文】

大夫说："政令是用来教化百姓的，法律是用来监督奸人的。政令严苛，百姓就谨慎；法律确立，奸邪恶行就被禁止了。网眼稀疏，野兽就跑掉了；法律松弛，罪犯就漏网了。罪犯漏网，百姓会变得放纵，进而轻率地触犯禁令。

所以执法不果断，懦夫也会因为抱有侥幸心理去犯罪；惩罚坚决，那么大盗跖、跻也不敢犯罪。因此，古人制定了五种严酷的刑罚，还在皮肤上刺字，老百姓就不敢逾越规矩了。”

文学曰：“道径众，人不知所由；法令众，民不知所辟。故王者之制法，昭乎如日月，故民不迷；旷乎若大路，故民不惑。幽隐远方，折乎知之，室女(未婚女子)童妇，咸知所避。是以法令不犯，而狱犴不用也。昔秦法繁于秋荼，而网密于凝脂。然而上下相遁，奸伪萌生，有司治之，若救烂扑焦，而不能禁；非网疏而罪漏，礼义废而刑罚任也。方今律令百有余篇，文章繁，罪名重，郡国用之疑惑，或浅或深，自吏明习者，不知所处，而况愚民！律令尘蠹于栈阁，吏不能遍睹，而况于愚民乎！此断狱所以滋众，而民犯禁滋多也。‘宜犴宜狱，握粟出卜，自何能穀(吉利)？’刺刑法繁也。亲服之属甚众，上杀下杀，而服不过五。五刑之属三千，上附下附，而罪不过五。故治民之道，务笃其教而已。”

【译文】

文学说：“道路多了，人们不知道该走哪条路；法令多了，老百姓不知道该怎么规避。所以，君王制定法令，像朗日皓月一样彰明昭著，老百姓才不会迷惘；像大路一样宽简，老百姓才不会困惑。人们即使居住在偏远的地方，也能通过分析和判断了解法律法规，闺妇少女也知道该怎么避免犯法。这样没人触犯法律，监狱就闲置不用了。从前秦朝的法令比秋天的茅草还要繁多，法网比凝固的油脂还要细密。然而从上到下互相欺瞒，弄虚作假的现象开始显现，官员去惩治，就像挽救腐烂烧焦的东西一样，根本制止不了。这不是法网疏漏罪犯逃脱造成的，而是废除礼义使用刑罚导致的。现在国家律令超过一百篇，法律条文烦琐，设置的罪名很重，各郡施行时感到很疑惑，量刑或轻或重，就连那些通晓律法的官吏，也不知道该怎么办，更何况那些愚民呢？法律典籍放在阁楼上，蒙上灰尘，又被蠹虫蛀坏，早已破烂不堪，官吏尚且不能全部看完，更何况那些愚昧的百姓呢！这就是案件增多，犯法的人越来越多的原因。《诗经》说：‘连遇诉讼真可气。抓把米去占一卦，看我何时能吉利？’这首诗讽刺的是刑罚繁苛。穿丧服的亲属很多，按照亲疏关系上下推断，不会超过五服。五刑条例多达三千，但上下比较归类，不超过五种刑罚。所以治理百姓的办法，在于重视教化而已。”

大夫曰：“文学言王者立法，旷若大路。今驰道不小也，而民公犯之，以其罚罪之轻也。千仞之高，人不轻凌；千钧之重，人不轻举。商君刑弃灰于道，而秦民治。故盗马者死，盗牛者加(同‘枷’)，所以重本而绝轻疾之资也。武兵名食，所以佐边而重武备也。盗伤与杀同罪，所以累其心而责其意也。犹鲁以楚师伐齐，而《春秋》恶之。故轻之为重，浅之为深，有缘(原因)而然。法之微者，固非众人之所知也。”

【译文】

大夫说：“文学说君王立法，法令像大路一样宽广。现在的法律像驰道一样已经不狭窄了，可是老百姓却公然犯法，是因为刑罚太轻了。千仞高山，人们不敢轻易攀登；千钧重物，人们不敢轻易抓举。商鞅对往路上倾倒炉灰的人用刑，结果把秦国百姓治理得很好。所以把偷盗马匹的贼判处死刑，让偷盗耕牛的罪犯披枷戴锁，这么做是为了显示朝廷重视农业，从而杜绝轻浮急躁之风。军队粮草充足，是为了资助边防加强军备。盗窃时伤人与杀人同罪，是为了让罪犯心里有顾虑，并谴责他的恶念。就像鲁国借用楚国的军队讨伐齐国，被《春秋》厌恶一样。所以轻罪重判，浅罪深究，是有原因的。法令的精微之处，本来就不是普通老百姓能理解的。”

文学曰：“《诗》云：‘周道如砥，其直如矢。’言其易也。‘君子所履，小人所视。’言其明也。故德明而易从，法约而易行。今驰道经营陵陆，纡周天下，是以万里为民阱也。罻罗张而县其谷，辟陷设而当其蹊，矰弋(系着绳子的箭)饰而加其上，能勿离乎？聚其所欲，开其所利，仁义陵迟，能勿逾乎？故其末途，至于攻城入邑，损府库之金，盗宗庙之器，岂特千仞之高、千钧之重哉！管子曰：‘四维不张，虽皋陶不能为士。’故德教废而诈伪行，礼义坏而奸邪兴，言无仁义也。仁者，爱之效也；义者，事之宜也。故君子爱仁以及物，治近以及远。《传》曰：‘凡生之物，莫贵于人；人主之所贵，莫重于人。’故天之生万物以奉人也，主爱人以顺天也。闻以六畜禽兽养人，未闻以所养害人者也。鲁厩焚，孔子罢朝，问人不问马，贱畜而重人也。今盗马者罪死，盗牛者加。乘骑车马行驰道中，吏举苛而不止，以为盗马，而罪亦死。今伤人持其刀剑而亡，亦可谓盗武库兵而杀之乎？人主立法而民犯之，亦可以为逆面轻主约乎？深之可以死，轻之可以免，非法禁之意也。法者，缘人情而制，非设罪以陷人也。故《春秋》之治狱，论心定罪。志善而违于法者免，志恶而合于法者诛。今伤人未有所害，志不甚恶而合于法者，谓盗而伤人者耶？将执法者过耶？何于人心不厌也！古者，伤人有创者刑，盗有臧(脏物)者罚，杀人者死。今取人兵刃以伤人，罪与杀人同，得无非其至意与？”

大夫俯仰未应对。

【译文】

文学说：“《诗经》说：‘大道像磨刀石一样平坦，像箭杆一样笔直。’意思是周朝王道易于施行。又说：‘君子漫步在大路上，小人注视着。’说的是王道所言明了易懂。所以道德标准明确，人们就易于遵从，法律简约，就易于施行。现在驰道穿过丘陵平地，迂回环绕，遍布全国，所以万里疆域都成为老百姓的陷阱。张开的罗网悬挂在山谷，大路当中设置陷阱，带绳的短箭飞在头顶上，老百姓能不遭殃吗？聚集人们想要的东西，为他们谋利开辟门路，仁义衰落的情况下，老百姓能不越轨吗？所以到了最后百姓纷纷造反，起义军进攻城邑，抢劫国家府库的财宝，盗取宗庙祭器，岂只是敢于攀登千仞高山，举起千钧重物呢！管子说：‘礼、义、廉、耻四大纲纪不能推行，即便皋陶也做不了法官。’因此，道德教化废弛，诡诈造假之风盛行，礼义崩坏，奸邪兴起，说的是丧失仁义的后果。仁，是爱的体现；义，是行事适宜。君子爱仁，推人及物，治理民众由近及远。《传记》说：‘凡是有生命的东西，没有比人更宝贵的；君主所珍视的，莫过于人了。’所以，上天创生万物以奉养人，君主爱人以顺从天意。我只听说用六畜禽兽奉养人，没听说过让所饲养的牲畜禽兽加害人的。鲁国马厩着火，孔子罢朝回家，只问人有没有伤亡，不问马的情况，这是因为他看轻牲畜看重人。现在盗马贼被判处死刑，盗牛的人被判枷刑。有人骑马乘车在驰道上行走，官吏呵斥，不停步就以盗马同罪，被判处死刑。假如有人在伤人之后持刀逃走，能说他盗窃府库兵器而把他杀掉吗？国君制定法令，老百姓犯法，能说他有意造反，故意轻视君主法令吗？判案从严可以定死罪，从宽可以赦免，这不是法律禁令的本义。法律是根据人情制定的，而不是设立罪名害人的。因此，《春秋》断案，要根据犯人的心理动机定罪。动机好即便犯了法也可以免罪，动机邪恶行为合乎法令，也要被诛杀。伤人无大害，动机不算太邪恶，行为合法，能说他偷盗伤人吗？执法者是不是太过分了？怎么让人心服呢？古时候，伤人且致人重伤的要判刑，偷盗有赃物的要处罚，杀人者要判死刑。现在夺人兵器自卫伤人，与杀人同罪，恐怕不是立法的本义吧？”

大夫低下头，随即又抬起头，没有回答。

御史曰：“执法者国之辔(缰绳)衔，刑罚者国之维楫也。故辔衔不饬，虽王良不能以致远；维楫不设，虽良工不能以绝水。韩子疾有国者不能明其法势(法令和威势)，御其臣下，富国强兵，以制敌御难，惑于愚儒之文词，以疑贤士之谋，举浮淫之蠹，加之功实之上，而欲国之治，犹释阶而欲登高，无衔橛而御捍马也。今刑法设备，而民犹犯之，况无法乎？其乱必也！”

【译文】

御史说："执法者好比国家的缰绳和马嚼子，刑罚好比国家的缆绳和船桨。所以缰绳和马嚼子得不到修整，即便是王良那样优秀的车夫也不能让马儿跑远；没有缆绳和船桨，纵使有再好的船夫也不能驾驶船只横渡江河。韩非痛恨国君不能明白法令和威势的作用，不懂得以此驾驭臣下，实现富国强兵、制服敌人、抵御外患的目标，反而被迂腐儒生的说辞迷惑，怀疑贤士的谋略，举用轻薄淫佚像蠹虫一样的奸人，让他们的地位凌驾于有功劳的人之上，这样治理国家就像撤掉台阶登高，不用马嚼子驾驭烈马一样。现在刑法完备，老百姓尚且触犯法律，更何况没有法律呢，到时必然天下大乱！"

文学曰："辔衔者，御之具也，得良工而调。法势者，治之具也，得贤人而化。执辔非其人，则马奔驰。执轴(船舵)非其人，则船覆伤。昔吴使宰嚭持轴而破其船，秦使赵高执辔而覆其车。今废仁义之术，而任刑名之徒(法家学派代表人物)，则复吴、秦之事也。夫为君者法三王，为相者法周公，为术者法孔子，此百世不易之道也。韩非非先王而不遵，舍正令而不从，卒蹈陷阱，身幽囚，客死于秦。夫不通大道而小辩，斯足以害其身而已。"

【译文】

文学说："缰绳和马嚼子是驾车的工具，优秀的车夫才能协调使用它们。法令和威势是治理国家的工具，贤人使用它们，才能教化民众。如果执掌缰绳驾驭马车的不是合格的车夫，马就会胡乱奔跑。如果掌舵的不是合格的船夫，船只就会倾覆毁坏。从前吴国让太宰伯嚭掌控国家的船舵，结果船破国亡；秦国让赵高执掌国家缰绳，结果车覆国灭。现在废弃仁义学说，重用法家弟子，就要重蹈吴国、秦国的覆辙啊。做国君应效法夏禹、商汤、周文王三位贤王，做丞相应效法周公，推行治国学说应效法孔子，这是百世不会改变的道理。韩非诋毁先王，不遵王道，舍弃正统教令而不听从，最终掉进陷阱，身陷大牢，客死在秦国。所以不懂得治国大道，只知道在小事上辨别是非，足以危害自身。”

申韩第五十六

【题解】

“申韩”即申不害、韩非，两人都是法家的代表人物。本篇以二人姓氏为题，旨在讨论依法治国的可行性。御史认为，针对时弊修补法令，就能很好地解决当下的问题，不必推行孔子的那一套主张。礼治遥远而空泛，靠它治理国家好比用远水救近火，性质无异于舍近求远、自找麻烦。汉家唯有效法吴起、申不害、商鞅，推行依法治国的国策，才能使国家强盛起来。文学则认为，商鞅破坏了秦国的传统风俗，造成了礼崩乐坏、天下大乱的严重后果。刑罚的害处远多于益处。动用严刑峻法不仅不能使百姓变好，反而会激发民愤。只有像周朝那样推行德治，用礼义规范引导百姓向善，才能起到防患于未然的作用，从而拔除致乱之源。

御史曰：“待周公而为相，则世无列国。待孔子而后学，则世无儒、墨。夫衣小缺，憏裂(小块布)可以补，而必待全匹而易之；政小缺，法令可以防，而必待《雅》《颂》乃治之；是犹舍邻之医，而求俞跗而后治病，废污池(蓄水池)之水，待江、海而后救火也。迂而不径，阙而无务，是以教令不从而治烦乱。夫善为政者，弊则补之，决则塞之，故吴子以法治楚、魏，申、商以法强秦、韩也。”

【译文】

御史说：“非要等到周公做丞相，那么世上就没有那么多国家了。非要等到孔子当老师才学习，那么世上就没有儒家、墨家子弟了。衣服上有了小缺口，用一小块布就能缝补好，却非要等到用整匹布来换；政事上有小缺漏，法令便可弥补，却非要等到用《雅》《颂》所宣扬的礼义来治理。这就好比舍弃近处的医生，非要求得名医俞跗之后才肯治病；不用旁边的蓄水池的水救火，非要运来江海之水再去灭火一样。宁愿绕弯也不走直路，政事有了缺陷却不采取措施弥补，所以法令无法让人们遵从，社会秩序混乱。善于执政的人，看到弊病就补救，看到漏洞就堵塞，所以吴起用法律治理楚国、魏国，申不害和商鞅用法术使秦国、韩国强盛。”

文学曰：“有国者选众而任贤，学者博览而就善，何必是周公、孔子！故曰法(效法)之而已。今商鞅反圣人之道，变乱秦俗，其后政耗乱而不能治，流失而不可复，愚人纵火于沛泽，不能复振；蜂虿(蝎子类的毒虫)螫人，放死不能息其毒也。烦而止之，躁而静之，上下劳扰，而乱益滋。故圣人教化，上与日月俱照，下与天地同流，岂曰小补之哉！”

【译文】

文学说：“国君要从众多人才中选拔贤能加以任用，学者要博览群书，择善而从，何必要等周公、孔子呢！不过是效法他们罢了。现在商鞅违反圣人之道，变更秦国风俗，此后朝政混乱不能治理，良风善俗沦丧而不可恢复。这好比一个愚人在沼泽地放火，这片沼泽地就再也不能恢复原貌了；蜂蝎咬了人，即便把它们放跑弄死，也不能消除它们的毒害。烦扰之后加以制止，躁动之后使其安静，上下操劳烦扰，国家越来越混乱。所以圣人的教化，上与日月一起普照世界，下与天地一同运转，怎么能说是小的弥补呢！”

御史曰：“衣缺不补，则日以甚；防漏不塞，则日益滋。大河之始决于瓠子也，涓涓尔，及其卒，泛滥为中国害，灾梁、楚，破曹、卫，城郭坏沮，蓄积(百姓家的财物)漂流，百姓木栖，千里无庐，令孤寡无所依，老弱无所归。故先帝闵悼其灾，亲省(视察)河堤，举禹之功，河流以复，曹、卫以宁。百姓戴其功，咏其德，歌'宣房塞，万福来'焉，亦犹是也，如何勿小补哉！"

【译文】

御史说："衣服破了不缝补，就会破得一天比一天厉害；河堤漏水不去堵塞，漏洞就一天天增大。黄河最初在瓠子决口时，不过是涓涓细流而已，后来却泛滥成灾，成为中原祸害，洪水淹没梁、楚地区，冲破曹、卫，城墙被冲毁，财物到处漂流，百姓栖居在树上，方圆千里不见房舍，孤儿寡妇失去依靠，年老体弱的人没有归宿。所以武帝同情百姓受灾，亲自视察河堤，像大禹那样致力于治理水患，黄河决口得以修复，曹、卫地区得以安宁。百姓感戴他的功绩，歌颂他的功德，歌唱'宣房堵塞，万福降临'。其他事也是这样，为何不在细小时弥补呢！"

文学曰："河决若瓮口，而破千里，况礼决乎？其所害亦多矣！今断狱岁以万计，犯法兹多，其为灾岂特曹、卫哉！夫知塞宣房而福来，不知塞乱原(根源)而天下治也。周国用之，刑错不用，黎民若四时各终其序，而天下不孤。《颂》曰：'绥我眉寿(长寿)，介以繁祉。此夫为福，亦不小矣！诚信礼义如宣房，功业已立，垂拱无为，有司何补，法令何塞也？"

【译文】

文学说："黄河决口起初像瓮口那样小，后来却冲破千里长堤，更何况礼义决口呢？害处也够多了！现在每年审理判决的案件数以万计，犯法的人不断增多，危害的岂止是曹、卫呢！你们只知道宣房堵塞，福气降临，却不晓得阻塞祸乱之源，就能实现天下大治。周国用礼义治国，刑罚弃之不用四十年。如果黎民像四季交替那样安守本分遵守秩序，那么天下就没有孤儿了。《诗经·周颂·雍》说：'保佑我长寿，赐予我众多福祉。'天赐的福祉也不小了。如果信奉礼义，像治水造宣房宫那样诚挚，功业早就建立了，皇上可以垂衣拱手，无为而治，官员们还有什么要弥补，法令还有什么漏洞要填补呢？"

御史曰："犀铫利钼，五谷之利而间草之害也。明理正法，奸邪之所恶而良民之福也。故曲木恶直绳，奸邪恶正法。是以圣人审于是非，察于治乱，故设明法，陈严刑，防非矫邪，若隐括(矫正曲木的工具)辅檠(矫正弓弩的器具)之正弧刺也。故水者火之备，法者止奸之禁也。无法势，虽贤人不能以为治；无甲兵，虽孙、吴不能以制敌。是以孔子倡以仁义而民从风，伯夷遁首阳而民不可化。"

【译文】

御史说："锋利的锄头，对五谷禾苗有利，对田间杂草有害。严明公正的法律，是奸邪的恶人所憎恶的，但对守法良民却是福音。所以弯曲的木头厌恶笔直的绳墨，奸诈邪恶之徒厌恶公正的法律。所以圣人明辨是非，洞察国家治乱，故而制定严明的法令，发布严厉的刑法，防止人们为非作歹，矫正邪恶的行为，就像用隐括、辅檠矫正曲木和弓弩一样。因此，水是用来防备火灾的，法律是用来制止奸恶行为的。没有法律权势，贤人也不能把国家治理好；没有披甲作战的军队，孙子、吴起也不能战胜敌人。所以孔子倡导仁义百姓不听从，伯夷恪守仁义隐居首阳山，百姓也没有被感化。"

文学曰："法能刑人而不能使人廉，能杀人而不能使人仁。所贵良医者，贵其审消息(气脉盛衰)而退邪气也，非贵其下针石而钻肌肤也。所贵良吏者，贵其绝恶于未萌，使之不为，非贵其拘之囹圄而刑杀之也。今之所谓良吏者，文察则以祸其民，强力则以厉其下，不本法之所由生，而专己之残心，文诛假法，以陷不辜，累无罪，以子及父，以弟及兄，一人有罪，州里惊骇，十家奔亡，若痈疽之相泞，色淫之相连，一节动而百枝摇。《诗》云：'舍彼有罪，沦胥以铺。'痛伤无罪而累也。非患铫耨之不利，患其舍草而芸苗也。非患无准平，患其舍枉而绳直也。故亲近为过(犯错)不必诛，是锄不用也；疏远有功不必赏，是苗不养也。故世不患无法，而患无必行之法也。"

【译文】

文学说："法律能给人判刑，但不能让人廉洁；它能杀人，但不能让人变得仁义。良医的可贵之处在于，能体察病人气脉盛衰，使体内的邪气消退，而不在于用石针去刺皮肉。优秀官吏的可贵之处，在于将恶行消灭于行动之前，使人不去犯罪，而不在于把人抓进大牢判刑处死。现在人们所说的好官吏，以法律条文苛察祸害百姓，用强权暴力残害下级，不根据立法本意，而是专凭自己残酷的心意判案，牵强歪曲地引用法律条文，给人加罪，假借法令名义陷害无辜，连累无罪之人，使得儿子牵连父亲，弟弟累及兄长，一人有罪，一州一里都感到害怕，十户人家为此逃亡，好像毒疮互相传染，好色淫乱紧密相连，一个枝节晃动，牵连百根树枝一起动摇。《诗经》说：'放任有罪之人，而无罪的人却要受牵连遭殃。'这是为无罪受连累感到伤痛啊。不怕锄头不锋利，只怕不除杂草反而把禾苗除掉了。不怕没有测量水平的工具，只怕不矫正曲木反而矫正直木。所以亲近的人有过错不坚决处罚，相当于有锄头不用；关系疏远的人有功劳不奖赏，相当于不去培育禾苗。故而不怕国家没有法律，就怕没有坚决执行的法律。"

周秦第五十七

【题解】

本篇讨论的是西周和秦朝的治国方法。前者推行礼治，后者崇尚法治。御史认为严酷的刑法有巨大的威慑作用，百姓一旦触犯，便面临握火蹈刃的风险，不仅有性命之忧，还连累族人，遭人唾弃，所以人们因为心中有所忌惮，不敢轻易犯法。文学则认为，治理国家，只有礼治失败，不得已时才可动用刑法作为补充，若不是这种情况，以严刑峻法治国就是虐民。他痛心地批评了连坐法，认为连坐法破坏人伦、伤及无辜，进一步加剧了百姓与朝廷的对立，是非常不可取的。

御史曰："《春秋》无名号，谓之云盗，所以贱刑人而绝之人伦(人类)也。故君不臣，士不友，于闾里无所容。故民耻犯之。今不轨之民，犯公法以相宠，举弃其亲，不能伏节死理(伏法认罪)，遁逃相连，自陷于罪，其被刑戮，不亦宜乎？一室之中，父兄之际，若身体相属，一节动而知于心。故今自关内侯以下，比地于伍，居家相察，出入相司，父不教子，兄不正弟，舍是谁责乎？"

【译文】

御史说："《春秋》不写罪人的名号，管他们叫'盗'，以此来轻贱犯人，把他们排除在人类之外。故而国君不把他们看作臣子，士人不把他们当成朋友，乡里也不接纳他们。所以老百姓耻于犯罪。现在不法刁民触犯国法后反以为荣，他们完全抛弃亲人，不伏法认罪，不断逃窜，自己陷入罪恶，结果受刑被杀，不是应该的吗？一家之中，父子兄弟的关系，犹如身体各部位相连，触动一个关节，心里都知道。所以现在自关内侯以下，邻近的五家被编为一伍，在家时各家互相窥察，进出互相监督，父亲不教育儿子，兄长不纠正弟弟的过失，还去追究谁的责任呢？"

文学曰："古者，周其礼而明其教，礼周教明，不从者然后等之以刑，刑罚中，民不怨。故舜施四罪而天下咸服，诛不仁也。轻重各服其诛，刑必加而无赦，赦惟疑者。若此，则世安得不轨之人而罪之？今杀人者生，剽攻窃盗者富。故良民内解怠，辍耕而陨心。古者，君子不近刑人，刑人非人也，身放殛而辱后世，故无贤不肖，莫不耻也。今无行之人，贪利以陷其身，蒙戮辱而捐礼义，恒于苟生。何者？一日下蚕室，创未瘳，宿卫人主，出入宫殿，由得受奉禄，食大官享赐，身以尊荣，妻子获其饶。故或载卿相之列，就刀锯而不见闵，况众庶乎？夫何耻之有！今废其德教，而责之以礼义，是虐民也。

【译文】

文学说："古时候，制定周全的礼仪，宣明教化，礼仪完备，教化严明，不服从的人按照罪行轻重施加刑罚，刑罚适当，老百姓不怨恨。所以舜处罚了四大恶人，天下人都信服，因为他诛杀的是不仁之人。轻罪重罪都处罚，一旦判刑便不宽赦，只有嫌疑犯才能赦免。如果能做到这样，哪能找到不法之人判罪呢？现在杀人犯可以活着，抢劫盗窃的成为富人。所以守法良民内心懈怠，停止耕作，丧失信心。古代，君子不接近受刑的罪人，受刑的犯人不被当成人，他们或被放逐或被诛杀，使后代子孙蒙受耻辱，故而无论贤人还是不肖之人，莫不引以为耻。现在品行不端的人，因为贪图利益身陷监牢，蒙受刑罚的耻辱抛弃礼仪，却能长久地苟且偷生。为什么这样呢？因为他们受刑后被关进蚕室，创伤还没愈合，就当上了保护皇帝的宿卫，出入宫殿，还能领取朝廷俸禄，享受大官的膳食，自己荣耀显贵，妻子儿女也能过上富裕的生活。所以跻身卿相之位的人，蒙受刀锯酷刑却不见伤心，更何况广大老百姓呢？哪还有什么羞耻！如今废弛了德政教化，却用礼义苛责老百姓，这是在虐待百姓啊。

"《春秋传》曰：'子有罪，执其父。臣有罪，执其君，听失之大者也。'今以子诛父，以弟诛兄，亲戚相坐，什伍相连，若引根本之及华叶，伤小指之累四体也。如此，则以有罪反诛无罪，无罪者寡矣。臧文仲治鲁，胜其盗而自矜。子贡曰：'民将欺，而况盗乎！'故吏不以多断为良，医不以多刺为工。子产刑二人，杀一人，道不拾遗，而民无诬(欺骗)心。故为民父母，以养疾子，长恩厚而已。自首匿相坐之法立，骨肉之恩废，而刑罪多矣。父母之于子，虽有罪犹匿之，其不欲服罪尔。闻子为父隐，父为子隐，未闻父子之相坐也。闻兄弟缓追以免贼(伤害)，未闻兄弟之相坐也。闻恶恶止其人，疾始而诛首恶，未闻什伍而相坐也。《老子》曰：'上无欲而民朴，上无事而民自富。'君君臣臣，父父子子。比地何伍，而执政何责也？"

【译文】

"《春秋》上说：'儿子犯罪，抓他的父亲。臣子犯罪，抓他的国君。这是判决案件的官员犯下的最大的错误。'现在因为儿子犯法惩罚父亲，因为弟弟犯法处罚兄长，亲戚受牵连，邻居受连累，就好比拔起树根累及花朵树叶，伤到小指累及四肢一样。像这样，因一人犯罪而株连很多无罪的人，天下无罪的人就太少了。臧文仲治理鲁国时，制服盗贼后便自我夸耀。子贡说：'老百姓都要欺骗你了，更何况盗贼呢！'所以官员不因为多断案就被视为好官，医生不因为多施针就被视为良医。当初子产处罚两个犯人，杀死其中一人，结果郑国路不拾遗，老百姓没有欺骗之心。因此作为百姓的父母官，对待百姓就像养育生病的孩子一样，要多施加恩惠。自从施行首匿连坐法以后，骨肉之间的恩情没有了，被判刑定罪的人多了。父母对于子女，虽知他们有罪仍然把他们藏起来，只是不想蒙受连坐之罪罢了。我听说过儿子替父亲隐瞒罪行，父亲替儿子隐瞒罪行，从未听说过父子相互牵连获罪的。我听说过兄弟之间放缓追究，以免互相伤害，没听说过兄弟相互牵连定罪的。听说过痛恨恶人，只恨坏人本身，痛恨带头作恶的人惩办首恶的，没听说十家五家互相连坐的。《老子》说：'君主清心寡欲，民风自然淳朴；君主清静无为，百姓自然富足。'君主像君主的样子，臣子像臣子的样子，父亲像父亲的样子，儿子像儿子的样子。如果这样，邻居何必要编为什、伍，官员又何必责令他们互相监督呢？"

御史曰："夫负千钧之重，以登无极之高，垂峻崖之峭谷，下临不测之渊，虽有庆忌之捷，贲、育之勇，莫不震慑悼栗者，知坠则身首肝脑涂山石也。故未尝灼而不敢握火者，见其有灼也。未尝伤而不敢握刃者，见其有伤也。彼以知为非，罪之必加，而戮及父兄，必惧而为善。故立法制辟，若临百仞之壑，握火蹈刃，则民畏忌，而无敢犯禁矣。慈母有败子，小不忍也。严家无悍虏，笃责(管教)急也。今不立严家之所以制下，而修慈母之所以败子，则惑(糊涂)矣。"

【译文】

御史说："背负千钧重物，攀登无极高峰，站在悬崖峭壁上，下临不可窥测的深渊，即便有庆忌那样敏捷的身手，孟贲、夏育那样的勇力，照样胆战心惊，因为知道一旦坠崖就身首异处、肝脑涂地。所以没被火灼伤的人不敢用手握火，是因为看到别人被烧伤。没被割伤的人不敢握刀刃，是因为看到别人被割伤。那些人知道为非作歹，一定会被定罪，还会牵连父兄，肯定会因为害怕而弃恶从善。制定法律，好比身临百仞山谷，就像手握烈火，脚踏刀刃一样，这样老百姓害怕就不敢犯法了。慈母教出败家子，是因为不忍心追究儿子的小过错。严厉的家庭没有凶悍的奴仆，这是因为管教严格。现在不制定严厉家庭管教下人的法律措施，却施行慈母养育败家子的办法，那就糊涂了。"

文学曰："纣为炮烙之刑，而秦有收帑(一人犯法，妻子儿女连坐，被没入官府沦为奴婢)之法，赵高以峻文决罪于内，百官以峭法断割于外，死者相枕席，刑者相望，百姓侧目重足，不寒而栗。《诗》云：'谓天盖高，不敢不局。谓地盖厚，不敢不蹐。哀今之人，胡为虺(毒蛇)蜥！'方此之时，岂特冒蹈刃哉？然父子相背，兄弟相嫚，至于骨肉相残，上下相杀。非刑轻而罚不必，令太严而仁恩不施也。故政宽则下亲其上，政严则民谋其主，晋厉以幽，二世见杀，恶在峻法之不犯，严家之无悍虏也？圣人知之，是以务和而不务威。故高皇帝约秦苛法，以慰怨毒之民，而长和睦之心，唯恐刑之重而德之薄也。是以恩施无穷，泽流后世。商鞅、吴起以秦、楚之法为轻而累之，上危其主，下没其身，或非特慈母乎！”

【译文】

文学说：“纣王设有炮烙之刑，秦国设有将犯人的妻儿没入官府做奴婢的法律，赵高在朝廷内按照严峻的法律条文判案定罪，百官在各郡县依据严酷的法令砍割百姓的身体。死尸堆积如山，受刑的人相望于道，百姓不敢正眼看，后脚紧挨前脚，吓得不敢向前迈步，全都不寒而栗。《诗经》说：‘世人都说天高，却不敢不弯腰。世人都说地厚，却不敢不轻步行走。可怜当世之人，为何像毒蛇蜥蜴一样？’在那个时候，岂止是冒着烈火踩着刀刃前行呢？然而父子相互背弃，兄弟相互轻慢，以至骨肉相残，上下互相残杀。不是因为刑罚轻执行不力，而是因为法令太严酷不施仁义恩惠。所以政令宽松臣民就亲近君主，政令严酷百姓就谋害君主，晋厉公被囚禁，秦二世惨遭杀害，哪里是严刑峻法之下没人犯罪，严厉家庭中没有悍奴呢？圣人懂得这个道理，所以追求人心和谐，不求淫威震慑。因此高祖皇帝简化秦朝繁苛的法律，以此安慰那些怨恨朝廷的百姓，以培养他们和朝廷的和睦之情，唯恐刑罚太重恩德太薄。所以汉家恩德无穷，恩泽流传后世。商鞅、吴起认为秦国、楚国刑法太轻而加重了刑罚，对上危害君主，对下伤及自身，或许不是慈母不教育孩子的后果吧！”

诏圣第五十八

【题解】

本篇的议题是圣人之道，即王道。御史认为礼义不能遏制犯罪，也不能制止暴乱，只有动用刑罚才能维护秩序，长久地守住国家。古代的法令过于简单，已经不合时宜了，必须变更法律，制定更加完备翔实的法律条文，才能把国家治理好。一言以蔽之，法治才是维护统治最有效的工具，儒家倡导的王道只是虚无空洞的理论，没有实用价值。文学则认为，以古为鉴，古人成就"成康之治"，足以说明王道才是正道，坚定地推行圣人之道，即便不施加刑罚，也能缔造安定祥和的太平盛世。残酷地虐待百姓，把百姓逼到穷途末路，最终不仅会造成官逼民反的后果，还会让百姓与天子为敌，如此一来，社稷就危险了。所以遵循古道，就有可能重现古时的盛世景象。

御史曰："夏后氏不倍言，殷誓，周盟，德信弥衰。无文、武之人，欲修其法，此殷、周之所以失势，而见夺于诸侯也。故衣弊而革才(通'裁')，法弊而更制。高皇帝时，天下初定，发德音，行一切之令，权也，非拨乱反正之常也。其后，法稍犯，不正于理。故奸萌而《甫刑》作，王道衰而《诗》刺彰，诸侯暴而《春秋》讥。夫少目之网不可以得鱼，三章之法不可以为治。故令不得不加，法不得不多。唐、虞画衣冠非阿(偏袒)，汤、武刻肌肤非故，时世不同，轻重之务异也。"

【译文】

御史说："夏朝人不违背诺言，商朝人靠立誓取信于人，周朝人订立盟约才能取信于人，道德信义逐渐衰落。没有周文王、周武王那样的人，却想修订那个时期的法律，这就是商朝、周朝失势，权力被诸侯侵夺的原因。所以衣服破损了就要裁制新衣，法律有弊病就要更换新法。高祖皇帝在位时，天下初定，朝廷发布仁德的诏令，实施一时的法令，是权变之术，不是治乱归正的常法。后来，法令被侵犯，诉讼不能处理。所以奸恶的行为开始出现，《甫刑》被创作出来；王道衰落，《诗经》中出现了讽刺诗；诸侯暴乱，受到《春秋》的讥讽。渔网网眼少就不能捕到鱼，汉初的三章之法不能用来治理国家。

故而，不得不增加法令，填加法律条文。唐尧、虞舜时期在犯人衣帽上画图作为刑罚，不是出于偏袒之心，商汤、周武王时期制定在肌肤上刻字的肉刑也不是出于主观故意，时代不同了，量刑的轻重也就不同了。”

文学曰：“民之仰(依赖)法，犹鱼之仰水，水清则静，浊则扰；扰则不安其居，静则乐其业；乐其业则富，富则仁生，赡则争止。是以成、康之世，赏无所施，法无所加。非可刑而不刑，民莫犯禁也；非可赏而不赏，民莫不仁也。若斯，则吏何事而理？今之治民者，若拙御之御马也，行则顿之，止则击之。身创于棰(鞭子)，吻伤于衔，求其无失，何可得乎？乾谿之役土崩，梁氏内溃，严刑不能禁，峻法不能止。故罢马不畏鞭棰，罢民不畏刑法。虽曾而累之，其亡益乎？”

【译文】

文学说：“老百姓依赖法律，好比鱼儿依赖水。水质清澈，鱼就安安静静；水质混浊，鱼就烦扰。百姓烦扰则不能安居，安宁清静则乐业；乐业则富裕，富裕就萌生仁义之心，生活富足就停止争夺利益。所以在周成王、周康王的时代，没有赏赐，也不增加法令。并不是应当判刑的没判刑，而是老百姓没有触犯法律。不是应当奖赏的没奖赏，而是老百姓没有不仁义的。如果是这样，官吏还有什么案子要处理呢？现在管理百姓的官员，像拙劣的车夫驾驭马车，马前进时要它停步，马停下来又鞭打它。马的身体被鞭子打伤，嘴角被马嚼子勒伤，这样还要求马不犯错，怎么可能呢？乾谿之役使楚国土崩瓦解，梁国从内部崩溃，严刑峻法不能阻止。所以疲惫的马不怕鞭打，疲惫的百姓不惧刑法。即便增加法令，也没有什么用处吧？”

御史曰：“严墙三刃，楼季难之；山高干云，牧竖登之。故峻则楼季难三刃，陵夷则牧竖易山巅。夫烁(熔化)金在炉，庄跞不顾；钱刀在路，匹妇掇之；

非匹妇贪而庄跻廉也，轻重之制异，而利害之分明也。故法令可仰而不可逾，可临而不可入。《诗》云：‘不可暴虎，不敢冯河(无舟过河)。’为其无益也。鲁好礼而有季、孟之难，燕哙好让而有子之之乱。礼让不足禁邪，而刑法可以止暴。明君据法，故能长制群下，而久守其国也。”

【译文】

御史说：“三刃高墙，楼季难以攀爬；山峰高耸入云，牧童却能登上顶峰。所以地势险峻，楼季也爬不上三仞高，山坡平缓，牧童也能轻而易举地登上山巅。火炉里熔化的黄金，庄跻不屑一顾；钱币扔在路上，普通妇女也会拾取；不是妇人贪婪、庄跻廉洁，而是法律量刑轻重不同，利害分明。所以法令可以依赖不可逾越，可以审视不可触犯。《诗经》说：‘不可徒手斗虎，不可无舟过河。’因为这么做没好处。鲁国喜好礼义，却有季孙氏、孟孙氏争权作乱；燕哙喜好礼让，燕国却发生了子之之乱。礼让不足以遏制邪恶，刑法却可以制止暴乱。圣明的君主依靠法治治国，故而能长期统治臣下，长久地守护国家。”

文学曰：“古者，明其仁义之誓，使民不逾；不教而杀，是虐民也。与其刑不可逾，不若义之不可逾也。闻礼义行而刑罚中，未闻刑罚行而孝悌兴也。高墙狭基，不可立也。严刑峻法，不可久也。二世信赵高之计，渫笃责而任诛断，刑者半道，死者日积。杀民多者为忠，厉民悉者为能。百姓不胜其求，黔首不胜其刑，海内同忧而俱不聊生。故过任之事，父不得于子；无已之求，君不得于臣。死不再生，穷鼠啮狸，匹夫奔万乘，舍人折弓，陈胜、吴广是也。当此之时，天下俱起，四面而攻秦，闻不一期而社稷为墟，恶在其能长制群下，而久守其国也？”

御史默然不对。

【译文】

文学说："古时候，用仁义约束老百姓，使老百姓不违反；不教化百姓就杀戮，是虐待百姓。与其让刑法不可触犯，不如让仁义不可违反。听说过施行礼义，刑罚就能运用适度，没听说过推行刑罚，孝悌之风兴起。在狭窄的地基上修建高墙，墙是建不起来的。靠严刑峻法统治国家，不可能长久。秦二世听信赵高的计谋，采用繁重的刑罚治民，肆意判刑杀人，路上一半行人是受刑的犯人，被杀死的人日益增多。官吏多杀百姓表忠心，靠残害百姓彰显本领。百姓受不了官府的苛求，也忍受不了刑罚。全国百姓都很忧虑，几乎到了民不聊生的地步。所以父亲不能要求儿子做超越自身能力的事，君主不能无止境地苛求臣子。死去的生命不能复生，被逼到穷途末路的老鼠也会啃咬狸猫，平民也敢跑到万乘之君面前和他拼命，舍人折弓后也会因为畏罪杀死主人，陈胜、吴广就是这样啊。那时，天下百姓一起起义，从四面八方攻打秦朝，听说不到一年，秦朝社稷便化为废墟，哪里还能长期统治臣下，长久守护国家呢？"

御史默然不答。

大夫曰："瞽师(盲人乐师)不知白黑而善闻言，儒者不知治世而善訾议。夫善言天者合之人，善言古者考之今。令何为施？法何为加？汤、武全肌骨而殷、周治，秦国用之，法弊而犯。二尺四寸之律，古今一也，或以治，或以乱。《春秋》原罪(追究犯罪动机定罪)，《甫刑》制狱。今愿闻治乱之本，周秦所以然乎？"

【译文】

大夫说："盲人乐师不知道黑白却善于倾听，儒生不懂治国却擅长诽谤朝政。善于谈论天道的人应符合人事，善于谈论古代的人应当考虑当世的情况。法令为何要施行？法律条文为何要增加？商汤、周武王保全犯人的肌骨，商朝和周朝因此得到治理；秦国使用肉刑，法纪败坏，法律受到触犯。写在二尺四寸竹简上的法律，古今相同，有的朝代因为这些法令得到治理，有的却陷入混乱。《春秋》主张根据犯人的动机定罪，《甫刑》主张依照法律断案。现在我想听听国家治乱的根源，周朝和秦朝为什么一治一乱？”

文学曰：“春夏生长，圣人象(依照)而为令。秋冬杀藏，圣人则而为法。故令者教也，所以导民人；法者刑罚也，所以禁强暴也。二者，治乱之具，存亡之效也，在上所任。汤、武经礼义，明好恶，以道(引导)其民，刑罪未有所加，而民自行义，殷、周所以治也。上无德教，下无法则，任刑必诛，劓鼻盈蔂，断足盈车，举河以西，不足以受天下之徒，终而以亡者，秦王也。非二尺四寸之律异，所行反古而悖民心也。”

【译文】

文学说：“春夏时节万物生长，圣人依照这种自然现象制定政令。秋冬是肃杀储藏的季节，圣人效法它制定了法律。政令就是教化，是用来引导百姓的工具；法律意味着刑罚，是用来抑制强暴的。二者是治乱的工具，对国家存亡产生效用，关键看君主怎样使用它们。商汤、周武王以礼义为治国纲领，分明善恶，以引导百姓，尚未施加刑罚，百姓就自觉地践行，这是商、周得到治理的原因。朝廷不施行德政教化，民间没有法律规则，官府滥施刑罚，厉行杀戮，以至于割下的鼻子装满土筐，砍断的脚掌装满车子，黄河以西容不下全国的犯人，国家最终因此灭亡，秦王就是这样。并非写在二尺四寸竹简上的法律不同，而是秦朝的行径违反古道背离民心。”

大论第五十九

【题解】

本篇双方围绕着治国之道展开。文学提倡文治，主张以礼义治国，大夫认为，当世不同于虞、夏、商、周的时代，因为人心不古，用过时的方法治理不法刁民肯定是行不通的，唯有将罪犯绳之以法，以儆效尤，才能杜绝奸邪。文学则认为，国家动乱的根源不在百姓，变的不是民心，而是风气风俗。君主有德，人们遵守公序良俗，天下大治；君主无德，歪风邪气盛行，百姓也会随之堕落。因此在上位的统治者要修养德行，用礼义教化民众，使良好的风俗根植于民间，这样才能从根源上杜绝内乱。双方争论到激烈时，大夫气急败坏地攻击孔子，抨击孔子固执、迂腐、贪婪、不知耻。文学坚定地维护孔子，赞扬孔子执着救世的精神。最终，双方不欢而散。

大夫曰："呻吟槁简，诵死人之语，则有司不以文学。文学知狱之在廷后而不知其事，闻其事而不知其务。夫治民者，若大匠之斫，斧斤而行之，中绳则止。杜大夫、王中尉之等，绳之以法，断之以刑，然后寇止奸禁。故射者因槷，治者因法。虞、夏以文，殷、周以武，异时各有所施。今欲以敦朴之时，治抏弊(狡诈)之民，是犹迁延(拖延时间)而拯溺，揖让而救火也。"

【译文】

大夫说："抱着枯槁古书吟唱，诵读死人的语句，在这方面官员不比你们文学。文学知道监狱在朝堂后面却不知道监狱里的事，即便听说过一些事情，也不知道该怎么处理。治理百姓，就像木匠削砍木材，挥动斧头劈砍加工，符合绳墨标准就停止。杜周、王温舒等人，将恶人绳之以法，定罪判刑，之后盗窃和奸邪的行为才止息。所以射手要根据箭靶的位置射箭，治国者要依靠法律治理国家。虞舜、夏禹以文治国，商周时期依靠武力夺取天下，时代不同，就各有自己的治国措施。现在想用淳朴时代的文德，治理狡诈的刁民，就像拖延时间营救溺水者，互相作揖谦让去救火一样。”

文学曰：“文王兴而民好善，幽、厉兴而民好暴，非性之殊，风俗使然也。故商、周之所以昌，桀、纣之所以亡也，汤、武非得伯夷之民以治，桀、纣非得跖、跻之民以乱也，故治乱不在于民。孔子曰：‘听讼(听理诉讼，审案)吾犹人也，必也使无讼乎！’无讼者难，讼而听之易。夫不治其本而事其末，古之所谓愚，今之所谓智。以棰楚(棰杖，荆条)正乱，以刀笔正文，古之所谓贼，今之所谓贤也。”

【译文】

文学说：“周文王兴起，百姓喜欢向善，周幽王、周厉王兴起，百姓喜好暴力，不是百姓性情改变了，而是风俗使然。故而商、周之所以昌盛，夏桀、纣王之所以灭亡，并不是商汤、周武王得到了伯夷那样良善的百姓，国家才得以治理，夏桀、商纣王也不是因为得到了跖、跻那样的不法之民，国家才陷入混乱，因此国家治乱不在百姓。孔子说：‘听审断案我和别人一样，但我的目标在于让人不再打官司！’想让所有人不争讼是很难办到的，听审断案却很容易。不从根本上解决问题，却致力于追寻细枝末节，这是古人所说的愚，现在却认为是智慧。用鞭杖制止社会混乱，用诉讼文字纠正文治，古人认为是国贼，现在却被说成贤者。”

大夫曰：“俗非唐、虞之时，而世非许由(唐尧时期的隐士)之民，而欲废法以治，是犹不用隐括斧斤，欲挠曲直枉也。故为治者不待自善之民，为轮者不待自曲之木。往者，应少、伯正之属溃梁、楚，昆卢、徐谷之徒乱齐、赵，山东、关内暴徒，保人阻险。当此之时，不任斤斧，折之以武，而乃始设礼修文，有似穷医，欲以短针而攻疽(毒疮)，孔丘以礼说跖也。”

【译文】

大夫说：“现在的风俗不同于尧舜时期，百姓也不是许由那样的良民，你们想要废除法律治理国家，就好比不使用隐括和斧头，却想使直的东西弯曲、弯曲的东西变直一样。所以治理国家的人不期待天性善良的百姓，做车轮的工匠不等待自然弯曲的木材。从前，应少、伯正等人击溃梁、楚官军，昆卢、徐谷等人扰乱齐地、赵地，山东、关内的暴徒，聚众扼守险峻要道。那时，不用刑罚，不用武力征服他们，而是施行礼义修治文德，就好比无能的庸医，想用短针治疗皮肤深处的毒疮，孔子用礼义游说盗跖一样。”

文学曰：“残材木以成室屋者，非良匠也。残贼民人而欲治者，非良吏也。故公输子因木之宜，圣人不费(违背)民之性。是以斧斤简用，刑罚不任，政立而化成。扁鹊攻于凑理(肌肉的纹理)，绝邪气，故痈疽不得成形。圣人从事于未然，故乱原无由生。是以砭石藏而不施，法令设而不用。断已然，凿已发者，凡人也。治未形，睹未萌者，君子也。”

【译文】

文学说：“糟蹋木材建造房屋，不算良匠。靠残杀百姓治理社会，不算好官。所以鲁班根据木材的形态制作器物，圣人不违背老百姓的天性。所以良匠很少用斧头，好官不用刑罚，政令制定后教化随之而成。扁鹊针刺病人的肌肉纹理，断绝邪气，故而毒疮不易形成。圣人在事情发生前行动，所以混乱的根源无从产生。所以针石可以收藏起来不使用，法令设立了也不使用。诊断已经存在的病情，处理已经发生的事情，这是凡人所为。防治未成形的疾病，预料尚未发生的事，是君子所为。”

大夫曰："文学所称圣知者，孔子也，治鲁不遂，见逐于齐，不用于卫，遇围于匡，困于陈、蔡。夫知时不用犹说，强(固执，顽固)也；知困而不能已，贪也；不知见欺而往，愚也；困辱不能死，耻也。若此四者，庸民之所不为也，而况君子乎！商君以景监见，应侯以王稽进(出仕，做官)。故士因士，女因媒。至其亲显，非媒士之力。孔子不以因进见而能往者，非贤士才女也。"

【译文】

大夫说："文学所称颂的圣人和智者，就是孔子。孔子治理鲁国，并没有成功，跑到齐国游说，被齐国驱逐，来到卫国，不被任用，在匡地遭到包围，受困于陈、蔡之间。明知道自己不被时人重用却还是到处游说，这是固执；明知道自己困窘却不肯停止周游列国，这是贪婪；不知道自己会被欺骗而欣然前往他国，这是愚蠢；受困蒙辱不能以死明志，这是可耻的。这四种情形，平庸百姓都不去做，何况君子呢！商鞅由景监引荐见到了秦孝公，应侯范雎由王稽引荐得以出仕。所以士人由士人引荐得到重用，女子由媒人介绍嫁人。至于能否亲近君主显贵，就不是靠媒人士人的力量了。孔子没有通过他人引荐，自己前往会见诸侯，所以他不是贤士才女那样的能人。"

文学曰："孔子生于乱世，思尧、舜之道，东西南北，灼头濡足，庶几世主之悟。悠悠者皆是，君暗，大夫妒，孰合有媒？是以嫫母饰姿而矜夸，西子彷徨而无家。非不知穷厄而不见用，悼痛天下之祸，犹慈母之伏死子也，知其不可如何，然恶已。故适齐，景公欺之；适卫，灵公围；阳虎谤之，桓魋害之。夫欺害圣人者，愚惑也；伤毁圣人者，狂狡也。狡惑之人，非人也。夫何耻之有！孟子曰：'观近臣者以所为主，观远臣者以其所主。'使圣人伪容苟合，不论行择友，则何以为孔子也！"

【译文】

文学说："孔子生于乱世，思虑尧舜之道，东奔西走，头顶烈日，脚踏泥淖，希望诸侯醒悟。可是普天之下，君主昏弱，大夫善妒，谁给他当介绍人呢？所以丑女嫫母装扮起来自夸，美人西施却彷徨无助，没有归宿。孔子并非不知道自己困窘不被任用，而是哀痛天下正遭受祸殃，犹如慈母趴在死去的儿子身上哀悼，明知不能有所作为，但怎么能停止救世呢？所以他到了齐国，齐景公欺骗他；他到了卫国，卫灵公派人围困他；阳虎诋毁他；桓魋伤害他。欺骗陷害圣人的人，愚蠢糊涂；伤害诋毁圣人的人，疯狂狡诈。狡诈糊涂的人，不是人。孔子有什么可羞耻的！孟子说：'观察君主的近臣，要看他接待的客人是什么人，观察远方的臣子，要看他被什么人接待。'假如圣人伪装自己，曲意迎合别人，不论品行选择朋友，那么又怎么能成为孔子呢！"

大夫抚然内惭，四据而不言。

当此之时，顺风承意之士如编，口张而不歙，舌举而不下，暗然而怀重负而见责。

大夫曰："诺，胶车(用胶黏合的车子，遇雨就解体)倏逢雨，请与诸生解。"

【译文】

大夫感到失望和惭愧，以手据地，不再言语。

那时，那些见风使舵曲意逢迎的人像编成一排似的，嘴巴张开合不拢，舌头抬起不放下，个个神色黯然，好像受到谴责身负重担一样。

大夫说："好吧，胶车突然遇上了雨，儒生们都散了吧。"

杂论第六十

【题解】

本篇的内容相当于《盐铁论》的后序，作者桓宽立场鲜明地表达了对盐铁官营的看法，他比较欣赏和赞同文学、贤良的观点，认为治国的关键在于施行王道，推行礼义，用教化感染百姓。国家治乱兴衰与礼义、王道的盛行与衰败息息相关。他高度赞扬了文学、贤良的气节和风范，同时对御史大夫桑弘羊进行了评价，客观肯定了桑弘羊的才智，但不认可桑弘羊的品行，认为后者追逐财利，不坚守原则，将来不会有好下场。作者对丞相田千秋明哲保身、在其位不谋其政的做法颇有微词。至于那些阿谀奉承之辈，作者根本没把他们放在眼里，觉得那群人根本不值一提。由此可见，封建王朝虽然长期推行外儒内法、儒法并举的政策，但这种政策只能被实用主义者所接受，有良知的读书人始终反对崇尚财利、滥施刑罚的做法，他们愿意为民请命，敢于发出自己的声音，勇气十分可嘉。

客曰："余睹盐铁之义，观乎公卿、文学、贤良之论，意指殊路，各有所出，或上(崇尚)仁义，或务权利。

【译文】

本书编者桓宽说："我看了盐铁官营问题的讨论，考察了公卿、文学、贤良的辩论之词，双方的主张截然不同，各有各的理论出处，或崇尚仁义，或注重权势财利。

"异哉吾所闻。周、秦粲然(兴盛)，皆有天下而南面焉，然安危长久殊世。

始汝南朱子伯为予言：当此之时，豪俊并进，四方辐凑。贤良茂陵唐生、文学鲁国万生之伦，六十余人，咸聚阙庭，舒六艺之风，论太平之原。智者赞其虑，仁者明其施，勇者见其断，辩者陈其词。訚訚焉，侃侃焉，虽未能详备，斯可略观矣。然蔽于云雾，终废而不行，悲夫！公卿知任武可以辟地，而不知广德可以附远；知权利可以广用，而不知稼穑可以富国也。近者亲附，远者说德，则何为而不成，何求而不得？不出于斯路，而务畜利长威，岂不谬哉！

【译文】

"这些和我听到的完全不同。周朝和秦朝都很兴盛，都享有天下，南面称王，但安危状况却各代不同。当初汝南朱子伯曾对我说：当时，豪杰才俊一起进京，四方人才会聚。贤良有茂陵唐先生，文学有鲁国万先生之辈，共六十多人，他们齐聚朝廷，畅谈六经，讨论天下太平的根本办法。智慧的人阐明了自己的谋略，仁德的人说明了自己的治国措施，勇敢的人体现出了自己的决断，善辩的人陈述了自己的辩词。有的儒生说话和悦又能明辨是非，有的儒生理直气壮、从容不迫，他们虽不能面面俱到，但也很可观了。然而他们的主张被云雾遮蔽，最终被弃之不用，可悲啊！公卿只知道动用武力开辟疆土，却不知道广施仁德让远方异邦归附；只知道权势财利可多方使用，却不知道发展农业可以富国。如果近邻亲近归附，远方异族喜欢仁德，那么什么事情做不成，想要什么得不到呢？可惜公卿不从这个思路考虑问题，却致力于聚敛钱财，耀武扬威，岂不是很荒谬吗？

"中山刘子雍言王道，矫当世，复诸正，务在乎反本。直而不徼，切而不燥，斌斌然斯可谓弘博君子矣。九江祝生奋由路之意，推史鱼之节，发愤懑，刺讥公卿，介然(耿直)直而不挠，可谓不畏强御矣。桑大夫据当世，合时变，推道术，尚权利，辟略小辩，虽非正法，然巨儒宿学恧然(惭愧)，不能自解，可谓博物通士矣。然摄卿相之位，不引准绳，以道化下，放于利末，不师始古。

《易》曰：‘焚如弃如。’处非其位，行非其道，果陨其性，以及厥宗。车丞相即周、吕之列，当轴处中，括囊(指结扎口袋，比喻闭口不言)不言，容身而去，彼哉！彼哉！若夫群丞相御史，不能正议，以辅宰相，成同类，长同行，阿意苟合，以说其上，斗筲(气量狭小)之人，道谀之徒，何足算哉！”

【译文】

“中山郡儒生刘子雍宣讲王道，矫正当世的错误，期望汉家回归正途，务求回到礼义根本上。他仗义执言不随意附和别人，言辞恳切不空洞，彬彬有礼，可以说是一个知识渊博的君子了。九江的祝生发扬子路的精神，继承史鱼的气节，抒发内心的愤懑，讥讽公卿，耿直不阿，可以说是不畏强权。桑弘羊大夫根据当世的情况，顺应时事变化，推行治国方法，崇尚权势财利，略施小小的辩才，虽算不上是正统方法，却能让博学的大儒惭愧，不能自我辩解，可以说是一个知识广博的通才了。然而他身居卿相之位，不遵照准则行事，以王道教化百姓，追逐工商业利益，不效法古代的治国方法。《易经》说：‘燃烧殆尽，彻底弃绝。’处在不相称的地位，行为背离正道，最终丢了性命，还连累宗族。车千秋丞相居于周公、吕望的地位，如车轴般处于权力中心，却闭口不言，保全自身离去，他呀！他呀！至于那群丞相御史，不能发表正确的言论辅佐宰相，全是同道之人，他们为桑弘羊大夫助势，曲意苟且迎合，以取悦上司，这些气量狭小、阿谀奉承之徒，哪里能算数呢！”